高等学校房地产开发与管理专业系列教材

全国房地产优秀案例 2

BEST PRACTICES FROM THE REAL ESTATE INDUSTRY OF CHINA

中国房地产业协会　中国建设教育协会　房教中国
组织编写

刘贵文　主　编
周国军　周　滔　副主编
刘洪玉　张永岳　主　审

中国建筑工业出版社

图书在版编目（CIP）数据

全国房地产优秀案例. 2 / 刘贵文主编. —北京：中国建筑工业出版社，2020.6
高等学校房地产开发与管理专业系列教材
ISBN 978-7-112-25158-2

Ⅰ. ①全… Ⅱ. ①刘… Ⅲ. ①房地产开发-高等学校-教材 Ⅳ. ①F293.34

中国版本图书馆CIP数据核字（2020）第086846号

本书为高等学校房地产相关专业的教材，是一本在经济转型和行业转型背景下，对典型房地产企业产品创新进行系统梳理和总结的，服务于房地产及其相关专业教学参考的辅助用书。教材聚焦于企业的产品创新，收录了远洋、星河湾、荣盛、华远、泰禾、旭辉、万科、龙湖等8家房企的产品案例，根据案例的特点分为美居、乐活、筑园和构城四个板块。案例展示了完整的产品逻辑和产品细节，同时又有一定的深入讨论，可以全方位理解相关企业产品创新的路线图。

本书可以作为房地产类相关专业主干课程的教材或教学参考书，也可以作为房地产从业人员的专业培训教材或辅导用书。

为更好地支持相应课程的教学，我们向采用本书作为教材的教师提供教学课件，有需要者可以与出版社联系，邮箱：cabpcm@163.com。

责任编辑：张 晶 牟琳琳
版式设计：锋尚设计
责任校对：姜小莲

高等学校房地产开发与管理专业系列教材
全国房地产优秀案例2
中国房地产业协会 中国建设教育协会 房教中国 组织编写
刘贵文 主编
周国军 周滔 副主编
刘洪玉 张永岳 主审
*
中国建筑工业出版社出版、发行（北京海淀三里河路9号）
各地新华书店、建筑书店经销
北京锋尚制版有限公司制版
天津安泰印刷有限公司印刷
*
开本：787×1092毫米 1/16 印张：19½ 字数：389千字
2020年8月第一版 2020年8月第一次印刷
定价：**56.00元**（赠课件）
ISBN 978-7-112-25158-2
（35935）

版权所有 翻印必究
如有印装质量问题，可寄本社退换
（邮政编码100037）

教材顾问及编审委员会名单

组织编写 中国房地产业协会 中国建设教育协会 房教中国

顾问委员会

冯　俊	中国房地产业协会		王凤君	中国建设教育协会
耿建明	荣盛控股集团		吴惠珍	星河湾集团
丁祖昱	易居企业集团		林　峰	旭辉集团
丁长峰	万科集团		张永岳	华东师范大学
刘洪玉	清华大学		虞晓芬	浙江工业大学
吕　萍	中国人民大学		李启明	东南大学
黄　花	品玥策略机构		高延伟	中国建筑出版传媒有限公司
武永祥	哈尔滨工业大学		冯长春	北京大学
邓宏乾	华中师范大学		王幼松	华南理工大学
刘亚臣	沈阳建筑大学		兰　峰	西安建筑科技大学

主编

刘贵文　重庆大学

主审

刘洪玉　清华大学

张永岳　华东师范大学

副主编

周国军　房教中国

周　滔　重庆大学

编委会

主任
  刘贵文 重庆大学

副主任
陈　宁	泰禾集团	胡若翔	龙湖集团
李　元	旭辉集团	史金培	华远地产
谭伟江	星河湾集团	伍小峰	荣盛控股集团
张瑞津	远洋集团	赵兰菊	万科集团

委员
韩江华	房教中国	何凤麟	重庆大学
金海燕	重庆大学	李世龙	重庆大学
刘　苏	泰禾集团	刘宇钏	远洋集团
罗　荣	华远地产	孟　洁	房教中国
王怡波	荣盛控股集团	杨洪山	远洋集团
杨金枝	房教中国	曾德珩	重庆大学

前 言

房地产行业的创新永远在路上，企业的创新实践为房地产专业的教学提供了丰富的案例素材，但这些素材需要系统的提炼与深度的打磨，只有这样，才能打通房地产案例教学与企业实践之间的联系通道。2019年3月，由中国房地产业协会指导，房教中国发起并筹划，重庆大学编撰，中国建筑工业出版社出版的《全国房地产优秀案例》正式出版，这是我国首本聚焦于标杆房企创新、面向房地产人才培养需求的案例教材，上市后得到了较好的反响。这也让编撰团队深感欣慰，同时又觉重任在肩，于是重拾初心，再次出发，开展了第二本案例教材的编撰工作。

本书聚焦于产品，因为产品始终都是中国房地产开发企业赖以生存和发展的根本，是所有企业最为核心的市场竞争力，也是房地产开发企业在供给端回应人民群众日益增长的美好生活需要的重要载体。随着经济社会的发展和消费的升级，房地产消费者对产品的需求由"有"到"优"，引致一些优秀的房地产开发企业致力于产品研发与创新，市场上的房地产产品谱系也比过去任何时候都要丰富，为消费者提供了丰富的选择空间。在房教中国和重庆大学编写团队的共同努力下，遴选了当下具有代表性的8个案例，其产品要素涵盖了品质、健康、生态、文化、园林、智慧、文旅等不同主题，且每个案例各有特色和侧重，基本可以展示主流房企近年来的产品逻辑。

从实践素材到教学案例是一个由认知展开到认知折叠的过程，编写团队尽了最大的努力将案例所蕴含的丰富信息加工为适合阅读及教学的文字及图片材料，其间得到了相关企业的鼎力支持。但是限于时间紧张、信息多元等因素限制，以及疫情的影响，书中难免存在一些疏漏乃至不当之处，敬请各位读者批评指正。

参与本书编写的重庆大学团队成员有周滔、曾德珩、李世龙、金海燕、何凤麟、王莹、游敏、左雁玲、魏繁璐、仓瑞昕、孙伟彤、王予谋、张玉若、张婷、侯亚楠、盛亚慧。

展望未来，编撰团队将会不忘初心，继往开来，一直坚持把本系列教材做下去，努力为中国房地产教育贡献光和热。

重庆大学编写组
2020年5月

目 录

第一篇　美居

1　沈阳远洋·大河宸章：时代风华·匠助健康　002
1.1　远洋集团：中国健康建筑领域的先行者　003
1.2　远洋健康建筑体系：探索与实践　009
1.3　沈阳远洋·大河宸章：开启健康生活家　018
1.4　案例总结　041
思考题　042

2　汕尾星河湾：以星河湾4.0标准演绎"星中式" 　043
2.1　高质量发展，房地产业的新时代　044
2.2　新时期"企业之治"：星河湾钻石级企业价值进化　047
2.3　中国文化自信与"星中式"源起　052
2.4　星河湾4.0标准：高品质精细化管理法则　060
2.5　汕尾星河湾：以星河湾4.0标准演绎全新"星中式"　068
2.6　案例总结　081
思考题　082

第二篇　乐活

3　荣盛华府：缔造尊严生活，打造"荣标"产品 　084
3.1　企业篇：走进荣盛　085
3.2　布局篇：两横、两纵、三集群　087
3.3　设计篇：匠心打造产品力　098
3.4　质量篇：严苛打造"荣标"产品　103
3.5　服务篇：全新生活护航者　110
3.6　案例总结　115
思考题　116

4 西安华远·海蓝城：美好居住，美好生活　　117
- 4.1 新时代背景下房地产企业可持续发展的战略思考　　118
- 4.2 西安华远·海蓝城简介　　119
- 4.3 西安华远·海蓝城美好居住之品质剖析　　124
- 4.4 西安华远·海蓝城美好居住之品质支持系统　　144
- 4.5 西安华远·海蓝城美好居住之品质升华——华远Hi平台　　146
- 4.6 案例总结　　158
- 思考题　　158

第三篇 筑园

5 泰禾大院系产品：中国城市精品住宅的升维　　160
- 5.1 新时代中国城市精品住宅的发展现状与趋势　　161
- 5.2 泰禾"大院系"简介　　165
- 5.3 泰禾"大院系"产品体系剖析　　169
- 5.4 经典案例——北京西府大院　　183
- 5.5 泰禾品质：双重产品支撑体系　　193
- 5.6 案例总结　　198
- 思考题　　199

6 旭辉铂悦·澜庭：高端住宅产品与重庆山水人文的融合之作　　200
- 6.1 我国住宅产品转型升级　　201
- 6.2 旭辉CIFI产品体系解析　　204
- 6.3 铂悦系与重庆——铂悦·澜庭　　210
- 6.4 铂悦·澜庭的设计初心　　213
- 6.5 案例总结　　225
- 思考题　　226

第四篇 构城

7 万科·冰雪小镇：特色体育小镇的创新产业 228
- 7.1 万科地产的"冰雪之旅" 229
- 7.2 万科松花湖冰雪小镇的价值研判 234
- 7.3 冰雪体育旅游：打造项目核心IP 241
- 7.4 创新"体旅+"：延伸度假地产开发 249
- 7.5 案例总结 261
- 思考题 261

8 重庆龙湖光年：开启"商圈高铁TOD城市综合体"时代 262
- 8.1 重庆龙湖光年的源起：应运而生 263
- 8.2 重庆龙湖光年的开发理念：空间即服务 280
- 8.3 重庆龙湖光年的设计：国际视野，博采众长 290
- 8.4 重庆龙湖光年的TOD科普营销：政务热点，逆市飘红 296
- 8.5 重庆龙湖光年的展望：蝶变旧城，方兴未艾 299
- 8.6 案例总结 301
- 思考题 302

参考文献 303
后记 304

第一篇

美居

沈阳远洋·大河宸章
汕尾星河湾

先进技术加持、健康体系全面升级
颠覆品质人居所有想象
理想生活全龄社区、和谐美好邻里关系持续升维
提供美好生活无限可能
美好,为城市造城,为社区赋能,用居住品质传递对城市的责任与使命

1 沈阳远洋·大河宸章：
时代风华·匠助健康

健康是智慧的条件，是愉快的标志。

——爱默生

> **案例导读**
>
> 　　随着社会的发展，人们对于健康有了更高的追求。人的一生有70%～90%的时间是在建筑内度过的，建筑的品质对人的健康具有直接的影响，建筑与健康已成为关于人类健康研究的新课题。远洋集团作为中国"健康中国"战略的践行者与健康建筑领域的先行者，提出"建筑·健康"理念，将"健康"作为远洋企业与产品的核心价值。历经20余载，远洋经过不断的探索与实践，在引入国际标准的基础上，最终形成了更适合中国国情的《远洋健康建筑体系1.0》。本案例将全面回顾远洋健康建筑体系从探索到实践的历程，并以获得WELL金级认证的沈阳远洋·大河宸章项目为例，展示其从客户研究、产品设计、施工建造到市场营销的全过程，为中国健康建筑的发展与推广提供借鉴。

1.1 远洋集团：中国健康建筑领域的先行者

1.1.1 健康中国，时代新生

健康是人类永恒的话题。无论是自身价值的实现，还是社会发展成果的享有，必须以人的健康为前提。随着社会的进步和人民生活水平的不断提高，固有的健康理念和健康标准已经无法适应时代发展的需求。进入新时代，中国的物质文明和精神文明已经上升到一个新的水平，健康越来越成为影响人民获得感、幸福感、安全感的重要因素。随着健康意识和观念不断增强，人们追求的不仅是身体健康，还包含精神、心理、生理、社会、环境、道德等维度的全面健康。中国已经进入了健康生活、健康教育与健康消费相互融合的大健康时代。

全球管理咨询公司麦肯锡通过对2007—2017年持续追踪中国消费者对健康生活的态度发现，重视健康以及生活质量的人在过去十余年间大幅增加。至2017年，65%的中国消费者更愿意选择追求健康的生活方式（图1-1）。

健康观念的改变也促进了健康消费的增长。国家发改委发布的《2018年中国居民消费发展报告》显示，2018年居民健康消费需求呈现多层次、多样化特点，全国健康消费规模持续扩大，健康消费结构不断优化升级。2018年中国全国居民人均医疗保健消费支出1685元，占人均消费支出的比重为8.5%，名义同比增长16.1%。健康消费正成为我国新的经济增长点（图1-2）。

人民对健康更高的追求诞生了"健康中国"战略。2013年，习近平总书记提出人民身

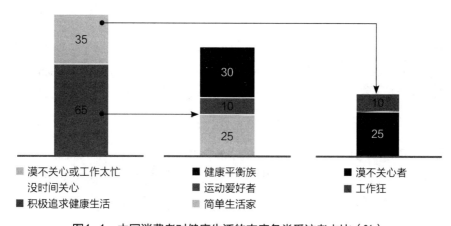

图1-1 中国消费者对健康生活的态度各类受访者占比（%）

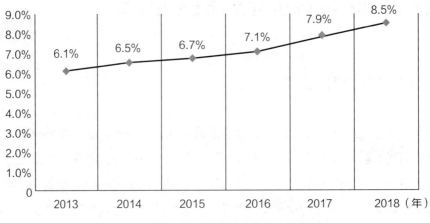

图1-2 健康医疗的消费占人均支出的比重

体健康是全面建成小康社会的重要内涵。2017年十九大报告正式提出"实施健康中国战略","健康"被提升到国家整体战略层面统筹谋划。"健康中国"战略不仅能更好满足人民健康需要,全方位全周期维护人民健康,促进人的全面发展和社会全面进步,同时也是拉动投资、吸纳就业、带动产业升级、促进经济协调健康发展的需要(表1-1)。

"健康中国"战略路线 表1-1

2013年8月	习近平总书记提出人民身体健康是全面建成小康社会的重要内涵
2014年12月	习近平总书记在考察江苏镇江市世业镇卫生院时提出"没有全民健康,就没有全面小康"
2015年10月	党的十八届五中全会明确提出推进健康中国建设的任务,将"健康中国"上升为国家战略
2016年8月	全国卫生与健康大会在京召开。会议强调要把人民健康放在优先发展的战略地位。加快推进健康中国建设,努力全方位、全周期保障人民健康
2016年10月	中共中央政治局审议通过《"健康中国2030"规划纲要》,提出了今后15年我国推进"健康中国"建设的行动纲领,清晰地将"健康中国"图景展现在世人面前,标志着健康中国建设的顶层设计基本形成
2017年10月	十九大报告明确提出了"实施健康中国战略",强调"人民健康是民族昌盛和国家富强的重要标志"
2019年7月	国务院印发《国务院关于实施健康中国行动的意见》,制定印发《健康中国行动(2019—2030年)》,国务院办公厅印发《健康中国行动组织实施和考核方案》。国家层面成立健康中国行动推进委员会

"健康中国"已成为国之大计。作为"健康中国"战略的践行者与健康建筑领域的先行者,远洋集团一直以为中高端城市居民及高端商务客户创造高品质环境为使命,将"建筑·健康"作为品牌核心理念,并于2015年在业内率先开启体系化打造健康和谐人居环境之路,秉承"共同成长,建筑健康"的价值理念,持续完善远洋的健康建筑体系和与之锚

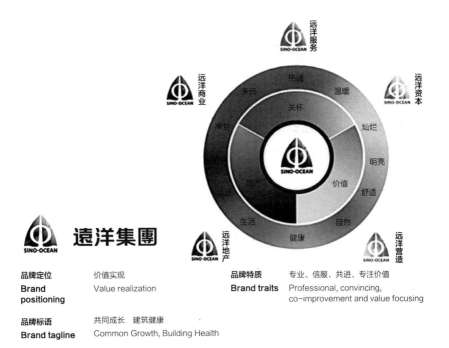

图1-3 远洋集团品牌价值

定的健康体系与健康产品。

2016年6月,"远洋地产"正式更名为"远洋集团"。品牌焕新后的远洋集团开启了"健康生活时代"的新篇章,品牌定位也由"可靠的伙伴"调整为"价值实现"。一个以"远洋集团"为核心,由"远洋地产""远洋商业""远洋服务""远洋资本"和"远洋营造"五元业务共同组成的健康建筑生态链跃然出世,标志着远洋集团"全地产视角"有限多元化发展战略方向的确立,集健康产品、健康服务、健康文化于一体,一幅以"建筑·健康"为核心的远洋新时代"大健康"战略蓝图恢宏尽显,远洋集团开启健康生活时代,进入全新历程(图1-3)。

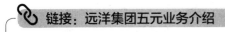

链接:远洋集团五元业务介绍

对于以房地产实业为基础的远洋集团来说,"健康"是业务的核心特质,这一特质,首先通过住宅开发业务得以体现。远洋地产品牌标语定为"健康生活家"，表示远洋地产是健康生活的专家，致力于通过健康的产品与服务，为客户打造健康生活的家园。在建筑技术上实现突破的同时，更以人为本，缔造健康生活主张，以达到对居者身体和精神层面的关怀。

同时，远洋地产持续关注客户需求，抱持专业态度，努力提升产品力，为客户提供无可挑剔、高品质住宅产品，并以产品为媒介向客户传递远洋地产对人与生活在不同时代的理解。远洋地产通过专业的产品与服务，因地制宜、因时而变，呼应人们的需求，改变人们的生活，助力远洋产品与客户生活价值的共同实现。

不动产开发投资业务是远洋核心业务之一。远洋以"写字楼、综合体"作为战略性发展品类，寻求新的跨越式发展，重点强化一线核心城市的高端项目的投资持有。聚焦城市更新与综合运营，致力于城市价值的挖掘和创造，涉足城市综合体、城市社区集中商业、写字楼等业务。

"点亮一座城"，首先要点亮消费者心中的光——也就是给予他们更好的体验，去实现他们期望的价值。远洋商业的产品与服务拥有活力，吸引人们在人生的不同阶段都愿意与之分享对时代的认知，对区域与城市产生积极影响，将对未来的憧憬贯穿于产品与服务之中，促进整个区域乃至城市共同向前迈进，推动区域发展、城市繁荣。

客户服务业是远洋创新性战略业务之一，以国家大力促进服务业发展为契机，通过传统客户服务业升级、新型客户服务业创新、养老产业及养老物业布局，探索客户服务业业务的发展之路。

远洋服务的健康格局更加丰富而广泛，包含物业、健康、养老、餐饮等多元化的产品和服务类型，让远洋形成了"全健康生命周期"的可持续发展。"懂心意 有新意"表示远洋服务未来的创新模式是全面高效的综合服务，不仅为人们提供贴心、令人满意的服务，更用新的手段、新的平台，把资源联结到客户身边，产生新的价值。远洋服务深度理解客户对服务的需求，保障人们所需所想得以实现，致力于为客户创造体贴、细致的服务体验。

远见未来 共创价值

远洋资本是远洋集团多元协同业务中的重要一环，成立于2013年，是远洋集团旗下专注于从事另类资产管理的专业机构。主要从事地产投资、股权投资、债权投资、投资顾问及海外投资等五大领域的业务。

作为创新业务的支撑，远洋资本已将健康领域作为投资的主力方向。"远见未来，共创价值"是远洋资本的品牌标语，表示远洋资本凭借着远见卓识，探索融资创新、产业创新的新方法和新路径，高效运用资本手段，以独到眼光投资项目，为客户实现资本的有效管理和价值的共创共赢。

你的房子 我的责任

远洋营造是远洋集团旗下业务各项竞争力的基础。远洋营造聚焦房地产开发六大核心专业，从土地获取到产品交付，构建了全链条综合产品营造竞争力，并将规划设计、建筑施工、装饰装修、园林景观等链条进行一体化整合，覆盖住宅、写字楼、商业、养老等各个领域的全系列产品。目前远洋集团拥有8大健康建筑产品线，包括住宅产品（山水系、万和系、春秋系），商业产品（国际中心系、堤港系、未来系），公寓产品（邦舍），养老产品（椿萱茂）。

"你的房子，我的责任"是远洋营造的品牌标语，表示远洋营造以专业，承担产品品牌实现的责任；以职业，承担客户委托开发的责任；以事业，承担土地价值创造的责任。

1.1.2 远洋集团：共同成长，建筑健康

> **链接：远洋集团简介**
>
> 远洋集团创立于1993年，是香港联合交易所主板上市公司，以为中高端城市居民及高端商务客户创造高品质环境为使命，致力于成为以卓越房地产实业为基础、具有领先产业投资能力的投资融资集团。2002年，远洋集团制订了"三步走"的发展规划的整体思路，以立足于北京、环渤海的房地产开发为目标，到向全国市场进军的物业持有经营战略，再到"开发+持有+房地产金融"的联动经营模式。2014年，"三步走"战略目标基本达成。在此基础上，通过审视行业环境发生的深刻变化，远洋第四步发展战略于2015年正式启动，以全地产视角，构建多元业务格局，打造有质量、可持续、稳健的发展格局。经年二十六载，远洋集团已在中国高速发展的核心城市群布局40余城，拥有超过180个处于不同开发阶段的房地产项目，业务范围包括中高端住宅开发、写字楼、综合体及零售物业开发投资运营、物业服务、养老产业、物流地产、房地产基金、股权投资、资产管理和海外投资等。

自成立至今二十余年，远洋集团始终认为建筑所承载的意义远不只是居住，更是城市人文与自然的组成部分。从这个意义上讲，建筑将人与自然勾连成密不可分的一体，从而让自然、建筑与人衍生出互为表里、相互依存的共生关系。远洋为寻找实现人、建筑、自然三者完美融合的方式，经历了反复探寻，给出了自己的答案："建筑·健康"。它也成为远洋发展新阶段的理念和品牌内涵。在远洋，"建筑·健康"的理念不仅体现在产品和模式上，更是企业文化、企业运转的核心价值观。

秉持"建筑·健康"理念，远洋将健康作为融入产品生命的首要特质，力求实现建筑"全生命周期"的可持续发展，为用户感受到健康带来的全新、全方位居住、生活、工作、娱乐等体验。硬件方面，远洋从医学角度出发，为建筑的每一个细节提供理论依据，从空气、水、光、运动、舒适等影响健康的诸多要素来考虑提升产品力；软件方面，用户可享受远洋提供的养老、医疗、餐饮、运动等健康类服务，从而促进建筑使用者全方位身心健康。远洋构建了适应未来产业个性化的相关多元业务格局，提供多元化的产品和服务，并不断丰富"建筑·健康"的内涵，通过养老、医疗、环保、智能化等多个领域的布局和发力，勾画着大健康的版图。

1.2 远洋健康建筑体系：探索与实践

从"生活"到"美好生活"，每个人都在追求健康、理想的生活方式。真正实现健康生活，需要对每个细节的雕琢都遵循"以人为本"的理念，让健康融入真实生活的每个瞬间，这也是远洋所推崇的健康模式。一路走来，远洋始终以改善人居环境为己任，深耕产品品质，不断探索、挖掘、提升建筑的健康性能，用建筑去关怀用户的健康。远洋集团经过多年的研发和实践，围绕建筑中"人"的体验与感受，从绿色建筑到健康建筑，经过不断尝试、摸索、迭代，最终搭建起一套围绕国人身心健康需求的远洋健康建筑体系。

1.2.1 从WELL建筑标准到《远洋健康建筑体系1.0》

1. 对建筑与健康的认识和探索

在决定人的健康程度因素中，遗传因素和环境因素只占15%和17%，医疗条件占8%，而生活态度、生活方式占了60%。鉴于人每天超过80%以上的时间都在建筑中度过，因此环境和生活方式这两种影响健康的因素是可以通过改善建筑环境解决的。

近几十年来，各种建筑标准应运而生，如美国LEED、英国BREEAM、中国绿色建筑评价标准等，不一而足。绿色建筑评价标准注重的是绿色、环保、节能，是建筑本身的健康，但却一定程度忽略了建筑中"人"的体验与感受。面对房地产行业从以客户为本向以用户为本的转变，远洋开始思考怎么样从使用人个体的健康角度对住宅建筑做出改变。这种改变的出发点以实现"人"的居住价值和生命价值为目标，不仅关注宜居、节能环保、健康等居住因素，还关注从童年到老龄的全生命周期因素。在不断地探寻后，远洋遇见了WELL建筑标准，一个专注于建筑使用者卫生与健康的建筑标准。

WELL建筑标准（WELLv2试行版），针对环境对人体健康的复杂影响，将原有七大指标体系扩展为十大指标体系（图1-4），即空气、水、营养、光、运动、热舒适、声环境、材料、精神和社区。以多学科和更加完善的研究角度，重塑建筑标准，全方位解决居住健康问题。WELL认证立足于医学研究机构，探索建筑与其居住者的健康和福祉之间的关系，让业主和雇主了解到他们的建筑空间设计有利于提高健康和福祉，并且如他们所预期的状态运行。当拥有完整健康建筑理念的WELL建筑标准与保有一颗健康之心的远洋相遇，一个有关健康建筑的大健康产业正隐隐呈现。

2. WELL建筑标准在远洋的落地与实践

从2015年起，远洋开始实施第四步发展战略，将"健康"打造为远洋的产品标签。2016年3月底，开发WELL建筑标准的Delos公司与远洋正式签署战略合作协议，远洋承诺

图1-4 WELLv2建筑标准（试行版）的十大指标体系

投入250万m²项目用于WELL推广和应用。远洋通过对接WELL建筑标准，正式介入健康建筑领域，WELL建筑标准的落地也跃升至企业战略与未来发展的高度。

在WELL实践的过程中，远洋确定了"全员、全过程、全专业"的工作思路。首先是全员参与，集团高管带头做基础性的研究，召开全系统的人员培训；技术部门做好技术准备，远洋自己的设计院对标准统一化进行深入研究。第二是全过程，实施WELL建筑标准并不是哪个项目、哪个地区都适合，落地项目选择要考虑当地的经济情况、人们对健康的认识、健康本身的客观环境等因素。整个全过程，无论从区域选择、项目选择、专业设计、成本控制、配置标准、工程实施、房屋销售和物业管理等，都贯穿了WELL建筑标准的实施。第三是全专业，所有的专业都要参与。远洋累计进行过39次建筑健康宣贯培训，600人深入学习，培养了一大批核心专业人员。

截至2019年8月，WELL建筑标准以超乎想象的速度在远洋落地。全国布局WELL建筑标准试点城市，已注册25个WELL项目，面积超过130万m²，注册项目覆盖住宅、写字楼、商业和养老等各产品类型，其中5个项目已经正式取得WELL金级最终认证，包含写字楼CS认证和住宅MFR认证。在国内推行健康建筑及实施WELL建筑标准的企业中，远洋已占据先发优势和引领地位，为不同地域、不同建筑类型的项目实践提供了诸多可借鉴的宝贵经验。

3.《远洋健康建筑体系1.0》的诞生

远洋对健康建筑的推行和实践并没有以WELL建筑标准为终点。通过WELL建筑标准项目的不断实践和总结，远洋发现WELL建筑标准主要基于国外环境、使用条件、行业相关标准、人的工作及生活习惯等进行编制，直接引入中国应用，难免会出现"水土不服"的现象。比如中国为世界所周知的美食，相较西方烹饪方式更重油烟，在厨房部位的设计要求如果想达到健康标准，必然也要和国际上的常用方式有所差异。因此，为了能让远洋所面对的更多中国用户能够享受健康的生活，远洋集团专门成立了健康建筑研发中心，着手研发适合中国人生活方式的健康建筑体系。研发中心对南北区域的8大城市中远洋各产品线及各类业态的近30个项目进行了全面检测，包括PM2.5、PM10、TVOC、甲醛、水质、光环境等，共获得1000余组检测数据用于分析研究。依据循证学、医学和创新方法论，参考中国不同区域的建筑、文化和生活习惯，打造出符合中国特有国情与人居需求的远洋健康人居标准，形成了《远洋健康建筑体系1.0》。在健康标准方面，远洋自主研发了17项健康主张、5H景观、W.E.R.室内精装、4S+W智能化等四项研发成果，有效地支持远洋健康建筑体系的落地。从2015年起，历时1278天，2018年4月《远洋健康建筑体系1.0》正式发布（图1-5）。

图1-5　远洋健康建筑体系

为更好地宣传推广远洋健康建筑工作，远洋设计研究院于2018年底对《远洋健康建筑体系1.0》的著作权认证登记，并于2019年1月17日获得著作权认证证书。随着《远洋健康建筑体系1.0》的发布，这种既尊重了国人的生活习惯又带有国际化基因的健康建筑标准，在各项目中得以广泛推广和使用。截至2019年8月，《远洋健康建筑体系1.0》已覆盖落地远洋集团全国36个城市的66个项目，从南到北包括南京远洋万和四季、合肥庐玥风景、无锡远洋太湖宸章、诏安远洋风景等住宅项目和部分椿萱茂养老项目，共计1139万m^2。同时，远洋健康建筑的推广、应用和落地受到了业界的关注以及业内专业人士的认可。中国建筑设计院总建筑师汪恒认为："自从人类有了建筑以来，都在努力满足绿色、安全、卫生的要求，但是目前都是一些碎片式、片段式、分散式的要求。国外相应的各类标准、规范却已经到了一个很丰富的阶段，国内的绿色建筑还需相应的强制性标准与体系。远洋所提出的建筑·健康抓住了时代发展的脉搏。"

1.2.2 《远洋建筑健康体系1.0》详解

《远洋健康建筑体系1.0》是中国人自己的身心健康建筑体系。该体系编制以客户敏感度且感知度高、成本可控且适用于远洋为编制原则，具备体系化、适宜性和全面性三大特点。以循证学、医学和创新方法论为三大理论基础，同时结合包括健康景观5H体系、健康

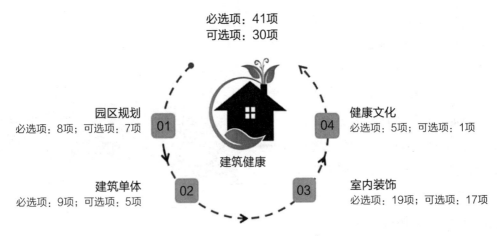

图1-6 《远洋健康建筑体系1.0》结构

精装W.E.R.体系和健康智能化4S+W体系在内的多项研发成果和项目健康建筑实践。体系涵盖园区规划、建筑单体、室内装饰和健康文化4个章节，总计包含71项条款，并且每个条款背后都有其相应的落地措施、理论基础、用户需求、实践积累和数据支撑（图1-6）。

1. 三大特性

（1）体系化

《远洋健康建筑体系1.0》是一个实施性强、落地性强的体系，并兼顾全产业链的、完备的健康体系。主要包括业态体系化、环境体系化、建造体系化三个层面。三个层面相辅相成，互为表里，构成了远洋健康人居体系。

1）业态体系覆盖了远洋全部住宅、商业、办公、养老、公寓等多业态项目（含竣工及在建）。

2）环境体系包括园区规划、建筑单体、室内装饰和健康文化等五大部分。

3）建造体系涵盖了项目从策划、设计到选材、施工及物业服务的全周期。

体系化的《远洋健康建筑体系1.0》，让远洋项目从设计到施工再到运营的每个环节，都有对应的健康落地标准，保证每个条线、每个岗位均能按标操作，各司其职，从而减少了中间的无效沟通成本，实现事半功倍，最终确保产品达到既定的健康效果（图1-7）。

（2）适宜性

《远洋健康建筑体系1.0》的适宜性扎根于远洋对中国人文及自然环境的深刻认知与理解。在中国传统观念中，人无时无刻不在与天地自然进行着物质、能量和信息的交换，周边环境无一不对人的气血、脉象、情绪产生影响。人的身心健康无需求远，只要在饮食、起居、行走、坐卧之间，时时调摄就会受益无穷。依据中国传统的安居之道、健身之道和养生之道，远洋将其与现代建筑技术相融合，并综合考虑中国不同城市的气候、自然环

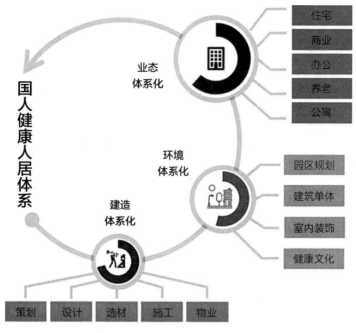

图1-7 《远洋健康建筑体系1.0》体系化示意图

境、社会文化等因素，结合中国人的饮食、社交、睡眠等生活习惯，以住宅为载体，为用户呈现出以国人健康为核心的新健康建筑理念（图1-8）。

（3）全面性

世界卫生组织关于健康的定义是："健康乃是一种在身体上、精神上的完满状态，以及良好的适应力，而不仅仅是没有疾病和衰弱的状态。"精神心理的健康对人的整体健康和幸福起着关键作用。《远洋健康建筑体系1.0》力求为用户提供健康的活动体验和生活舒适性，通过美学设计和健康服务来愉悦、丰富用户的精神世界，打造"身心兼顾"的健康人居环境。例如，通过在社区内设置全龄儿童活动场地、老年人活动场地、景观会客厅、萌宠乐园、图书室等设施，丰富社区配套，以此提倡长幼之间和邻里间的互动与交流，使用户在沟通中得到精神疏解与愉悦（图1-9）。

2. 四大维度

（1）园区规划

在远洋，消费者不仅是房子的主人，也是社区的主人。当前市场中的欧式、新古典、日式、传统中式、新中式等各种景观设计产品，硬质工艺差距不断缩小，风格和人文情怀也无法满足竞争需求时。远洋将"健康景观"放在客户需求首位，坚持普及"园艺疗法"，打造"治愈系景观"。在远洋健康景观里，人们只需要行走、呼吸、像植物一样，感受来自大自然的馈赠，治愈疲惫的身心，释放劳累的大脑。

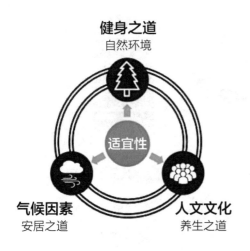 

图1-8　远洋健康建筑体系适宜性示意图　　图1-9　《远洋健康建筑体系1.0》全面性示意图

　　远洋不断完善面向儿童、中青年、老年等各年龄层人群的植物群落配置。面向儿童的植物群落一方面需要满足其对自然的好奇心，另一方面又要注意植物的保健价值和安全性，桉树、松树、柠檬树、神草香、百里香的香气能预防小儿感冒，香柠檬、冷杉、云杉、雪松能减轻小儿呼吸道系统感染；面向亚健康的中青年人群，则倾向选择鸡血藤等具有提神醒脑、缓解压力等功效的植物以及银杏、垂柳、侧柏、山茶等抗SO_2的植物；面向老人的植物群落则更注重疗养，在老人经常活动的地方种植松类、杉类、柏类针叶树等负离子水平高的林木，以增强体质、提高免疫力、保障心血管及呼吸系统顺畅。

　　此外，园区规划还专门对不同群体进行有针对性的功能配置。针对0～2岁儿童，侧重于满足孩子对户外设计的好奇心；2～4岁亲子阶段，侧重打造孩子和家长互动区域；4～6岁学前期，侧重于满足孩子学习、运动、社交的需求；6～12岁侧重给孩子探索空间。同时为妈妈设立了户外母婴关爱以及乐享景观客厅，为商务人士设立了阅读空间，为跑步爱好者研发了双环乐氧走跑系统等，以及景观客厅、便民插座、一米菜园等多种公共共享设施。

　　在抑郁、失落、焦虑、暴躁等都市情绪冲击的当下，远洋园区规划通过园艺疗法，形成了良好的治愈系景观系统，为不同人群提供从植物配置到功能配置多样化的共享空间，让整个社区充满了温暖的正能量（图1-10）。

（2）建筑单体

　　远洋在建筑单体的设计上追求给用户完整的空间体验，而不只是一栋建筑。远洋通过对居住者心理感受和生理功能的深入研究，重构人与场景的链接，先还原场景，再设计功能，打造出了更有人性尺度的建筑单体，再以采光、通风、降噪、适老化设计等手段，最终建造适应人的行为和精神需求的健康家。远洋赋予了业主美好的阳光生活。

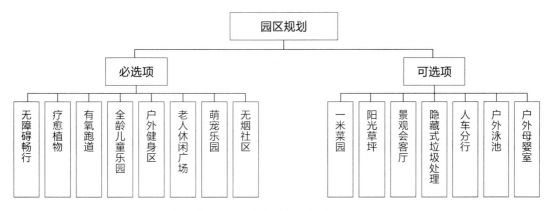

图1-10 《远洋健康建筑体系1.0》园区规划架构图

远洋以人的心理诉求为基础，营造室内环境。"采光"对于中国人的居住需求来说无疑是最为关注的一个因素。阳光代表着温暖，在住宅居住中，阳光可以让室内空间变得放松，也是健康住宅的重要元素之一。远洋设计的科学窗地比可以使得室内从中午到傍晚，提供最好的光照与观景效果。

远洋从居住主张出发，运用绿色环保的节能墙体保证室内的冬暖夏凉，营造舒适的室内环境，防水防裂的材质，保障房屋质量及家人的安全。远洋在厨房和卫生间设置采光窗和通风口，大大提升居住品质和舒适度，良好的自然采光通风，随时保证室内的干燥，大明窗设置为日常生活提升兴致，减少幽闭的焦虑感。

此外，面对日益增多的老龄群体，远洋提出"适老设计"条目，在研发时充分考虑我国的老龄化现状，在落地标准的设置中考虑老年人群的生活特点，确保老年人能够在整栋建筑物及户内自由行动及出入，尽可能保证老人可部分自理的能力及生活的舒适性，从生理与心理角度关爱老年人群体的健康（图1-11）。

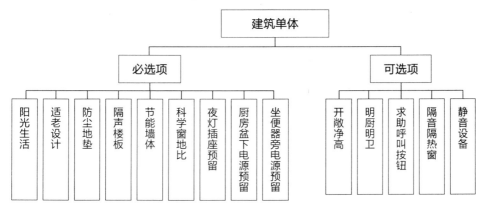

图1-11 《远洋健康建筑体系1.0》建筑单体架构图

（3）室内装饰

人性关怀的理念在社会的日常生活中逐渐凸显其重要地位，室内装饰也越发注重人与空间之间的和谐相处与亲近感。远洋健康建筑体系的室内装饰维度并非传统认识中的"环保材料+装修"的概念，而是从设计的整体流程、方法、关注点对传统室内设计惯性思维进行重新诠释。

远洋无论是从室内设计、优化工艺，还是对涂料、板材等主辅材的严格筛选及施工过程都实行标准化管理，大量减少甲醛等污染物的危害，提高空气质量。"免漆门""环保地板涂料""施工全过程空气吹洗"等条款的实施为用户提供全方位保障，确保健康居住环境。

远洋的收纳艺术也让科学与温度并存，无论是作为家门面的玄关位置，还是承载了生活中重要功能的厨房及卫生间，均从满足全家人日常使用需求出发，全面运用"人体工程学"原理，将日式收纳理念极致演绎，高效利用生活空间。

除此之外，"便捷厨房"和"顶吸式油烟机"是室内装饰板块中具有浓厚"中国味道"的健康举措。在厨房的健康落地标准中，强调按照中餐的烹饪逻辑进行厨房布局的设计，采用洗、切、烧的U形或L形流线设计，让用户在其中可快捷便利的操作，减少多余的动作及不方便取物等问题。同时，考虑到中餐烹饪中的重油烟，采用大功率的顶吸式油烟机，更加有效地排出油烟，降低烹饪过程中的可吸入颗粒物，保证健康，使用户能尽情享受烹饪乐趣（图1-12）。

（4）健康文化

《远洋健康建筑体系1.0》对健康理念的实践，不仅体现在硬件上，在社区健康配套服务及健康知识传递等文化方面也独树一帜。

室内装饰：健康要点36项，必选项目19项，可选项目17页

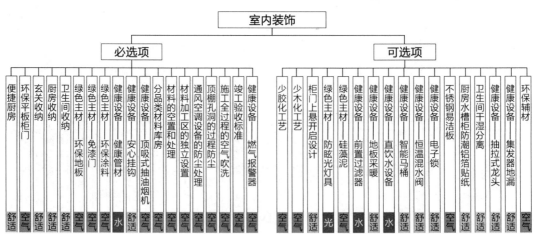

图1-12 《远洋健康建筑体系1.0》室内装饰架构图

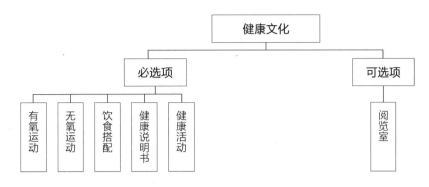

图1-13 《远洋健康建筑体系1.0》健康文化架构图

在远洋健康文化体系维度中，运动是最为重要的一个环节，定期运动保持身体最佳状态非常必要。致力于让运动成为生活方式，在远洋每个社区，都将建立业主微信群，督促鼓励业主锻炼身体，在有氧运动微信群，将针对跑步、快走、瑜伽等进行公开教学引导；在无氧运动微信群，将定期推送肌肉训练、俯卧撑、器材训练等科学锻炼视频，普及运动知识和增强肌肉力量。

健康饮食是健康文化的重要组成部分。远洋在社区公共区域进行健康饮食宣传，丰富的健康饮食搭配知识，让人们在散步时即可身心愉悦地学习健康知识，可以说一举两得。另外还借助专业机构进行健康饮食科普，使远洋业主养成良好饮食习惯，让健康伴随始终。远洋还在社区定期举办医疗、养老、育儿等知识讲座，让人们从生命全龄阶段，都对健康相关知识做到心中有数，从而淡定从容面对生活。

健康的生活方式与积极的生活态度是远洋健康文化的重要支撑。远洋在社区内设置电子或实体阅览室，让业主在繁忙工作之余，可以在社区内感受到良好阅读氛围。知识性社区不仅让人们更文明友好，还能够丰富人们精神世界，缓解焦虑和抑郁情绪，让人有更健康的身心状态。为了增进邻里间的情感交流和互动，提升人们精神愉悦感，远洋还定期组织业主参观博览会、书画交流会等。共同学习健康知识，共同交流情感，每个人都身心愉悦，这正是学习的魅力，也是学习带来的友邻社区的美好（图1-13）。

1.2.3 远洋未来：远洋健康树

目前，"建筑·健康"已是远洋集团的品牌标签。远洋以"人"为核心的"大健康"系统构建，从吃、住、行的健康到精神的愉悦，再到物业运营和健康服务的可持续，从内到外，从物质到精神，愈发全面系统。目前，远洋所有新项目都采用了健康建筑标准，住宅产品健康的技术含量和实施能力明显提升；写字楼和商业物业上也在规划设计和产品营造上颇下功夫,处处可见共享和绿色的概念。自2017年正式切入大健康赛道以来,远洋资本也已经在短短不到两年的时间内实现了在妇儿、产康、医美、眼科、影像等垂直健康领域的投资布局。

远洋对健康建筑的追求从未止步。未来,远洋正借助智能化、大数据、云计算、物联网等新兴技术手段,实现人与建筑的互联互通。远洋通过项目的大量实践反馈,以及自有的大数据平台,不断吸收行业先进经验和理论创新,对成果进一步细化、精化和深化,不断完善并迭代现有的健康建筑体系。

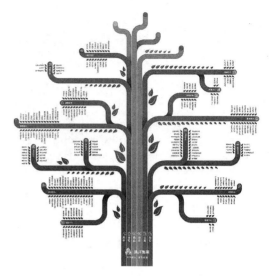

图1-14 远洋健康树示意图

远洋作为"建筑·健康"的先行者已经围绕健康布点多业态,并正在努力探索健康在地产业的更多边界,以全方位、全周期保障用户的健康生活。未来,远洋健康建筑体系将进一步覆盖到远洋集团全业态、全产品线,升级形成完整的远洋"健康树"(图1-14)。

"健康树"是远洋集团"建筑·健康"理念的层次化、结构化、体系化展现,是对既有成果的精细化、纵深化和广泛化。通过远洋场景中用户健康大数据全生命周期的挖掘与管理,实现用户健康管理的新模式。这意味着无论用户在远洋的住宅社区居住、远洋的商场购物,还是在远洋的写字楼内办公、远洋的椿萱茂养老等,都可以享受远洋健康建筑体系带来的舒适健康环境。远洋将通过对整个大健康体系的持续更新与迭代,保持"健康树"的生命力,真正做到扎实落地、满足用户需求,为国人提供更健康的建筑产品。

远洋致力于与社会各界以及更多的企业一起努力为国人创建健康环境,提升国人健康水平,推动中国的健康建筑事业发展。

1.3 沈阳远洋·大河宸章:开启健康生活家

2007年远洋集团踏上了沈阳这块热土,从远洋天地、远洋和平府到远洋公馆,远洋稳扎稳打用品质赢得市场。伴随在东北区域的迅速崛起,远洋一步一个脚印、踏踏实实地用自己的努力为消费者奉献出一个个经典的人居建筑。2015年,远洋集团获取浑河北岸、五里河公园畔的最后一块生活用地,命名为"远洋大河宸章"(图1-15)。

图1-15　沈阳远洋·大河宸章效果图　　　　图1-16　沈阳远洋·大河宸章正门实景图

项目案名"大河宸章"结合了浑河与沈阳的人文地理元素。案名中的"大河"取自项目南侧的浑河，沈阳的母亲河，拥有7200年浩瀚历史。大河泱泱，承传古今，繁衍生息，源远流长。2300年前，农耕渔猎，沈水之阳由村落而起，诞生城市。一朝发源地，两代帝王城。大河宸章项目所在的沈阳市沈河区是集政治、经济、文化为一体的沈阳市传统中心区，也是沈阳故宫坐落的区域，是一代王侯将相的起源地，是一片拥有盛京古韵、见证历史兴衰的土地。案名中的"宸"字指屋宇，北极星的所在、星天之枢，后借指帝王所居。正和沈河区的区域价值相对应。案名中的"章"指篇章，章节。"宸章"又意指皇帝的书札。大河宸章，大河之畔最尊贵显赫的生活画卷，以背靠盛京的百年风华，谱写大时代下不凡的居住乐章。浑河岸边，沈水之阳，与杭州运河之畔的大河宸章，近乎一脉同源（图1-16）。

1.3.1　远洋大河宸章的项目定位

远洋大河宸章的区位价值突出，公园、河景等自然要素独特，但如何在同区域高度同质化的市场中脱颖而出，发掘消费者需求，取得差异化优势是项目团队着重考虑的问题。2016年，房地产行业已经逐步进入微利时代，消费者对产品与服务也提出了更高的要求。房地产企业必须发掘不同客户群体的潜在需求，明确目标市场，进行科学市场定位，方可获得成功。项目团队在开发前期对区域的价值、开发环境、市场环境等各种变量进行详细分析和研究，在土地特性、客户需求与产品特质间合理平衡，最终依托健康产品力在同区域中脱颖而出。

1．城市与区域房地产市场分析

（1）沈阳市场分析

在项目开发前期，项目团队对2014年至2015年沈阳市商品住宅的成交面积进行了分析研究。数据显示，成交产品主力面积段为60～120m^2产品，刚需属性明显，但120m^2以上产品成交量2015年相较2014年有所提升，尤其以180m²以上表现最为突出，排名第三位，占较大比重（图1-17）。

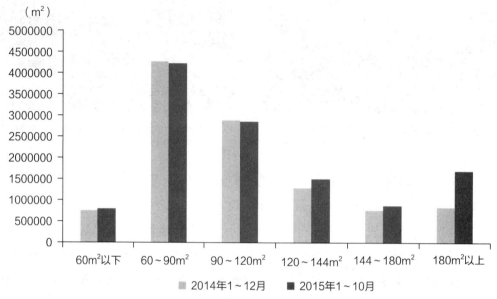

图1-17　2014年1月至2015年10月全市商品住宅成交面积（m²）

（2）高端住宅市场分析

基于本项目价格预期，项目前期重点分析了单价过万的住宅市场环境。2012—2014年沈阳单价过万的产品成交量始终占全市整体商品住宅十分之一左右，走势平稳，预示中高端住房需求相对稳定（图1-18、图1-19）。

市场中单价过万的产品中高层占据主要市场份额，其次为别墅与洋房，纵观过去三年，120m²以上产品成交比例有攀升趋势（表1-2）。

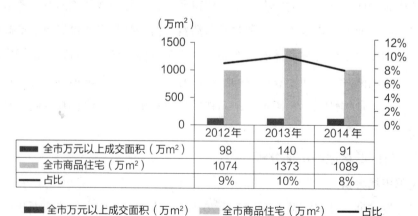

图1-18　沈阳市2012—2014年单价过万的产品成交占比走势

图中各色块从下至上依次为：■ 60m²以下；■ 60~90m²；■ 90~120m²；
■ 120~144m²；■ 144~180m²；■ 180m²以上

图1-19 沈阳市2012—2014年单价过万产品成交结构

不同建筑类型的销售情况　　　　　　　　　　　表1-2

建筑类型	套数	占比	面积（m²）	占比
多层	387	6%	46771	5%
小高层	342	5%	42235	5%
高层	5030	73%	591587	65%
洋房	621	9%	92303	10%
别墅	479	7%	137953	15%
总计	6859	1	910849	1

对于高端住宅市场，90~100m²高层住宅最为畅销，其次是60m²以下及240~260m²产品；120~160m²洋房较为畅销（表1-3、表1-4）。

（3）区域市场分析

大河宸章项目位于沈阳市沈河区。区域整体土地供应量小，土地的稀缺性尤为明显；区域中单价万元以上产品除市中心小户型外，成交集中在110~120m²、160~180m²及200~220m²几个面积段，且随着面积增大，单价逐渐升高。

2．区域竞争项目分析

（1）竞争市场分析

本案的竞争区域主要集中在浑河沿线板块。2017年，沈阳市政府提出"一河两岸"发展布局，确立了"一河两岸"作为城市核心服务功能集聚带的新战略。随着规划的全面落地，区域发展的虹吸效应得以显现，数十家上市及本土房企聚集于此，共同形成了撬动城市向上的经济价值宝地（图1-20）。

2015年1~10月高层成交面积结构 表1-3

户型面积	成交面积（m²）	所占比例	户型面积	成交面积（m²）	所占比例
60m²以下	49846	8.81%	220~240m²	4624	0.82%
60~70m²	27575	4.88%	240~260m²	43955	7.77%
70~80m²	20187	3.57%	260~280m²	9351	1.65%
80~90m²	22403	3.96%	280~300m²	8412	1.49%
90~100m²	58607	10.36%	300~320m²	9030	1.60%
100~110m²	19718	3.49%	320~340m²	2652	0.47%
110~120m²	37725	6.67%	340~360m²	348	0.06%
120~130m²	18275	3.23%	360~380m²	366	0.06%
130~140m²	28620	5.06%	380~400m²	1172	0.21%
140~150m²	25647	4.53%	400~450m²	412	0.07%
150~160m²	31413	5.55%	450~500m²	8833	1.56%
160~170m²	23963	4.24%	500~550m²	3846	0.68%
170~180m²	24919	4.41%	550~600m²	554	0.10%
180~190m²	25974	4.59%	600m²以上	4042	0.71%
190~200m²	26498	4.69%	合计	565578	100%
200~220m²	26611	4.71%			

2015年1~10月洋房成交面积结构 表1-4

户型面积	成交面积（m²）	所占比例
80~90m²	426	0.40%
90~100m²	1521	1.43%
100~110m²	3578	3.36%
110~120m²	7830	7.36%
120~130m²	15258	14.34%
130~140m²	26416	24.82%
140~150m²	10394	9.77%
150~160m²	14629	13.75%
160~170m²	5434	5.11%
170~180m²	4013	3.77%
180~190m²	4050	3.81%
190~200m²	4074	3.83%
200~220m²	2762	2.60%
220~240m²	2948	2.77%
240~260m²	1724	1.62%
260~280m²	1067	1.00%
280~300m²	295	0.28%
合计	106419	100%

图1-20 沈阳市一河两岸区位示意图

浑河沿岸产品具备城市属性且享有自然资源。浑河北岸项目以南向河景、舒适性居所为卖点并更被客户接受，其中万科深耕品质、新世界依靠多样化产品均取得了较好的销售份额，而单纯依靠资源的项目销售相对弱势；浑河南岸项目除沿河打造河景大宅，其余产品仍以刚性需求为主。板块内项目市场表现两极分化明显；表现较好的项目年去化量集中在8万～10万m^2；住宅供应产品普遍以高层为主，低密产品高度稀缺，且户型面积普遍偏大。

（2）竞品市场分析

通过对周边对标竞品项目的研究，发现重点项目2015年1至9月销售稳定，市场情况向上扭转，区域整体仍为刚需客户购买为主导，但随着早年首批刚需置业客户资本积累，部分原刚需客户有更大的生活空间需求，导致改善型产品去化量逐步增加，但160m^2以上面积段去化速度明显放缓，主要原因是客户承受单价及总价较高，客户需求量有限。

一线河景供应以180m^2三室及200m^2四室产品为主；二线高层以140～170m^2三室产品为主，110m^2以下两室产品为非南北通透户型，缺少小三室产品及南北通透二室产品。同一项目中，同样户型结构中小面积产品去化优于大面积产品。

（3）竞品客户需求分析

客户对于洋房产品有明显偏好，洋房产品的面积段喜好集中在100～110m^2和130～170m^2，户型选择则主要集中在三室产品，大多数选择平层的格局，接受传统的楼梯及电梯设计，根据其所选户型的面积大小选择是否考虑宽厅设计。

喜欢高层产品的客户年龄段偏年轻，主要集中在35岁以下，因此部分高层产品应控制面积，并考虑功能性三室产品，功能性高层产品的面积段喜好集中在100～120m^2，户型选择则主要集中在两室及三室产品。关注高层产品的客户中有部分出于对河景稀缺资源的特殊偏好，具有大面积产品的需求，主要集中在160～180m^2的三室及四室产品。

3. 客户定位

（1）项目客户需求分析

通过比较客户类型特征，结合本项目属性及市场竞争条件，确定本项目的主力客群为改善型与高端改善型，养老及首置客户为本项目的补充客户（图1-21）。

（2）分产品类客户分析（图1-22）

从竞品对标看本项目的客户属性论证，应分为4类产品线和4种客户群：

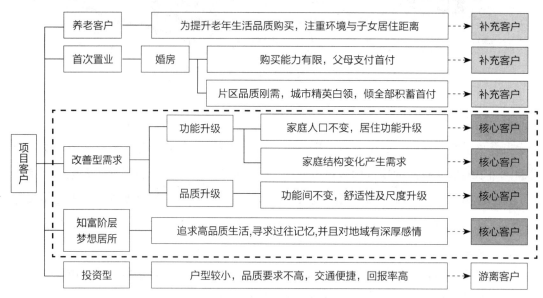

图1-21 大河宸章项目客户需求分析

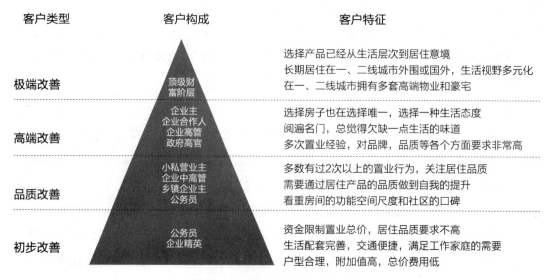

图1-22 改善性产品的客户层次

1）别墅客户——改善，年龄结构多为35～50岁，多三口之家，更关注项目品牌、户型以及物业服务；

2）洋房客户——改善，多为35～50岁，以私营业主、企事业高层为主，再改或多次改善类客户，注重环境和低密产品的舒适度；

3）一线河景高层客户——改善，多为35～50岁，私营业主及周边高薪行业从业人员，看重地段、景观资源、学区；

4）北侧高层+无河景客户——刚需+首改+养老，多为30～40岁或50～65岁，首次或二次置业，看重学区、河景，经济条件较好，未来收入可期，看重价格、地段、景观、园区。

4. 产品定位

社会经济的迅猛发展和科学技术的日新月异使得顾客的需求随之不断增长变化，随着房地产业的迅猛发展，市场竞争也愈加激烈，实施差异化策略无疑是企业取得竞争优势的一种重要手段。差异化是指选择一种或多种顾客关注的特质，为其进行独特的设计安排以满足顾客的需求，同时获得溢价的报酬。针对沈阳远洋大河宸章项目，根据市场研究及差异化处理可得出大致的产品定位：

（1）本项目具备打造改善型产品的城市及区位条件，主要客户群关注于地段、景观、户型以及配套。

（2）竞品客户对于目前居住项目的质量满意度较高，但在整体布局、园林设计及户型格局方面仍有可提升的空间。考虑差异化应着重设计这几方面，弥补空缺层次，适应客户需求。

（3）产品应控制总价，控制面积、强化功能、满足三室需求为主。根据客户分析，功能型高层主力面积应设置在90～130m^2，一线河景高层在充分利用河景资源的同时控制面积尺度，设置160～180m^2的产品；洋房的主力面积设置在130～160m^2。

（4）根据国家政策需求，逐渐放宽二胎政策，很多家庭选择生育二胎，未来对四室产品的需求将逐渐增大，四室产品迎合未来生活发展。区域在售的四室产品均在235m^2以上，门槛高购买客户量有限。考虑差异化，应弥补区域200m^2以下四室产品空缺，缩小四室面积段，可降低四房门槛，增加购买人群基数。160～180m^2面积段具备做四室产品条件，通过户型优化既能满足舒适居住又能满足未来生活功能性，并具有区域总价优势。

（5）竞品品牌效应大，但健康配套缺少。考虑差异化并结合高端住宅客户需求，应注重健康与产品的结合。

综上，沈阳远洋大河宸章项目决定从景观、户型以及高品质健康配套这三方面入手构建健康产品回应市场。

1.3.2 沈阳远洋大河宸章的"健康"产品力

对于一座城市洋房来说，城市中心就是它最大的价值。然而，沈阳远洋大河宸章展现出来的价值，却并非单单局限在"城市"二字之上。

临水而居，择水而憩，自古就是人类亲近自然的本性，也是人类亘古不变的梦想。面对城市纷扰的浮华喧嚣，人们居住在豪华的空间里，生活却离自然日益遥远，更多的人越来越渴望寻找一处容纳心灵的自然村落，释放与添满天性，隐退心灵。沈阳远洋大河宸章西临金廊青年大街，南享一线河景资源和公园绿化资源。浑河旁、五里河公园里的区位优势，让远洋大河宸章表现出了更多的稀缺价值。

当远洋集团的健康基因注入大河宸章，一个坐落于古城盛京，徉居蜿蜒浑河，远望沈阳故宫的划时代人居大境应运而生。大河宸章项目包含河颂"瞰河高层"、河著"公园洋房"、河玺"城市园墅"三大组团产品，从规划、构园、工法等方面，以九大章法匠心营造东方健康园境，从住宅、园林、社群活动等全方位践行"建筑·健康"生活理念，更将WELL建筑标准引进沈阳，打造河颂G7精装瞰河健康住宅，从空气、水、舒适、光、营养、健身、精神七大体系，颐养人体11大系统，让建筑守护健康，为生命持久保质。

1．园林景观

浑河，古称"沈水"，这条拥有7200年历史的古老河流，为沈阳这个充满活力的东方工业之都提供着源源不断的给养。浑河畔，沈阳远洋大河宸章乘势而上，与北方园林讲究大气的传统理念一致。

在项目规划上，不仅灵活地保留了传统建筑元素和空间布局，而且更加讲究开阔、从容的交往空间，给人一种游览兼具文化内涵与现代生活的中国大院感觉。

在园区设计方面，为了契合"盛京八景"的历史人文底蕴，取境东方人居哲学，融合西方智慧，营造新中式园林精髓。依地利取材，以"大河山水"为建园理念，取制沈阳故宫中轴隆起之礼序，以前后纵深"三进院落"缔造大家居住布局，着力提升本项目的价值。

在园区布局、装饰细节等方面，传承宸与章的中式韵味，不负对家与园的现代理解，团队萃取新中式建筑精髓，重重工艺层层打磨生活之味，细心推敲，呈现出现代审美所独有的优雅气魄，用真诚与专业还原房屋最本真的生活意义。亮点示例见表1-5。

大河新中式园林变化的是营建手法，不变的是中国人骨子里对山水的情怀。在浑然天成的私家天地里远离尘世的喧嚣，给心一片自得其乐的清净之地。闲时静守自然，与三五好友谈天说地，感悟生活的本真含义；倦时临窗听雨，逗弄锦鲤，享受难得的闲情雅趣。

因为项目临近五里河公园，为了与周边景观统一融合，项目在公园一侧设置人行入

亮点示例 表1-5

方亭设计：
继承着中式建筑的传统，又与现代水景相融合，历史的演变与文化的传承，将中国古典风格与现代美共同呈现

园区主路：
以中式风格韵调为基础，深色的石板路稍显沉稳，橙红色的运动跑道更显青春活力，二者对比相称，凸显"大河的新中式"的特点

泰山石：
是"大河的新中式"造园的画龙点睛之笔。园中落山，山前引水，水汇成溪，石旁倚松。好似一幅立体的画，更是一首无声的诗

矩阵式的可移动花箱：
打破了原有造园固定栽植的手法，可根据使用功能性相互调节，这是一种新的尝试和突破

功能性园林：
健身器材、洗手池、慢跑道、座椅等设施一应俱全，满足了现代园林对健康、便捷、服务等功能的全方位需求

续表

园区入口：
中国古典园林私家庭院门项与屏风相搭，配合现代工艺制作。采用框景和障景的造园手法，以门为框，框出屏风铁艺图画，遮挡视线

植物栽植：
走过屏风，别有洞天，自然的栽植手法，让植物高低有序，错落有致。平整而简约的深色步道砖，让回家的路简单自然

单元门：
建筑与园林的风格浑然天成完美融合，入户单元门，石材打造的外墙，加之考究的工艺，线条平顺，庄严大气、品质感十足

私密性：
住洋房私密性是最重要的，大河宸章的洋房北侧，树木高低错落，用植物的围合和遮隐，更好地保证了洋房的私密性

绿植园艺：
具有隔离作用，区隔了非机动车停车位与园区景观，既实现了功能性，又保持了园区景观的整体性

口，方便业主进出，又在浑河岸边统一植物栽植，使建筑、公园和浑河的景观相互融合统一，项目内部也专门设有大空间绿地以呼应南侧城市级公园绿地，自然过渡结合。整体建筑社区屹立于浑河畔显现一气呵成的气派（图1-23）。

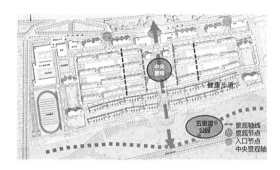

图1-23　远洋大河宸章园区布局示意图

2．建筑设计

不同于浑河沿线林立高耸的建筑群，沈阳远洋大河宸章在五里河公园北侧，打造了阔景洋房观邸，低密联排别墅，辅以少量高层产品，整体容积率仅为1.5，用产品印证了不负沈水最精华，彰显远洋大手笔的非凡气度。纯正板式通透户型、南向超大面宽，以人文、健康、舒适为体验，成就注重居住感受的高端住宅，赋予业主崭新生活华章（图1-24）。

建筑设计最终定为新中式建筑风格，外墙立面以浅色系高层、深色系多层、新中式低层三大色系为主，建筑风格遵循中心、对称、等级、秩序主从等设计原则，实现均衡、比例、节奏、尺度等建筑造型的构图逻辑和设计美学。水波纹理的黑色花岗岩堆砌池底，与不远万里精选的黄金麻石材相互辉映，共同构成深蕴中式水墨意境的"白山黑水"景观，与点缀其间的亭台楼阁等景观小品，齐绽东方光华（图1-25）。

项目内洋房产品均为墅景洋房，拥有11.5m轩敞面宽，三卧室大客厅朝阳格局，双阳台观景以及首层超大地下室，每一处均为彰显豪华与精致，提升业主最为优越的生活质感。生活在这里，忙于事业后漫步河边，让微风拂去烦躁；或藏身五里河公园，奔跑、骑行、打球，营造健康生活方式，实现城市居住价值的真正回归。

别墅产品建筑面积为300～326m²，空间采用多套房式设计，4室3厅4卫满足业主奢华生活，9m大开间全视野无遮拦。入户门厅，主卧套房设计，南向5.1m卧室，阳光河岸豪

图1-24　沈阳远洋·大河宸章新中式风格建筑

户型配比图

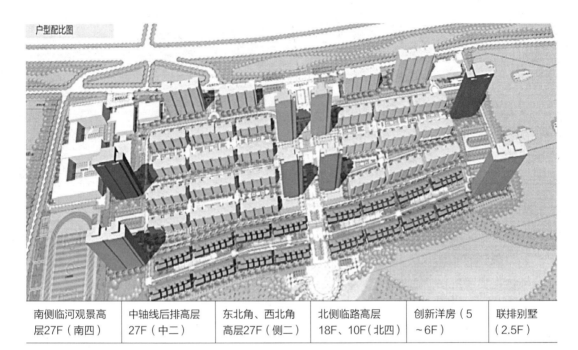

| 南侧临河观景高层27F（南四） | 中轴线后排高层27F（中二） | 东北角、西北角高层27F（侧二） | 北侧临路高层18F、10F（北四） | 创新洋房（5~6F） | 联排别墅（2.5F） |

图1-25 沈阳远洋大河宸章产品分布图

墅，中西双餐厅，以礼序升华生活。

高层产品建筑面积约为153~233m^2，户型设计采用方正格局，每一空间均达到合理利用。各功能区划分明确，动静分区。获得WELL金级认证的G7高层精装产品为194m^2，4室2厅3卫，三南卧，一北卧，层高3.05m，整体南向享有15m超大面宽，客厅拥有超5m大开间，无论是采光或是观景都有最好的居住感受。主卧套间设计及双南卧分区设计，保证家庭成员之间独立又紧密的生活状态，两梯两户，提升业主私密性（图1-26）。

装修风格在新中式建筑的基础上，采用"东韵·西释"的核心理念来打造沈阳沿河人居的室内美学，以西方手法诠释东方韵味，将东西元素巧妙地融合为一，在装饰面上，传统木雕以皮雕表现，金属收边取代铜口件，木饰面与皮革的演变、传统与时尚结合的诗意都跃然于起居生活之间（图1-27）。

大方一推二进的开放空间，从自然中

图1-26 沈阳远洋·大河宸章G7户型图

图1-27 沈阳远洋·大河宸章别墅样板间客厅（曾获红点奖）

图1-28 沈阳远洋·大河宸章洋房样板间地下室

截取光影，空间结合前庭后院，多层一体的结合让空间更生动。吟风赏月，品鉴美食、举杯望月、水天草木，充分凸显临水而居的特性（图1-28）。

3. 健康人居

2015年广州远洋天骄项目引入WELL建筑标准并在2018年通过了WELL MFR金级最终认证。远洋以广州为起点，不断刷新了人居健康新高度。沈阳远洋大河宸章作为远洋集团在沈阳的又一力作，引入WELL建筑标准并设定金级目标，通过先进的设计与工艺，实现居住者身心体验的多维度健康生活。

（1）七大健康保障

沈阳远洋大河宸章G7精装产品，从空气、水、舒适、光线、营养、健身、精神七个方面，为居住者提供全方位的健康保障。

1）洁净的空气

项目首先从源头控制污染源。从装修材料开始进行严格控制，通过将材料送检至专业实验室检测，从而筛选满足严苛的Green Guard Glod标准限制要求的材料，避免建材的源头污染。同时，在室内单元门外设置与门同宽3m长防尘垫，加强由人从室外带入室内的污染物控制，充分保证室内空气的洁净。

其次，通过室内空气的流通与过滤保证空气质量。G7精装房配备新风除霾系统，该新风设备具有全热交换和内循环功能，属于进排风一体机，更容易保证各房间气压平衡。它在工作中可以实现热交换功能，回收热量，因此更加节约能源。初效+H11级高效过滤，PM2.5一次性过滤95%以上，多次过滤可达99%。不开窗亦能享受到室外园林中的负氧离子，实现24h室内新鲜空气不间断，持续更新，保证家人居住的舒适性。

2）清冽的水质

室内用水采用全屋超滤净水系统，不仅可饮用，并且可满足清洁果蔬、洗漱洗浴的用水需求。双重净水体制下，直饮水、洗澡水都已过滤，净水器滤芯过滤孔径达0.01μm孔径,隔绝滤除各种细菌、污染物、沉淀物等高达99.99%以上,使自来水可以达到直饮标准,在去除有害物质的同时保留了水中矿物质等有益成分,并通过活性炭过滤去除异味改善水质口感。净水器带有冲洗功能,冲洗滤芯的水还可用于浇花、擦地,不会浪费。使用过程中,物业服务还会提醒业主按净水设备说明定期更换滤芯,保证过滤效果。

3)舒适的环境

室内设有全屋地暖系统。与传统散热器不同,地暖是以地面作为散热器,通过地板辐射层中的热媒,均匀加热整个地面,利用地面自身的蓄热和热量向上辐射的规律,由上至下进行传递来达到取暖效果,符合人体头冷脚热的生理医学原理,且没有卫生死角。远洋大河宸章针对所有住宅边户的房间,进行针对性地热加密设计,贴心加密设计将更加利于住户取暖。

除了用于加热的地暖系统,G7精装房还整体采用中央空调360°立体环绕送风,便于季节交替时对室内温度的控制,空调与新风均采用静音设备,正常运转室内噪声可控制在40dB以下,缔造静谧舒适的生活环境。除主动设施外,项目在临近二环一侧设置隔音屏,减低外源干扰,阻隔室外噪声。

4)优质的光线

通过新型的照明标准,选用带有遮光角度或灯罩的光源,避免眩光对人眼的刺激,光源色温控制在3000K以内,提供更接近自然光线的室内照明环境,避免因光源导致人体昼夜节律的现象减缓衰老,提供良好的视觉环境,提高睡眠质量和工作效率。灯具显色指数Ra大于80,通过使用高质量显色能力的灯具,增强空间美学和辨色力。感应夜灯等配置也更体现出产品的人性化关怀。

5)均衡的营养

项目800m生活圈内拥有健康食品商店、市场,鼓励健康的饮食习惯。物业会在公共区域发布健康食品海报,远洋业主APP软件"亿街区"提供社区O2O解决方案,线上、线下同步宣传,鼓励业主使用放心安全的天然食品。景观方案中含有果园设计,作为果园式景观,后期会互动种植方式,提供场地供业主种植,物业提供园艺资源及工具。

6)强健的体魄

楼内标识系统增加鼓励健身内容鼓励业主多走楼梯,室外景观中设置多处健身设施、运动跑道、健身器材,有氧、无氧相结合,并在适当位置设置休闲座椅。除了健身设施外,对主动健身也提供相应支持,如自行车停车位及修理工具。

7)健康的生活

项目在景观及户内大堂设置多处水景、雕塑、艺术品,体现人类亲自然的本性。制定了业主WELL指导手册,让业主更加了解自己的健康住宅,并可通过关注远洋设计汇微信公众号了解更多健康住宅知识,另将在物业中心摆放关于健康知识的各类书刊。此外,项目还定期举办与健康相关的活动,普及健康知识。

(2)浸入式的装修设计

大河宸章G7精装产品不仅仅拥有新风除霾、净水系统、地暖系统和高品质光源等健康配置,团队还将人性化细节融入生活的点滴之中,实现基于业主生活场景的浸入式室内设计。结合WELL建筑标准的要求,从选材、用料、工艺到质量,精装的每一处细节均经得起业主的推敲、受得住市场的考验。

1)玄关

可视对讲系统采用全数字架构联网系统,彩色可视7寸液晶触摸屏。入户门采用钢木复合门,该产品既具备了钢质防盗门的防破坏功能,同时又具备了实木门的美观效果。锁采用电子锁,具有防窥、防盗刷、使用寿命长、高安全等特点,兼有密码、钥匙、指纹、刷卡四种开启方式,且具备手机蓝牙远程超控的功能。门锁的所有功能操作均为中文语音导航,方便老人小孩使用。收纳玄关柜针利用独立电梯前室,设置鞋柜,提供放包、换鞋等功能,将每一寸空间演绎到极致。入户采用光控红外人体感应灯,夜间业主回家夜间起夜等生活场景中,所经过区域的灯具自动亮起,在一闪一灭中,收获来自家的礼遇。

2)客厅

客厅整体面积近40m^2,顶部做统一吊顶造型,落地窗提供良好采光的同时,视野更加开阔,方便业主在客厅休闲的同时能够欣赏到浑河的美景(图1-29)。

图1-29 沈阳远洋·大河宸章G7样板间客厅

客厅是家庭居住环境最大的生活空间，也是家庭的活动中心。G7精装客厅在设计中满足了家庭会客、看电视、听音乐、家庭成员聚谈等功能需求。设计时充分考虑了环境空间弹性利用，突出重点装修部位。家具配置设计安排合理，充分考虑人流导航线路以及各功能区域的划分。以及考虑灯光色彩的搭配与各项客厅的辅助功能设计，布局合理完善。

客厅地面瓷砖选用以"文化陶瓷"知名的马可波罗品牌高端系列，天然纹理简洁大方、光洁釉面清洁方便。沙发背景墙采用亚麻硬包穿插金属装饰线条，质朴中带有细节，无论在材料上还是工艺上均能看出远洋的用心。电视背景墙采用了被称为超薄瓷板鼻祖的意大利进口陶瓷品牌Laminam（娜米拉），与传统石材相比，除了降低辐射外，还具有耐化学腐蚀、耐磨、高韧性、防火、耐污表面、防褪色、环保等优异性能。

3）卧室

卧室作为居者使用频率较高的空间，为获得更好的居住体验，远洋将健康理念渐渐融入居者的日常生活中，让家呈现出更多美好的可能。

每间卧室的地板为符合WELL建筑标准而定制了环保实木复合地板，原材料全部采用来自非洲、欧美、东南亚等地的天然进口木材，生活家从选材、生产两个环节严格把控，是少量获得国家专利技术的除醛地板。地板表面有捕捉甲醛的纳米硅片，还有分解甲醛的甲壳素，经权威机构检测，甲醛净化效率高达80%以上，且防虫、不助燃，不反翘变形。涂装加工的过程中，采用的油漆是环保等级高的德国的坚弗油漆，对地板进行六面封漆，完全控制有害物质的挥发，防止水分进入。整体墙面采用多乐士至尊抗甲醛乳胶漆，可吸收室内空气中甲醛、TVOC等物质，更加环保，使室内空气更安全、环保、清新。采用零甲醛密封胶，确保用户健康、安全、无害，交付即刻拎包入住，不再担心装修污染。衣柜所用的胶水是水性科天的高分子环保材料，无毒、无味、无污染，从源头上杜绝了有害化学物质对人体的毒害（图1-30）。

主卧室与衣帽间考虑了最短的动线，衣帽间收纳空间充足，衣柜的置物层均可根据需要进行上下调节。柜子提供深浅两种颜色选配（室内全部木作均提供深色系与浅色系两种选择），满足个性化需求（图1-31）。床头预留带USB口的插座，主卧床尾墙面设有插座及有线电视接口，方便业主在卧室安装电视，照明开关采用双控设计。通往卫生间动线墙上均设有小夜灯，方便业主起夜使用。

图1-30 远洋·大河宸章G7主卧

图1-31 远洋·大河宸章G7主卧衣帽间

图1-32 沈阳远洋·大河宸章G7样板间厨房

4）厨房

厨房是体现细致关怀的空间。在远洋大河宸章，厨房是主人的第二工作室，烹饪将成为一种享受。

厨房整体U形布局方式，充分利用每一寸面积，并且追求最高操作效率，将布局、收纳与生活习惯充分融合。针对大平层户型预留足够冰箱空间，冰箱上方设置吊柜，充分利用每一处储物空间。三段式推拉门既符合国内烹饪阻隔油烟的需求，同时保证了开敞通透，推开后变身开敞厨房。橱柜变为早餐台、迷你水吧，满足不同生活场景需求（图1-32）。

操作台面设置了后挡水沿实用美观，台下菜盆等设计，收拾厨房时台面的水不会流到地面，可直接扫进水池，水龙头采用抽拉龙头设计，方便拉出冲洗。厨房的窗户不是直接从底部开启的常规开窗设计，而是预留0.4m的标准距离，从上方开启，开窗时不会碰到水龙头或是菜盆周边物品。台面设有可控开关，并为蒸箱、烤箱等家电预留充足插座位，方便操作的同时避免电器插拔带来的电器损害，也保障了业主的安全。全屋的下水管均采用内部带有螺纹的高品质水管，保证寿命且起到静音排水的效果。

橱柜采用了欧派品牌的环保整体橱柜，外观上采用的是隐形拉手设计，安全、易于清洁、现代感强。橱柜柜门与抽屉采用带阻尼合页与轨道，使用过程中全面静音，转角拉篮转角柜，把原来"藏"在里面的柜子拉出来，提高使用率，调味拉篮给调味用品找到安放的位置，保证台面整洁。

厨房墙面、地面均铺瓷砖，且带有天然石材纹理，每一块墙砖纹理各有不同。操作台石英石台面耐磨不怕刮划，耐热性好，经久耐用且抗菌易清洁。

5）卫生间

卫生间采用的是干湿分离设计，主卫淋浴、浴缸分区布置，面盆台上方预留了插座，方便使用吹风机或是剃须刀等电器，水龙头水柱的高度、手盆的尺寸均按照WELL建筑标准设计，预留足够空间，符合人体工程学。

主卫采用三段式浴屏设计，让开启门尺度加大，方便大人为宝宝洗澡及大件物品轻松送入淋浴间。吊顶采用防水石膏板吊顶区别于普通铝扣板吊顶带来的廉价感，瓷砖方面地面采用灰色更加耐脏，墙面采用白色，石材纹理逼真，排版富于变化，视觉上扩大了空间感受，富有层次。卫浴柜无边框的镜柜满足梳妆使用的同时，增加了收纳空间，清洁护理用品分置其中。手盆柜距地预留足够空间可摆放脸盆等用具，同时避免地面水汽对柜体的侵害，更加持久耐用。所有卫生间淋浴区的地面排水均采用中间高四周低的排水槽方式，加快地漏排水速度，更利于清洁，并且地面进行了防滑处理做出纹理的工艺，保证了业主的淋浴安全问题。手盆柜底部悬空设计，方便收纳盆等物品，整体卫具均采用日本TOTO品牌中高端系列的产品。马桶旁边预留了插座，可进行优家智能化马桶升级。在主卧业主可通过双向衣帽间进入卫生间，方便更换洗衣物。浴缸整体是采用瓷砖全包式设计，不留死角，更方便清洁。同时考虑到了业主使用的方便性而增加了手持花洒。客卫邻近坐便一侧设置收纳格，可摆放书刊。卫生间的人性化设计更多的是考虑从使用者角度出发，更加贴心、安全（图1-33、图1-34）。

（3）匠心营造，极致精工

沈阳远洋大河宸章在2016年4月引入WELL建筑标准，2016年5月启动精装设计方案，项目认证得分表历经13次调整，先后研发、实施4个不同标准的样板间，不断优化提升，力求打造出适合北方气候特征的WELL金级健康住宅。第一套WELL研发样板间始于2016年11月，沈阳室外气温最低已到达-20℃。此时样板间所在楼栋主体施工至三分之一，处于冬季停工状态，低温成为团队面临的巨大挑战。如处理不当将直接影响工期、质量，更不利于装修材料中有害物质的挥发。为了提前完成样板间，给后期治理吹洗、各项检测争取更多时间，团队在毛坯阶段做好外墙保温、防水工作，施工过程中利用房间内地热启动临时供暖及棉门帘等保温措施，历时38天，在沈阳最寒冷的季节完成了WELL落地最重要的事项。同时，工期上的争分夺秒并没有降低团队对品质的追求。团队在施工前期制定严

图1-33 远洋·大河宸章G7样板间主卫

图1-34 远洋·大河宸章G7样板间客卫

格的WELL专项管控标准；挑选配合好、工艺强的施工队伍；通过放线核对土建水电点位预留的精确性、材料排版的完整性，发现问题及时调整。

从材料源头把控质量。项目团队选材关注材料的核心技术，不断通过同类材料综合对比，择优选用。在研发初期，项目团队借鉴广州远洋天骄项目的成功案例与优秀经验，并结合北方区域气候特点与沈阳远洋大河宸章项目的实际情况，在材料比选之初就下足了功夫。基于材料检测报告，对材料有害物质排放量进行专业化检测，从源头确保选材健康安全性。通过对各类材料进行实时监测以及阶段时间内的总挥发量监测，制定每种材料的全程跟踪检测报告，再经过不断筛选淘汰，最终确定11项主材、12项辅材。

此外，为了控制污染源，团队还对工艺进行大量革新。如采用免漆板材替换实木油漆木作，有效控制了甲醛和总挥发性有机化合物（TVOC）的释放量；采用少胶少木化工艺，顶棚造型全部采用了轻钢龙骨基层，不仅可减少污染挥发，还能更好地控制棚面变形与开裂，规避质量隐患。并且在施工期间项目团队制定了专项施工污染管理方案，对甲醛、颗粒物、TVOC等在施工过程中可能对人体产生影响的有害物质进行全程记录，对每一个指标进行苛刻监测。为了减少外扰，获得精准数据，检测人员在寒冬季节室内关掉一切取暖设施，在炎热的夏天不开门窗、空调，每次检测都是一个人在房间内操作，每一个数据都体现着项目团队对WELL健康理念的极致追求（表1-6）。

（4）健康人居，金牌认证

历经三年对WELL健康住宅标准的探索、实践，项目团队在环保材料拓展、施工过程检测与管理、竣工后治理措施等方面，摸索出适合北方区域WELL健康建筑标准落地的经验与成果（图1-35）。

沈阳远洋大河宸章G7精装样板间全周期检测安排　　　　　表1-6

阶段	项目	内容
第一阶段-施工期检测	毛坯房气密性 水质 空气质量检测	样板间室内密闭性检测 自来水水源 室内TVOC、甲醛、颗粒物、臭氧、氡检测
第二阶段-施工过程检测	现场施工检测 材料挥发量检测	随工程进度检测室内TVOC、甲醛、颗粒物 施工中使用的高危材料抽样送检至实验室进行密封舱挥发量检测
第三阶段-竣工后检测	精装房气密性 噪声、照度 空气质量监测	样板间室内密闭性检测 灯具照度 室内TVOC、甲醛、颗粒物、臭氧、氡检测
第四阶段-治理后检测	竣工后治理检测 空气 灯具眩光检测	对各类治理措施进行检测、评估效果 直读设备对室内空气质量进行检测 测试灯具眩光值

图1-35 沈阳远洋·大河宸章WELL认证过程

2019年3月,沈阳远洋大河宸章G7楼于迎来了WELL性能验证的现场检测。专业评审团队分别从空气、水、室内温度、湿度、舒适度、噪声等指标进行了严格测试。最终,包括室外景观小品、活动设施等现场检测指标均优于WELL建筑标准中的相关要求。

2019年6月20日,沈阳远洋大河宸章G7楼WELL金级认证授牌仪式隆重举行。授牌仪式还邀请了业主与项目团队共同见证,并针对健康生活进行了交流。现场活动结束后项目团队与集团高管、国际健康建筑学会(IWBI)也对项目经历进行了回顾与经验交流。这是中国北方地区首个WELL多用户住宅试点标准(WELL Multi-Family Residential Pilot)金级认证项目,是中国WELL标准多用户住宅体系(MFR)的实践样板,也是远洋健康建筑在北方地区落地的代表项目(图1-36)。

图1-36 沈阳远洋·大河宸章G7楼WELL金级认证授牌仪式现场

1.3.3 远洋大河宸章的市场反馈

1. 项目销售

项目销售期间多次开展健康宣传和产品展示活动，例如2017年7月22日，沈阳远洋大河宸章启动"和你一起，健康绽放"远洋精装新品及服务发布会，G7健康河景住宅、远洋优家服务、WELL生活馆也在发布会上纷纷面市，向客户进行详细的G7产品解读，同时极大提升了品牌知名度（图1-37）。

图1-37 "和你一起，健康绽放"远洋精装新品及服务发布会现场

沈阳远洋大河宸章项目凭借绝佳的区域价值和健康产品力，受到消费者热捧。2016年开盘即热销5亿，半年就创造了10亿的销售额。2017年获得沈阳市单盘销售额冠军，并多次获得销售额月冠军，每年实际销售额均超计划完成。截至2019年6月，沈阳远洋·大河宸章项目货值较预期增加8.6亿。尤其是获得WELL多用户住宅金级认证的G7在内的高层溢价率为住宅产品最高，体现出市场对于远洋健康建筑的认可（图1-38）。

2. 客户声音

从客户的评价和反馈可以看出，WELL建筑标准的精装房，无论是整体还是细节，都

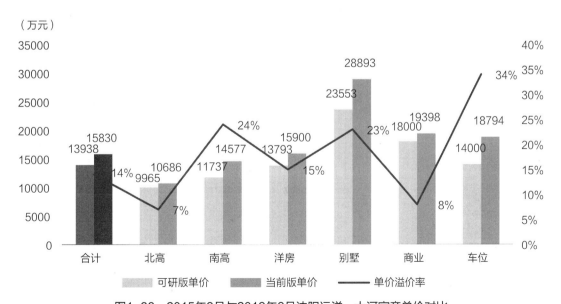

图1-38 2015年9月与2019年6月沈阳远洋·大河宸章单价对比

给沈阳客户带来了全新的体验。以下为摘录的客户反馈信息：

（1）已经有了第二个宝宝，既考虑学校的问题，也想着老人来能住下，看了G7样板间，户型真的不错，尤其是客厅的开间空间感十足，厨房的细节也特别实用。因为考虑到老人孩子，所以很重视材料有没有毒。现场一看，一点味都没有，让我很放心。

（2）远洋这个楼盘的园林还不错，我记得有慢跑道、健身广场等好多休闲配套，给我感觉整个内部园林充满了健康和活力。又很认真地看了样板间，精装确实省事，我特别喜欢厨房的安排，各种小细节都有想到，就彻底相中了。

（3）室内采光我觉得很人性化，我喜欢那种全屋子都很透亮的感觉，窗户的规划与室内灯光的配置，这些都很得我心。精装修把净水系统都带上，沈阳的小区绝大多数现在还没有达到直饮水到家的水平，这点很不一样。

（4）一个楼盘能把新风系统做进精装标准里，这么花成本去关心业主健康，让我很感兴趣。另外就是还有些公用设施是很贴心很吸引我的地方，有孩子和宠物的人都会有各自的一个专属场地，我觉得这样特别好。

3．售后调查

2019年3月至5月，远洋委托第三方对沈阳远洋大河宸章的业主进行了满意度调查，最终成功访问了1006位业主，其中包括准业主419位，已入住业主587位。业主对项目的总体满意度为85.5%。在对满意原因的调查中显示，小区环境、绿化、房屋设计以及管理服务是主要的满意指标，这正与沈阳远洋大河宸章前期的产品定位相符合，也说明景观、户型以及健康品质配套的产品力构建是成功的（表1-7）。

业主对沈阳远洋·大河宸章项目的满意原因占比　　　　表1-7

已入住业主满意的原因		准业主满意的原因	
满意人数=485		满意人数=375	
小区环境好/安静	25%	小区环境好/安静	23%
园区设计/绿化好	23%	园区设计/绿化好	20%
服务人员素质好/态度好	22%	房屋设计/结构好	17%
公共区域管理好	16%	建筑风格好	14%
房屋设计/结构好	7%	休息/休闲场所多	12%
绿化养护好	4%	销售服务好	8%
处理问题效率高/及时解决	3%	售后服务好	6%

在被访业主中，有72%的业主表示自己曾经向他人推荐过沈阳远洋大河宸章楼盘，平均每人会向3.82人推荐。而被推荐者中，平均有1.38人最终购买了大河宸章楼盘，成功推

荐率为36%。有45%的准业主在购房过程中有接受来自亲友的推荐。其中，有40%左右接受推荐的业主认为亲友的推荐对他们最终购买大河宸章楼盘有决定性的影响。说明老业主对远洋品牌和口碑的传播起到了积极的推动作用，这也归功于远洋产品舒适健康的居住感受。

从首次亮相至清盘，沈阳远洋大河宸章一路热销，始终作为区域内品质楼盘的领跑者。这座沈水之阳的品质标杆，为浑河的历史文化积淀涤清混沌，将千年来浑河生活的美好呈现在世人面前。如今，醇熟、闲适的河畔生活不紧不慢地进行着，让每一位远洋业主每天都感受到健康幸福正一步步成为现实，终将化作千家万户的温暖笑脸，永远流传。

1.4 案例总结

"健康中国"乃国之大计，健康越来越成为人民美好生活的重要组成部分。顺应新时代，勇做先行者，远洋集团将"健康"作为企业的核心价值，探索并实践着人、建筑与环境三者和谐共生的"建筑·健康"的品牌理念，并不断尝试、摸索、优化、迭代，经历了从理念到标准，从方法到实践的漫长历程，从绿色建筑LEED到WELL建筑标准，直到迎来了中国本地化《远洋健康建筑体系1.0》的诞生。远洋集团已基本实现了健康建筑体系对集团旗下住宅、写字楼、商业物业到养老项目的产品线全覆盖，这为点亮未来远洋健康树奠定了坚实的基础，也为国内健康建筑提供了宝贵的理论方法与应用范例。

秉承"建筑·健康"理念的WELL（MFR）金级认证项目沈阳远洋大河宸章是远洋健康建筑体系在住宅产品实践中的全新典范之作。该项目的成功，来源于远洋集团对健康战略与健康文化的执着追求，依托于远洋对本土化健康建筑体系研究的长期积累，更得力于项目团队对于健康建筑的勤力创新与匠心营造。项目从研发阶段的产品定位到园林、户型以及健康配套的产品力释放，每一处细节都被注入了健康基因与匠人思考。团队萃取新中式建筑精髓，对园区风格、装饰细节等多方面细心推敲，呈现出现代审美所独有的优雅入境；低密楼栋排布以及大开间户型设计，充分利用河景资源；G7瞰河高层精装房从选材到施工再到检测的高标准，都体现出团队的匠心精神，人性化细节安排以及健康材料的应用都遵循WELL建筑标准，达到领先时代的居住标准；项目的健康配套积极践行远洋健康建筑体系，居住体验再度升级。沈阳远洋大河宸章对远洋健康建筑体系的引入和实践，带给沈阳的不仅是一个新的产品，更是一个全新的健康人居评判体系。

随着美好生活时代的到来，远洋集团将继续坚定践行"建筑·健康"的品牌理念，将"健康"内化为远洋的产品基因。远洋健康建筑体系也将基于落地经验、效果验证和反馈,沿着细化、精化、深化的路线进行持续性迭代与升级,满足各类建筑产品用户对于健康的需求。远洋将以开放的心态与更多以人为本、关注健康的伙伴一起,共同推动房地产业向"建筑·健康"高质量方向发展,满足并逐步实现"健康中国"战略下人民对美好生活的向往与追求。

思考题

1. 以远洋集团为例,思考企业战略与国家战略的关系。
2. 通过资料查阅,对比LEED、WELL等建筑标准的差别。
3. 为什么远洋大河宸章可以通过健康建筑实现产品溢价?
4. 售后客户反馈在房地产开发中的作用是什么?

2 汕尾星河湾：
以星河湾4.0标准演绎"星中式"

天下大事，必作于细。

——老子

案例导读

　　唯有好产品才能带来好生活。作为不以规模取胜的少数派房企，无论是在中国房地产的百亿时代还是千亿时代，星河湾集团一路走来，始终如一，坚持舍得、用心、创新的企业价值观，每进驻一个城市都打造品质如一的"好房子"，为所在社区提供"好生活"。面对中国房地产业如何实现高质量发展的时代命题，星河湾交出了自己的答卷，用精工品质传递对用户、对社区、对城市的责任与使命。汕尾星河湾延续广州、北京、浦东星河湾的品质传奇，代表了星河湾集团从工匠精神向工匠标准的迭代跨越。汕尾星河湾采用最新的星河湾4.0标准，集20余年匠心之大成，用更新的理念、更高的精度、更严的管理、更好的体验、更美的生活演绎"星中式"人居典范。

历史上，从未有一个国度如同中国一般，在1979—2019年的40年间，实现了经济总量近60倍的增长，成为世界第二大经济体，完成了从温饱到小康的历史跨越。历史上，也从未有一个国度如同中国一般，在1998—2019年的20余年间建了超过500亿m²的房子。城市人均住宅面积实现了从改革开放之初的6.7m²到近40m²的跨越。房子，深刻地影响着千百个中国城市的建设，改变了中国老百姓对人居、生活与欲望的认知。

速度定成败，规模论英雄，塑造了中国房地产业的前30年。当其他企业还在焦虑中为规模奔跑时，星河湾毅然选择了一条与快慢无缘的稳健发展之路，以近乎固执的方式追求产品品质，用钻石级产品获得了数以十万计中国高净值家庭的认可，为中国房地产业向高质量发展转型提供了一个时代样板。

2.1 高质量发展，房地产业的新时代

2.1.1 时代转折中的房地产变局

历史从不是线性的发展，更不会简单地重复。面对"百年未有之大变局"，传统的粗放型经济发展模式已经不可持续。党的十九大作出了"当前我国经济发展已由高速增长阶段转向以深化供给侧结构性改革为主线的高质量增长阶段"的重大判断。

从追逐规模速度领先，到谋求质量效益制胜，中国正在上演一幕"转型大戏"。习近平总书记强调："高质量发展是体现新发展理念的发展，突出高质量发展导向，就是要坚持稳中求进，在稳的前提下，有所进取、以进求稳，更好满足人民群众多样化、多层次、多方面的需求。"

高质量发展离不开消费的提档升级。伴随经济转型换挡和人均GDP增长，2019年中国居民恩格尔系数已降至28.2%，达到较高收入国家水平。从"满足日常需求"到"改善生活品质"，人们跨过实用和低价的需求，在关注产品本身功能的同时，更多注意产品所带来的品质、体验和创新。消费提质升级助推高质量发展进入全新赛道。

高质量发展离不开产业的突破转型。随着大数据、云计算、物联网、人工智能等新一代信息技术的快速突破和广泛应用，"中国制造"正在向"中国创造"2025迈进，信息技术作为重要的生产手段促进了智能制造、创新设计等新模式的快速发展，推动着我国新兴产业的蓬勃发展和传统产业的深刻重塑，是我国国民经济增长的重要引擎。

高质量发展离不开城市群的有力支撑。以长三角城市群、粤港澳大湾区、京津冀等为

代表的中国城市群,承载了全国78%的人口,贡献超过80%的GDP,代表了未来新经济时代创新要素的集聚,是我国未来引领高质量发展的主要空间载体与经济增长新引擎。

面对高质量发展的时代命题,房地产业也走到新的时代起点。在"房住不炒"的总体定位指引下,回归居住属性,打造宜居城市,服务城市发展,实现"有房住"向"住好房"转变,正成为未来中国房地产业的发展主线。

毋庸置疑,自1998年实行住房市场化改革以来,房地产业对宏观经济的稳定推进以及对建筑业等关联产业的带动作用,成为21世纪初中国经济增长最重要的引擎。1998—2018年,房地产业销售额与销售面积分别从2513亿增至15万亿、1.22亿m²增至17亿m²,累计翻了约58.7和13.1倍。2019年共计36家房企销售额跻身千亿军团,4家房企迈入5000亿元阵营,行业发展达到了前所未有的数字高度。

在这个咆哮年代,伴随着各路资金的争相涌入,野蛮生长、疯狂扩张成为房地产业的代名词,高周转模式被各大企业所追捧。极端化的高周转,要求在短时间内实现资金回流,极度压缩项目开发与建设时间,1个月开工,4个月开盘,5个月预售,6个月资金回正。而一旦资金、工程、运营、销售等环节无法保证高度的协同,出现质量问题就不可避免。2018年,被称为"建筑质量最差的一年",甚至出现某房地产企业自黑式的"劝身边的同事这两年不要买房,因为近两年的房屋质量是最差的"戏谑。2019年,行业面对此起彼伏的维权和频发的楼盘质量事故,已经很难申辩经过20年的快速发展中国房子是造得更好了还是更坏了。

房地产业的高质量发展,绝不是大就是好、快就是优、销售额高就风光无限。房地产必须要回归产业常识、产品常识,不仅要正视产品品质这一攸关业主生命,企业品牌与城市未来的核心问题,更要围绕人们对美好生活的追求,从人居、人文、产品、环境、产业等各个维度,贡献不负时代的"好房子"。

追求好房子是新时代消费升级的具象化表达。在解决了吃饱穿暖的问题后,追求幸福感成为了人的进一步需求。消费升级后的中国消费者对于好房子的认知,已不仅仅拘泥于房屋的质量,还更注重居住的舒适性、功能性、私密性、社交和健康。未来的住宅需要回归建筑之本与人文关怀,将建筑与人、与生活、与生态、与社区相连接,满足居住者生理、心理和社会适应等复合性高层次需求的好建筑。房地产企业必须肩负更多的历史使命,不仅要打造满足生活空间的"好房子",也要创造满足用户社交、文化、健康等需求的"好生活"。唯有升维,而非降维,才是房地产业企业的安身立命与长久发展的正途。

2.1.2 拥抱新时代:星河湾的坚守、洞察与创新

1994年,中国房地产业的鸿蒙时代。有一位企业家去欧洲考察,看到欧洲文艺复兴时

期留下了的许多经典建筑。他不禁感叹,好的建筑,不仅是当代的地标,更能穿越时空,传承历史记忆。回国后,他在《我有一个梦想》的文章中写道:"每当我看到西方发达国家的人居环境时,就有一种搬回家的冲动,而且比他们的还要好,还要美。"他是这么说的,也是这么做的,而且一做就是25年。在这25年里,这位企业家和他的企业走上了一条与行业潮流看似格格不入的道路。

当他亲自挥锤砸烂待验收的价值几十万的会所景观玻璃幕墙,在开盘前一天指令将沙盘模型、栏杆、走道全部砸掉重来时说:"我们做的产品至少应该做到不成为城市垃圾,在几十年后不被子孙后代骂,我是害怕被骂的!";

当别的房地产开发商忙着扩大规模,难以抵挡企业上市、金融资本的诱惑时,他说:"不比赛跑,比爬山,做快是本事,做慢才是真功夫";

当企业成为中国品质地产领军者时,他说:"我们不仅要推动自身产品的迭代升级,更要推动行业发展,未来要打造全行业最高人居标准";

面对未来十年的房地产的转型,他说:"坚守品质,拒绝浮躁,精益求精,才可能形成自己的核心竞争力。"

这位理想主义者就是黄文仔,这家企业叫作星河湾。

从广州星河湾面世时的惊艳四方到北京星河湾的声名鹊起,从上海星河湾的全国皆晓到太原星河湾的名声大噪,再到沈阳、成都、青岛乃至汕尾,13座星河湾的落地都毫不意外地在当地成为高品质住宅的标杆。如今的星河湾,已然是一个囊括中国高净值人群及其家庭的价值共享与社交平台,成为中国一线城市财智人群心目中具有深远影响力的高端人居品牌。

经历了创富与守富阶段,中国高净值人群的生活正逐步走向追求健康、生态、公益、人文为代表的享富阶段,他们具备更加强烈的中国文化自信,更加注重生活的品质、自身的身心修养、子女的内涵气质教育与乐善好施的公益行动。基于对高净值人群价值观与生活方式的长期关注与深度理解,星河湾集团一直以"品质、匠心"为己任,用时间雕琢产品,无论是工程标准从1.0进阶到4.0,还是现代建筑语汇下国际化、东方意蕴的"星中式"风格,以及围绕高净值人群生活方式的星河湾生活学院,星河湾不断丰满、完善与优化产品内容,形成与高净值人群价值观和理念的同频共振,诠释优质生活方式,提供完美样板社区。

回首前路,星河湾已走出了一条具有自身特色的品质之路。展望未来,在历史上行的中国大国文化复兴期,星河湾仍将肩负大国时代的民族企业愿景,以"钻石哲学""工匠精神"开启中国未来生活"质造"的新起点。

2.2 新时期"企业之治":星河湾钻石级企业价值进化

2.2.1 新时期的"企业之治"

当前,中国社会主要矛盾是人民日益增长的美好生活需要和不平衡、不充分发展之间的矛盾,经济发展已由过去的"唯GDP论"转变为科学发展、高质量发展和在"创新、协调、绿色、开放、共享"发展理念引领下可持续发展。十八届三中全会首次提出"推进国家治理体系和治理能力现代化",并确定为全面深化改革的总目标。这是"工业现代化、农业现代化、国防现代化、科学技术现代化"之后的"第五个现代化",是社会主义现代化的重要内容。

企业是国家治理三元架构,政府治理、企业治理与社会治理的重要组成部分。从"企业管理"到"企业治理"的跨越,虽只一字之差,却是理念的一次升华。中国企业要建成世界一流企业,必须是一流的商业成就和强烈社会责任的统一,既要实现良好的企业效益和商业利润,又要实现商业利润与社会责任的统一。

新时期的"企业之治"是复兴时代民族企业肩负的社会责任。责任感是治理现代化的重要构成要件,它不仅会带来商业环境深远的变革,而且会在企业参与治理现代化过程中为企业聚集积极巨大的社会影响。基于企业是国家"公民"的价值理念,企业不仅是一个由职工、经营者和投资者为主体组成的经济组织,也是一个包含顾客、供应商、竞争者、政府等要素在内的开放系统。企业有权利也有责任为建立一个和谐、稳定的社会做出应有的贡献。企业要将自身发展、企业发展同企业社会责任以及公益事业结合起来,从最大限度地获取利润,到实现企业与社会的双赢乃至多赢。

新时期的"企业之治"是把最好的产品和服务提供给社会。为社会提供最好的产品和服务,其本身就是企业使命,并且是对企业使命最好的实践,这是企业基本的职能,同时也是应该履行的社会责任和义务。国家治理现代化离不开坚实的物质基础,治理现代化所追求的文明、和谐发展需要企业提供最好的产品和服务来满足客户、员工、社会三方面的需求。这不仅仅是让员工满意、客户满意,而且能够让政府、社区、环境满意,把对政府、社区、环境的责任作为企业存在与发展的重要目的。

新时期的"企业之治"是企业家与员工共同参与的历史使命感。企业家的价值不仅体现在个人为社会的奉献多少,也体现在经营行为中的公平、正义和真诚的道德感。企业家是国家治理现代化的积极推动者,不仅自身应融入这个进程,而且应带领员工主动参与。使命感不仅让企业家与员工明白他们在干什么,而且能够理解企业行为的社会价值;使他们认识到，其生产的产品好坏不单纯是企业生存发展的问题，更是体现公平、正义、真诚、协调发展的治理现代化的一种进步；使他们更清楚做事的原则和方法，认识到组织价值和自身价值，从而在社会整体与个体之间形成和谐发展。

当房地产业告别过去传统粗放的高速增长阶段，进入高效率、低成本、可持续的中高速增长阶段，中国房地产企业也正在探索将中国国情与公司治理现代化的高度融合，符合国家治理现代化要求的企业治理模式。但无论如何，兼顾产品品质、社会责任与历史使命将是中国房地产企业未来治理模式选择的基本原则。

2.2.2 星河湾：品质道路、战略定力及价值观传承

决定一家企业上限的，不是规模，不是利润，而是对这个时代的贡献，对这个社会的担当。一路走来，星河湾始终坚持"舍得、用心、创新"的企业价值观，对于品质的追求从未改变。1994年，黄文仔创立宏宇企业集团（星河湾前身），进入房地产行业。1996年底，宏宇企业集团经广州市体改委批准，成为广州市第一家私营股份制企业集团。在绝大部分商品房还是毛坯交房的年代，星河湾以开先河的精装修交楼踏上了"品质地产"的探索之旅。从广州到北京、上海，再到太原、澳门、西安、沈阳、成都、青岛乃至汕尾，星河湾从不因城市等级而改变自身品质。对于品质的执着与专注，早已成为星河湾的文化基因。践行"珍惜国家的每一寸土地，使每一寸的土地价值最大化"的理念，星河湾实现了从产品至上到生活方式至上，形成了跨越中国核心城市群的财智人群影响力圈层（图2-1）。

星河湾从不依赖机会导向，而是以品质为根基的战略导向。不管在顺境还是逆境中，星河湾始终坚持精耕品质。当有的企业为了利润追进度、降成本时，星河湾不惜成本追求极致；当大多数房地产商热衷于说速度、讲规模时，星河湾始终聚焦于高品质豪宅的开发营建；当行业迎来资本盛宴时，星河湾仍坚持不上市，选择"自主可控"的发展道路。每隔一段时间都有质疑的声音，星河湾是否已经跟不上时代，但这从未打乱星河湾的战略节奏。

优秀的企业不仅输出价值，更输出价值观。"舍得、用心、创新"的核心价值观贯穿了星河湾的整个发展进程，这也是星河湾能抵挡住规模和速度的诱惑，一如既往保持星河湾的品质坚守和匠心坚守的原因所在（图2-2）。

星河湾的"舍得"代表一种气度与格局。不只是在成本投入上的"舍"，更是一种做事精益求精的时间和精力，是一种对事对人的认真负责。星河湾始终专注于高品质住宅开发，把"造房子"当作钻石精雕细琢。星河湾不急功近利，不唯利是图，从建材选取到建筑施工，从园林设计到硬装软装，每一样选材材料务必真材实料、每一道工序务必精益求

图2-1 广州、北京、上海星河湾

图2-2 星河湾半岛骑江栈道

图2-3 星河湾住宅内部装修图

精；不惧怕错误，不吝惜成本，舍得用一切最好的东西去美化业主生活的小区，用超越地段的一流品质回报社会与客户，"抠出来的完美，踱出来的境界，砸出来的品味"已是星河湾引以为傲的金科玉律；不患得患失，不瞻前顾后，舍地产上半场急速扩大规模的机会，用匠心做精准的产品，得中国高净值人群（图2-3）。

星河湾的"用心"代表了认真与执着，是一种做事方式和理想境界，体现在事前极尽心力系统规划全过程；事中以超越常规的标准完成每一件事；事后不断进行总结、完善、提升。星河湾始终用心地通过最考究的选址、最极致的产品、最优越的服务等全方位的品质塑造，令每一座星河湾都创造出独一无二的产品气质和不可重复的价值属性。星河湾对业主有着诚心与耐心，本着业主的生活处处感受，不仅对电梯、空调系统、入户门、门窗、铁栏杆等部件细节的严格要求，更通过私人管家服务、省优教育配套、顶级的私人保管箱、自主品牌酒店等为业主创造了适合中国高净值圈层生活方式的居住社区。

如果说企业精神之本在于"舍得"与"用心"，那么企业升华便在于"创新"。星河湾的"创新"是品质突破的利器，是产品进步的阶梯，更是企业和个人自我成长的源泉。创新来源于需求的变化，星河湾始终以业主的需求作为创新源动力和目标追求，不断调整发展战略，以期带给客户全新的居住感受，因地制宜地满足当地客户需求；创新来源于企业的自我扬弃，从1.0时代到4.0时代。星河湾不仅创立标准，更在原有基础上不断突破标准并超越标准，不断通过品质和产品研发而自我进化与在社区规划、园林环境、户型设计、装修材料及装修工艺方面不断进步。创新来源于企业角色的变化，在消费升级背景下，星河湾的注意力已经转移到包括内容与服务的全过程创新，提出从"好产品"到"好生活"的升级，挖掘业主的深层次需求，让客户与市场真切享受到星河湾的服务体系所带来的生活美学。

2017年，星河湾提出了打造钻石级企业的目标，用钻石级团队的决心，力求将每一个产品打磨得晶莹剔透，毫无瑕疵；让每一个产品都要像钻石那样坚硬耐磨损，恒久流传；用测量钻石那样精确的评价标准去雕琢产品、做好服务，推动中国城市的建设品质提升，推动中国房地产业品质标准的提升，推动中国高品质生活方式的提升。

2.2.3 钻石级企业的价值多维进化

星河湾集团将自己的发展目标定义为"钻石级企业"。为什么是钻石而非其他？

钻石稀缺，所以珍贵。星河湾，坚持走自己的路，精耕细作、精益求精，所以宝贵。

钻石够硬度，所以持久耐看。星河湾无论市场环境如何，都以过硬的产品品质、过硬的服务品质、过硬的管理品质作为目标和追求。

钻石，经得起磨砺。星河湾经历过中国房地产发展的顺境、逆境，经受住了市场最严苛的考验，所以能在压力下完成自我超越。

钻石是作品而不是产品。作品意味着雕琢，意味着有温度有情怀，意味着完美与稀缺，其神韵无法复制。用测量钻石那样精确的评价标准去雕琢产品、做好服务，从理论研究、产品研发、产品打造、高端服务等方面，诠释对构建高端人群品质生活的顶层设想。在打造钻石级企业的道路上，星河湾从不追求复制和规模，依然坚守用心、舍得、创新，并以多维度的价值进化诠释其内涵与初心。

1．人居发展

星河湾以人居体验为业主铸就匠心的人居体系，引入优势配套、打造高端精品，用责任回应业主对于人居未来的向往,用城市的标杆项目塑造了更多诗与远方。"我们不卖房子,我们是城市的雕塑者,是品质的捍卫者。"星河湾是以城市运营的高度,成为一片区域蝶变的见证者、参与者与规划者。星河湾抱着区域发展的责任感与使命感和高端精品的坚守而满足城市高净值人群对居住品质的多重需求,用钻石级的精工和艺术神韵,为市场和客群缔造有温度、有灵魂,可以承载寄托、世代传承的作品,从而承载起面向未来的优质人居范本。

2. 社会责任

使命呼唤担当,更能引领企业的未来。20余年来,星河湾积极参与扶贫济困、捐资助学、打井修路、抗震救灾、关心弱势群体、参与新农村建设等公益事业,累计捐款捐物逾5亿元人民币。星河湾不仅以公益组织建设的形式进行公益捐助,还搭建慈善平台,以星河湾大会的慈善拍卖为载体,创新"社区+公益"模式,带动全体员工、合作伙伴甚至是业主加入

图2-4 2019梦想星力量·星河湾汕尾公益行

公益事业,通过成立公益志愿者团体"星愿",从冒雪奔赴抚顺新宾满族自治县红庙子中心小学,为孩子送去关怀和礼物、为抚顺新宾满族自治县红庙子中心小学暴雨灾害捐献爱心物资,到盛宴现场依然继续的公益"爱心基金摇一摇"互动环节等一系列活动。将公益慈善融入社区生活,使其成为社会治理的有力驱动。有效地带动了更多人参与到公益活动中,使公益慈善成为社区最大公约数,很好地传递了公益慈善正能量(图2-4)。

3. 产业升级

星河湾产业布局和升级,是深层次,大范围的战略整合,其目的就是要强化星河湾基于生活品质的核心竞争力,实现各个产业之间的聚合与裂变,通过融合发展创造新的价值。2017年,星河湾将"钻石哲学"向集团其他各大产业延伸、渗透。集团业务也增加了新的战略布局,探索以提升生活品质为核心的产业融合发展路径,积极参与了教育、医疗、环保、高科技、新消费等领域的投资建设,以满足消费者对教育、医疗、服务、环保、智能等各个方面的要求。与新柏石联手打造基于人工智能与物联网技术服务"星云"平台;在智慧家居领域,融入了海格电气严谨的德国工艺等新技术推动星河湾产业供应链体系再上一个新台阶。

4. 城市价值

星河湾珍惜每一块土地资源,本着"开发到哪里,美化到哪里"的态度,实施大规划,服务大社区,构建泛配套,如酒店、名校、艺术中心等,为城市与社区赋予新的能

量。星河湾每进入一区域，都会投入巨资拉动区域价值。在项目建设中，星河湾更多考量整体区域的协同发展和产业升级，力争把可持续发展作为核心战略遵循"产城融合"的思路，推动区域的可持续发展。以区域经济发展为核心，兼顾社会、经济与环境的协调发展，实现经济、社会、生态三大效益的统一。

星河湾的深耕，激发了城市新区的活力。从广州华南板块开始，到北京、上海、太原、西安、青岛、沈阳，再到汕尾，星河湾对于城市升级与区域经济的带动作用，已经得到了充分印证。政府和大众越来越认可星河湾的品质价值，认可星河湾产品对于城市建设的积极意义。

5．人文建设

一个好的建筑，是留给世人的艺术品，更是城市文明的象征。星河湾正在用钻石品质诠释新的生活方式，秉持对于人文建设的理念，在城市文化、社区文化和建筑文化等方面进行多元化的思考。

一方面为了满足业主的生活品质，星河湾将高端社区艺术文化炼造为品质生活标配并成立星河湾生活学院，这也是国内首家社区生活学院（图2-5）。星河湾生活

图2-5　星河湾生活学院"李云迪生活家空间"

学院对高净值人群进行深层次剖析，创立社区沟通官机制，以人文、艺术为主线形成社区沟通纽带；推动建立了上百个社团，构建有效的社区文化单元；每年举办超过1000场社区文化活动，不断提升社区文化沉淀。中国星河湾大会也已成为标志性的社区文化平台。另一方面，星河湾将很多中国元素，创新性地与城市配套、园林景观、室内装修相结合。用现代工艺技术来展现中国传统文化，将中国文化融入产品体系。这样文化融入的细节，在星河湾社区随处可见。勾勒着当地名胜古迹的江畔栏杆铁艺图案，有着苏州工匠精心建造的古亭长廊，都已成为社区标志性的文化景观。

2.3　中国文化自信与"星中式"源起

2.3.1　强国道路上的强盛中国文化

当今时代，文化在综合国力竞争中的地位日益重要。谁占据了文化发展的制高点，谁

就能够更好地在激烈的国际竞争中掌握主动权。人类文明进步的历史充分表明，没有先进文化的积极引领，没有人民精神世界的极大丰富，没有全民族创造精神的充分发挥，一个国家、一个民族不可能屹立于世界先进民族之林。

文化作为衡量社会文明发展的人文标杆与精神尺度，是增强民族凝聚力、全民创造力，提供精神动力与人文支撑的源泉。伴随着国力的强盛，中国文化重拾自信的时代已经来临。文化自信，不是躺在前人文化发展的"功劳簿"上自我陶醉、止步不前，而是坚持和发展中国文化，同时促进各国文化交流互鉴、人类文明发展进步，以自信的姿态推动中国文化的传播与发展，创新性地彰显民族精神，让中国文化真正具有世界影响力。

中国文化蕴含于中国的绘画、音乐、戏曲、建筑等诸多载体之中。其中，建筑除了其本身所具备的建筑作用以外，还体现着一个民族的哲学、文学、美学等精神层面需求。中国传统建筑文化是中华民族历史智慧和文化的结晶，凝聚了中华民族文化中的科技、艺术、信仰、伦理等元素。随着中国文化的复兴，建筑中的中式美学也迎来了自己的春天。

在现代科技发展下，建筑越来越需要考虑功能性和多样性。为了更好地体现中国文化，中式设计风格也正随着时代进行更趋国际化和开放性的改变和创新。现代语境下的中式建筑，讲究国际化、开放性，既传承中国文化的"神"，同时吸收西方优秀建筑理念，再结合自身的特色进行创新，构建出既具备典型中国文化特点又适应国际建筑思潮、生活美学趋势的独特建筑。

2.3.2 "星中式"：用国际现代建筑语言表达中国文化自信

新时期的中国建筑正站在一个历史节点上。我们的路既不在西方，也不在后方，而是在脚下。中国建筑的文化自信，弘扬传统文化固然重要，但更应该是在对话和传承基础上，通过比较、转换、创新，建构有特色的、以一种独特的，同时能为世界所理解、所共享的、与国际接轨的新的中式建筑。

星河湾全新推出"星中式"风格即是在这一背景的全新探索。"星中式"风格秉承"中国文化的国际表达"理念，将中西文化、风格辉映于一体，传统与现代美学高度融合，将追求现代元素和传统元素的有机结合，以现代人的审美需求去营造传统韵味。"星中式"风格不是纯粹的元素堆砌，而是通过对传统文化的继承和发扬，将现代元素和传统元素结合在一起，以现代人的审美需求来打造富有的传统韵味的事物，从建筑材料、细部和营造方式上进行适度的当代表达，让传统艺术在家居文化中大放异彩，以寻求场所的体验价值和时代特质的平衡。

图2-6 太原星河湾实拍图

图2-7 广州星河湾半岛园林实拍图

1. "星中式"的园林风格

"星中式"着重打造东方意蕴的国粹园林，建造"自然生态的水石庭院"。在超大型的园林空间里，以江南水乡为意境，结合苏州园林造园技法，山体搭配静态、动态水景，并将亭台水榭、绿树繁花与园林小品巧妙融合，营造出立体式园林景观，移步异景（图2-6、图2-7）。

2. "星中式"的建筑风格

在建筑风格上，钟楼、缓坡西瓦或圆塔或方塔或尖顶错落有致的屋顶、凹凸有致的八角房，这些都已经成为了星河湾独特的建筑标签。再结合融入中国元素的荷花花纹等雕饰，构成了独特的"星中式"建筑风格（图2-8）。

图2-8 浦东星河湾实拍图

3."星中式"的室内风格

"星中式"的室内设计在星河湾原有风格基础上多了温暖质感的木饰面和时尚的金属线条;地面水刀切割的繁复花式更加简约,采用的是现代感的线条;木饰品品种丰富,除了经典的黑檀,又新增了年轻清淡的水波影木。在保留东方元素的基础上,用现代材质和手法加以提炼简化,营造出时尚大气又不失东方儒雅意境的空间(图2-9、图2-10)。

图2-9 沈阳星河湾室内实拍图

图2-10 星河湾半岛室内实拍图

2.3.3 "星中式"十大细节解析

1. 色彩

中国传统文化中,赤、黄、青、白、黑五色体系,色彩鲜明,注重对比。西方更注重色彩过渡的平衡衔接。广州星河湾半岛,浅黄的顶棚和地面,搭配一轮绿玉大门,以其简约而韵味无穷的色彩艺术,彼此调和的色彩,明快婉转(图2-11)。

2. 空间

星河湾在室内布局上沿袭经典的中式布局,率先提出现代"九宫格宫殿格局"。上海星河湾220m²户型,以祥云如意拼花廊厅为原点,东西南北方向构成十字中轴,并在功能分区上不断优化动线,实现功能与空间的最优解(图2-12、图2-13)。

3. 造型

在造型上,"星中式"多处将中华传统建筑造型与香槟国际时尚元素结合。星河湾半岛的地板采用海棠角造型,搭配大理石材料,独具东方文化内涵,以冷暖、软硬、直曲和谐交融(图2-14)。

4. 纹饰

在"星中式"风格中,许多细节之处可见吉祥纹样的全新运用。例如中国传统的吉祥图案回字纹,用在家宅中意味着归家团圆。星河湾结合这一传统文化的内涵,在青岛星河湾中的顶棚底部添加了玫瑰金"回字纹"演变的创意纹路(图2-15)。

图2-11 广州星河湾半岛入户大堂

图2-12 上海星河湾220m² 九宫格户型布局图

图2-13 上海星河湾220m² 户型实拍图

图2-14 星河湾半岛海棠角造型地板

图2-15 青岛星河湾的回字纹顶棚

5. 水墨

"星中式"中的水墨元素在"墨分五色，水墨为上"的意境基础上，融合金碧、青绿、浅黄、深棕、赭红等色彩，以山水花鸟为主题，呈现出庄重与优雅的双重气质。走进西安星河湾6～7.2m的殿堂级大堂，一幅似层峦叠嶂，又似云雾缭绕的水墨山水画映入眼帘，古色瓷盘中五彩花朵绽放其下，配以祥云、如意等纹饰，在柔和温暖的金黄灯光下，将东方意蕴和西式尊崇有机融合（图2-16）。

6. 入口

尊崇之始，在于入口。门，对于国人而言，意义重大。"星中式"风格中大门多采用承接东方大宅文化的双开木门。太原星河湾，入户门为定制的黑檀木双开门扉，门扇厚重、门楼高巍，象征着顶天立地的宽阔胸怀；左右门上再采用精美的装饰更加突出对称之美（图2-17）。

7. 窗棂

从"当窗理云鬓"到"竹摇清影罩幽窗"，围绕着窗子，可展开中式风雅的生活方式。在基本的起居空间之外，星河湾

图2-16 西安星河湾入户大堂水墨背景墙

图2-17 太原星河湾的黑檀木双开入户门

图2-18 上海星河湾八角窗设计

将类似中式建筑的"暖阁"植入整体设计。上海星河湾即采用全飘窗的设计,形成向外延伸的空间,将卧室空间做出丰富层次感,同时运用中式园林的借景之法,将满园景观纳入室内(图2-18)。

8. 亭阁

"无园不亭、无亭不园",星河湾传承中国古典造园艺术精华,特请专家精心设计了四角亭、六角亭、听涛阁、风雨廊、水榭等多种凉亭,将古廊架空于湖水之上。星河湾半岛依三面临江的地势而建知音亭,四角重檐,古朴中内蕴江南的灵秀,由数位苏工历时数月搭建而成(图2-19)。

9. 水系

在星河湾,宅与水互为风景。星河湾半岛中设计了丰富的水系,包括泳池水系、宅前水系、组团水系、区域分割水系,并串起观鱼池、瀑布等多个水景点。且所有水系都采用一套先进的净化系统,保证水质清澈(图2-20)。

10. 栈道

起初,栏杆仅为建筑附设,慢慢地栏杆的雕刻越发精致,因此也被人们赋予了审美的情趣。大词人温庭筠曾写道:"春水渡溪桥,凭栏魂欲消。"怀着这份审美意识和古典情怀,星河湾将木栈道引入项目建设中。广州星河湾半岛的园区享2.5km骑江木栈道,点缀以古长廊、亭、轩、百年古树等,让江景视野与园景巧妙融合,有珠江边的最美国画长卷之称(图2-21)。

图2-19　广州星河湾半岛的知音亭

图2-20　星河湾半岛的园林水景

图2-21　广州星河湾半岛的骑江栈道

2.4　星河湾4.0标准：高品质精细化管理法则

追求品质已经成为众多房地产企业的目标。但真正的高品质并非通过高成本，堆砌名贵材料来实现，而是取决于房地产企业的规划设计、核心工艺、材料甄选、施工要求和管控流程等多维度系统管理能力。作为行业高质量发展标杆，星河湾通过制定并实施全行业最高品质的4.0标准，巩固了星河湾产品品质的核心竞争优势，提升和保证了各地项目产品品质的均好性，为企业"以质的提升促进量的增长"的战略实现奠定了基础。

2.4.1　一流企业定标准

在经济高质量发展阶段，国力之争是市场之争，市场之争是企业之争，企业之争是技术之争，技术之争是标准之争。对一个企业而言，标准化是现代企业制度建立的最高形式。企业的标准化体系不仅有利于树立企业的品牌形象，提高产品及服务质量，也有利于为企业各管理层建立良好的平台，从而提高企业竞争力。标准就是规则、制度、标杆。做标准的企业就是做行业的标杆和领头羊，制定游戏规则。谁制定标准，谁就拥有话语权；谁掌握标准，谁就占领制高点。标准之争其实是市场之争，掌握了标准就意味着先行拿到市场的入场券，甚至成为行业的定义者。

星河湾作为中国房地产高端产品的代表企业，从成立之初就坚定了品质之路。1.0时代，星河湾的产品奠定了"高起点、高定位、高竞争门槛"的基础，对行业来说，"星河湾1.0时代完成了中国房地产品质化的启蒙"。在2.0时代，星河湾从地方品牌迈入全国高端品牌的行列，旗下产品成为"中国好房子的标准"。而3.0时代，星河湾树立了房地产企业高质量发展的标杆。2018年，随着以星河湾半岛为代表的系列产品日益成熟完善，星河湾的整体环境、设计理念以及工艺细节，都达到了新的高度，星河湾的4.0时代拉开序幕。

2018年，星河湾通过总结前三代产品的经验和市场反馈，结合了客户的最新审美和使用需求后对新产品的实施标准，开始编制《星河湾4.0标准》，2019年已完成园林篇、工程篇、设计篇、酒店篇，实现了将碎片化的经验转化为全面准确的标准以及可系统输出和全面覆盖的品质体系。星河湾的4.0标准，不同于普通行业规范，它不仅是一系列理念更新、体验更好、实践更强、精度更高、要求更严、覆盖更广的品质标准，也是星河湾在日常工作中的检查管控要求，体现着星河湾集团对星河湾业主和地产开发行业的尊重。

2.4.2　以标准差距形成强大竞争力

一直以来，星河湾被作为业界同行高度关注和研究的样本存在。在高质量时代，更多的房地产企业聚焦于产品品质，更多的企业将选择品质竞争。星河湾如何在竞争中持续保持提升产品力，强化核心竞争力？拉开标准差距无疑是星河湾发展经验给出的最好答案。

1.0时代，星河湾奠定了产品"高起点、高定位、高竞争门槛"的基础，完成了"中国房地产行业品质化的启蒙"；2.0时代，星河湾从地方知名品牌，迈入全国高端品牌行列，成为"中国好房子的标准"；3.0时代，星河湾树立了"房地产企业高质量发展的标杆"；4.0时代，星河湾致力实现从占据产品制高点到标准制高点的升级，人无我有，使之成为提升产品竞争力和企业战略发展的核心保障。

同时，星河湾强调产品标准落地时的空间跨越。在不同的城市，不同区域有着不同的自然气候、不同的消费群体、不同的文化习俗、不同的政策规范。某一款产品曾经获得成功，也不能代表就可以适用于所有区域。星河湾在原有成功标准输出的基础上，会结合各领域、各个区域的特点持续进行改良升级，保持产品在该领域、该区域的绝对领先力。

2.4.3 创建管理工具，提升管理精度

星河湾从不以城市等级区分产品品质，三、四线城市的产品相较一、二线城市丝毫没有落差。星河湾4.0标准不但是建造标准，也是日常工作的管控要求。星河湾项目从用料的选择到施工工艺，从使用考量到后期维护，均被纳入4.0标准体系考核。其目的是既有标准，又有足够的灵活性，清楚自己要打造的产品，通过自身培养的人才以及强有力的供应链体系，实现产品的均好性。

星河湾从集团层面，全面启动了将高质量发展目标转化为有形的标准、制度和管控系统。2016年，星河湾率先上线明源移动质检，通过对工程质量管理环节进行信息化改造，来提升对项目的管理精度。在星河湾，每件事都被纳入管理范围内，对每个环节的处理都有一个清晰的评价体系。每个细节处理实际上不仅有对错之分，更有优劣之分，有水平高低之分。

例如在项目总经理考评的硬指标中，星河湾规定每个总经理每天必须至少有50%的时间都在工地现场，以保证对产品的关注；在项目图纸上任意指定一个点，总经理必须能够准确说出，方圆$5m^2$之内所有的设施设备、地形标高，以保证对产品的熟悉。

显然，星河湾在将成熟的、严谨的、合乎规范的、适合更多项目同步运营的管理手段，结合适应更大规模开发、更多的产品创新形态，与更多的合作伙伴共建工匠型企业品质管控体系。

2.4.4 以精细化科学管理提升运营效能

房地产行业的整体水平在逐年提升，每一家企业都需要在产能与质量上找到自己的平衡点。有别于其他高周转的房地产企业集团，星河湾的管理体系简洁高效。随着星河湾地产开发规模的有序增长，星河湾通过精细化科学管理提升运营效能。

"细"是精细化的必要过程，"精"是精细化的自然结果，要切实提高精细化管理就要把精细化纳入企业管理各过程的实践中并加以推进。在新时期背景下，星河湾从集团层面，全面启动了产业高质量发展多维度的专项治理行动，对企业核心竞争力进行重新梳理

和创新。从"产品工匠"到"产业工匠";从"产品品质化"到"品质管控体系化",星河湾将企业精神和工匠精神紧密结合,运用科学化、智能化管理工具进行全过程、品质化、精细化的管理。在具体的工作管理和执行当中,标准化的产品品质配备精细的管理工具,生产、作业、资源配置效率得到了提升,集团督导、管控功能也因此得到了强化,运营效能因此而极大提升。

2.4.5 "星河湾4.0标准"应用与实践解构

1. 设计篇

星河湾4.0标准对于园路与建筑、绿化、水系等之间的距离也有着明确标准。同时,对于风井与路的关系、消防登高面、泳池计、园路、围墙、车库出入口、路灯等设计,以及物与物之间的尺度,都细化到了毫米,园区路面石材铺设中石材与石材的缝隙,也精确到了北方1.2mm、南方1.0mm的精细度(表2-1、表2-2、图2-22~图2-24)。

星河湾4.0标准之园建设计基本要求(节选)　　　　　表2-1

内容
主园路两侧必须砌砖墙,砖墙需预留过水孔,过水孔180mm(宽)×160mm(高),沿砖墙每约1m留设一个,过水孔用网布包裹碎石滤水
园路两侧为250mm宽、40mm厚石材排水沟盖板,园路交界处盖板需做半径1m的弧相接,扇形石材,并按图纸尺寸开料,石材接缝必须对弧形圆心并垂直于弧线
园路交接弧位平分8等份扇形切割,铺贴间缝必须对弧形圆心并垂直于两弧线
不锈钢截水沟格栅厚度20mm,两侧留460mm长活动格栅,中间段必须整条一次成型,禁止用胶垫
排水顶板设置200mm厚度、粒径40~60mm的碎石透水层,严禁夹带泥。接入排水暗沟,由排水暗沟排出,排水管敷设于顶板碎石疏水层上
路沿石按照图纸弧形加工,石材厚度大小一致、高低大小一致、直线顺直、表面平整、无色差、光洁度一致。路沿石间留缝1mm,上部安放2个留缝卡,前后各放1个,缝处严禁用水泥勾缝
人行道或广场上的波打线石材与路沿石、人行道人字铺或广场45°铺的石材之间需留缝,缝宽:南方1.0mm,北方1.2mm
在路沿与人行道石材之间、人行道石材与波打线石材间,用1000mm(长)×40mm(宽)×1.0mm厚(南方)、1.2mm厚(北方)的不锈钢片控制缝宽;其余需留缝的可用塑料留缝卡控制
圆形、弧形的压顶石材及线条、侧面石材均需预先在工厂试拼,检查尺寸及效果合格后,方可运至现场
陶瓷锦砖铺贴前,需按坐标定位,用墨线弹出网格线,按陶瓷锦砖出厂编号、顺序铺贴。陶瓷锦砖每小块间间隙必须与其他位置陶瓷锦砖间隙相同,不允许出现大小缝

星河湾4.0标准之主干道基本要求（节选）　　表2-2

路沿石铺装标准，尺寸精确到1mm；路沿石宽度180mm，见光高度为180mm，总高度为230mm，留缝1mm，460mm宽波打线；设20mm高差做散水，坡向路边
隐形井盖处理，景区级铺装标准；人行道处井盖必须做成隐形井盖，仅可见抽耳
黑色玄武岩沥青，国际认可的顶级道路铺装石料；沥青路面骨料及填充料均采用黑色玄武岩，细粒式沥青混凝土采用SWA-10型，中粒式沥青混凝土采用AC-20型
圆弧道路、1.0%横坡，国内领先的道路施工工艺；主干道必须为圆弧曲线，做1.0%坡，排向两侧波打线，设计时需按1m一个点算出相应标高，起坡及终坡点做成顺接的弧形路面，不可有生硬的折角
道路、路沿石、人行道一体化浇筑，严格流程管控；路沿石及人行道混凝土结构必须与道路混凝土一起浇，不得分次施工

按照4.0标准要求，车库主通道宽必须为7m，装修吊顶后车道上方顶棚高度为3.3m；车库负一层大堂前方顶棚做局部升高设计，净高为4.1m。

2．工程篇

按照《星河湾4.0标准》要求，石材要经过十二道严苛的工序，以保证星河湾的石材从选料到拼花、从切割到打磨、从设计到成品，保证品质始终在可控范围，且对大理石后期处理的时间是前期补贴时间的二倍（图2-25、图2-26），具体步骤如下：

（1）按照号码和顺序铺装摆放；

（2）石材完全清洁；

（3）开放处理，用零点几毫米的锯切开；

（4）石材潮气释放；

（5）石材缝隙云石胶修补；

（6）粗磨（水磨片走三遍），粗磨一户需要耗时三天；

（7）石材缝补；

（8）满挂树脂胶；

（9）细磨（研磨机片，150～6000目，

图2-22　星河湾园区路面检修井隐藏式排布工艺

图2-23　星河湾沥青骨料选择均采用黑色玄武岩

图2-24　星河湾车库

图2-25 星河湾石材均无缝拼接

图2-26 星河湾室内装饰所用的石材

一共6遍,缺一不可,不能跳步骤);

(10)石材结晶处理,用混合药水进行晶脚处理。抛光度达到95度以上(大部分石材的抛光度只有达到80~90度才具有良好的镜面效果,而星河湾的石材抛光度达到了95度以上);

(11)地面整体养护;

(12)地面整体清理。

漏水是房地产工程中最常见的问题,也是最难以解决的问题。防水不仅是一道工艺,更体现的是对投入的舍得与用心。星河湾用的是几种防水材料,并针对屋面、阳台、卫生间等易渗漏区域进行防水测试、蓄水试验,以保证全屋无渗漏(表2-3~表2-5、图2-27)。

屋面防水工艺表(两次蓄水试验+三遍以上防水)	表2-3
第一次结构蓄水试验: 结构完成后,天沟、露台、屋顶天井部分进行不低于7d的蓄水试验(天沟必须满水试验)	
第二次蓄水试验: 防水层完成后,再进行不少于48h的蓄水试验;坡屋面不少于24h或两次中到大雨"实战"淋水检测;屋面结构中预留的挂瓦钢筋,在做防水时,在其根部进行不少于三遍的防水	

阳台防水工艺表	表2-4
相较于市面上外墙大包柱无防水要求的常规标准,星河湾于外墙大包柱底部匠心打造200mm高混凝土反坎,防止外部风雨倒灌室内	
阳台管洞分两次浇筑细石混凝土封堵,两次蓄水试验,从根本上杜绝渗漏隐患	
包柱内填充200mm高细石混凝土包裹落水管,阻绝任何渗透可能	

卫生间防水工艺表　　　　　　　　　　　　　表2-5

对比防水上翻高度：常规做法上翻高度300mm，星河湾标准是真正做到全屋防水到顶
对比淋浴隔防水高度：常规做法为上翻1.8m高，星河湾标准为防水到顶
对比蓄水试验：常规做法为仅做一遍蓄水试验。星河湾标准，三次蓄水试验仅是标配
对比独有防水技术：常规做法无独特的防水技术；星河湾独有防水技术：卫生间反坎，防止渗漏发生

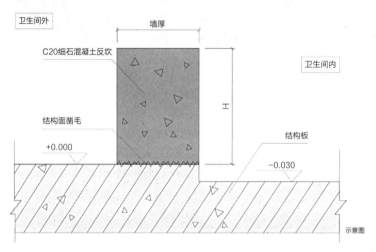

图2-27　星河湾卫生间采用的反坎防止渗漏

在施工方面，《星河湾4.0标准》为了保证用材用料的高品质，包括涉及建筑隐蔽工程的辅材，都从品牌采用上、工程布线标准上，进行了明确的要求。在施工过程中，星河湾采取全程旁站影像施工，确保施工监督到位。在胸径大于30cm的乔木种植、重点部位园区景石放置、沥青路面铺设等重要节点，集团要求城市公司分管工程的副总及项目总经理进行旁站指导，确保完成效果。

3．园林篇

在园林施工工艺方面，对于石材、河卵石、塑木、钢制构建、回填用土、绿化苗木和植被等材料的验收，都有着非常详细的标准。石材、河卵石、景石的半径以及误差，精确到了毫米。对于很多材料，从造型、纹理、光洁度等方面，都有着明确的规定（表2-6）。

星河湾4.0标准园建施工之材料验收要求（节选）　　　　　　　　　　　　　表2-6

原木需要按设计要求预先进行热蒸煮、干燥等防虫防变形处理。出厂前木需预先浸刷桐油两遍，施工后再刷桐油。梢木成品截面尺寸规格不允许出现负误差，正误差不超过2mm
进场验收合格的景石根据形状特质等挑选出水口平石、主景石、垫石等，分开堆放，便于选用
石材分批次进场的，需按批次验收。石材不可以出现色线、色块、花脸等情况。弧形石材必须按设计半径切割，半径误差不得超过±1mm，拼贴后不能出现瓜棱现象。倒海棠角、半圆及1/4圆的石材禁止现场手工打磨加工
绿化回填土必须用林地、菜地的表层土壤；种植土要掺入陶粒、腐殖土、农家肥、堆沤蘑菇肥或木屑等有机物质

在园林的绿化施工上星河湾也力求精益求精。比如要求树冠在自然生长的状态下，应该舒朗自然，饱满优美；分枝必须达到3级以上；移植时土球必须是地径的7~10倍，高度为土球直径的2/3等（表2-7）。

星河湾4.0标准园建施工之绿化施工要求（节选） 表2-7

草皮剪草后，使用4~5mm孔筛对草皮进行筛施泥炭土，覆盖厚度约为0.25mm，施土后注意及时跟进浇水，将散落草尖的泥炭土浇进草根部。筛施次数可根据实际情况每周一次或半月一次
乔木移栽时，土球规格一般按胸径或地径的7~10倍，土球高度一般为土球直径的2/3左右。必须用草绳或铁丝网等材料按规范包扎完整，如有不完整者，需做退货处理
苗木种植土球顶高出周边土面10~20cm预留树头沉降，树不能种太深，北方地区在种树时于土球边埋设$De110$的多孔管，内填20~30粒径碎石，乔木胸径≤250mm的设3根管，>250mm的设4根管，作为日后淋水养护用
苗木的分枝点高度必须一致（误差在20cm以内），自然高度应基本一致，出现不一致时，应将较高苗木种植在树列中间位置，使林冠线呈平滑的拱形，杜绝形成凹形或忽高忽低
采用机械挖种植穴时，必须用人工将种植穴壁的泥土挖松，树穴内施底肥。起吊至树穴位置后，需根据树形调整朝向方向

4．酒店篇

每一座星河湾旁，都有一座星河湾酒店。星河湾酒店与星河湾社区既相辅相成，又各自独立。不同于传统的小区会所或社区配套，星河湾酒店定位于为所在城市的高净值人群提供商务、康体、餐饮与客宿服务，星河湾酒店由集团旗下星河湾酒店管理公司独立运营。

星河湾酒店既是社区空间的延伸，是星河湾住宅配套服务体系的重要组成部分，可以让业主享受会客、美食、健身等更具品质的服务，多层次需求，为业主带来了完善的个性化、高品质生活。星河湾酒店更是所在区域提升城市品味，完善城市功能，改善投资环境，集聚精英阶层，实现区域消费升级与拉动产业升级的重要支点。自第一家广州星河湾酒店（图2-28）开业以来，星河湾酒店延续了集团对品质的极致追求，致力于打造中国民族的自主品牌酒店。酒店布局的广州、北京、上海、青岛、太原、西安、沈阳、汕尾等城市，客房常年保持在60%以上的入住率，长期位列所在城市"最受欢迎商旅酒店"前列，在各类旅行口碑榜上也是最受欢迎的高端酒店之一。

图2-28　广州星河湾酒店

4.0标准酒店篇,是经过在综合设计开发和运营服务过程中的长期积累,形成的以优质产品与优质服务为导向,涵盖酒店设计、品牌建设、管理体系、精细化服务以及服务体验在内的硬件与软件标准体系。星河湾酒店秉持"自主品牌、自行设计、自行建造、自行管理"的方针,以自主的知识产权和所有权的自主品牌,以拥有超过100人的专业设计团队自行设计,按照4.0标准的工程与园林标准建造,以高标准、统一的专业服务品质自行管理,所有酒店均达到或超过国际五星级酒店标准。

4.0时代,星河湾酒店硬件上构建立体感极强的空间和国际标准的房间,软件上延伸以中国文化为元素的品质文化的全过程消费体验。设计风格方面,延续一贯的国际风尚、中国韵味的星河湾风格,如上海星河湾的时尚巴洛克、西安星河湾的地中海城堡等设计为主导,同时融汇东西古今混搭元素,追求舒适美与视觉美的契合。酒店配置方面,所有酒店均标配有国际宴会厅、中西式餐厅、会议中心及大体量的康体设施。康体设施包括国际标准网球场、室内恒温泳池、乒乓球室、垒球室、高尔夫练习场、舞蹈室等。客房设计具有鲜明的现代风格,房间内处处可见下沉式设计,将客房分为不同功能区域,不仅考虑办公需求,还增设家庭娱乐空间。酒店从业人员,均需要经过成立星河湾学院培训,为酒店源源不断输出专业的管理层及服务人员。

2.5 汕尾星河湾:以星河湾4.0标准演绎全新"星中式"

2.5.1 汕尾:粤港澳大湾区"第十城"

湾区九城,各有特色。在大湾区广东的9座城市中,省会广州制造业发达,深圳以金融、高新科技产业见长,佛山、东莞制造业基础雄厚,珠海与澳门直接对接,中山、惠州、江门和肇庆也制定了工业立市等各种政策。

不同于这些城市,汕尾是一座充满深厚文化底蕴,又充满多元性和包容性的城市。其文化休闲产业的优势相对突出,不仅享有"设计之都""小提琴之城""海鲜美食之都"等美誉,同时,它也是中国重要的边境口岸城市,著名的侨乡,与港澳台地区"血脉相连"(图2-29)。

粤东明珠汕尾有着455km的海岸线,约100km洁净的沙滩,即使是从整个东南亚来看,都堪称一流。其中10段海岸线,水深超过10m,是建设港口的绝佳位置。作为珠三角通往粤东的桥头堡,汕尾是轨道交通的区域枢纽,紧邻深圳,仅需40min车程,坊间将

图2-29 汕尾市海岸线实景图

其称为深圳的"后花园"。作为大湾区的"隐形成员",汕尾凭借深厚的历史文化底蕴与独特的海滨风貌,早已是珠三角经济区,乃至粤港澳大湾区不可分割、不可忽视的重点区域。

未来,汕尾不仅将成为大湾区经济的新增长点,更要引领湾区高品质的宜居生活。汕尾独有的滨海美景与深厚的人文积淀,为湾区奋斗的人群提供生活中的"诗与远方"。早在大湾区成立之前,不少独具慧眼的深圳人已率先在汕尾置业。进入大湾区时代,主打人文和宜居城市两张王牌的汕尾,对珠三角以及港澳高净值人群的吸附能力日益增强。

2017年3月28日,汕尾星河湾举行开工奠基仪式。作为一家珠三角老牌房企,星河湾集团选择用星河湾4.0标准打造的"汕尾星河湾",向大湾区时代、向汕尾这座最美滨海城,献上了一份厚重的礼物。

2.5.2 汕尾星河湾:以星河湾4.0标准打造粤港澳大湾区品质人居典范

在深汕合作区的擎动下,深圳与汕尾开启"同城纪元"。面对深圳拥挤的城市与高昂的房价,汕尾城东,品清湖畔,却提供了天赐一般的滨海人居圣地,汕尾星河湾即选址于此。项目紧靠在建的站前路,可直接享受高铁汕尾站和中央商务区的发展利好,到深圳只需一小时,到广州、厦门只需两小时。作为星河湾集团布局粤港澳大湾区的首个高品质项目,汕尾星河湾聚二十年匠心之大成,在整体规划、户型设计、产品工艺、智能家居等多个方面进行了全面升级,树立了粤港澳大湾区品质人居的新标杆。

品清湖,亚洲第二大滨海泻湖,中国第一大天然泻湖,面积22km^2,是汕尾的母亲湖,天然的渔船的避风港。品清湖静谧安祥,貌若西子。远方凤山山巅的妈祖石像俯瞰着

图2-30 品清湖实景图

品清湖,母亲一般呵护着女儿湾,给人以宁静祥和的安全感。随着汕尾市东涌新区的加速建设,盘绕品清湖的环湖景观带走廊已初具规模,汕尾星河湾正坐落于环湖景观带的正中。中央商务区涵盖湖畔生态居住区,地段优越,与市区通达良好,利民配套悉数呈现(图2-30)。

作为星河湾4.0时代的代表作,汕尾星河湾早在产品建筑初始,便严格按照4.0标准执行,在最初的建筑与园林设计阶段,到用料的选择、施工的工艺,再到酒店建设,直至后期的维护,均被考量在内。这也促使汕尾星河湾的整体环境、实际理念、工艺细节,都再次达到新的高度,不仅刷新汕尾住宅标准,而且成为了粤东人居品质新的标杆。

在设计规划阶段,星河湾就充分考虑了超低密度,超大楼间距等标准,给业主提供尽可能多的绿化空间;户型也是多重配备,考虑到汕尾人居品质升级的需求,采用独立大平层,全套房设计,双开门入户、南北通透等都是标配。即使是顶棚、踢脚线等细节的设计,星河湾4.0标准也均有具体的要求。

其次是精选用料。星河湾在精装用材方面对于石材、木制品要求标准很高,已经超过了18000个品种。汕尾星河湾在选择石材时主要从设计效果上考虑搭配,以进口的名贵石材为主,大量采用原生石材,如石榴花石、新奥特曼、金啡网、孔雀玉、黑金丝等,只为保障装修材料纹理流畅。施工现场旁设置有一块被贴满材料的实验墙,那是为了对比各种材质的实际效果而专门设置的实验墙。在选择材料时,要先在实验墙经过耐候性试验,对几种材料色彩、质感的变化进行评估,才能最终选定。

在工程进行中,汕尾星河湾无论是土建工程、机电工程还是装饰工程,均严格按照4.0标准的工艺流程进行。所有的施工管理人员在现场都必须配备游标卡尺、卷尺,真正做到将毫米级的要求落实到工程中。除此之外,不仅对卫生间、厨房、阳台、屋面等有防水要求的部位会采取全程旁站监督并拍摄影像记录的工作,而且对所有工程的每道工序同样实现旁站摄影监督,以做到杜绝业主入住后的隐患问题。为了保证4.0标准的严格实施,星河湾内部多次组织项目全员培训,将4.0标准是否真正贯彻作为项目评价的最重要的考核项。

汕尾星河湾作为星河湾进驻四线城市的首部作品,也是首个完全执行星河湾4.0标准的全新项目。汕尾星河湾是一部四线城市人居升维作品,其设计、建造、配套、工艺等远超目前二线乃至一线城市的同档次产品。这也代表了星河湾对汕尾这座城市的敬畏与尊重。不仅是住宅,星河湾酒店为当地最高建设标准与服务标准的酒店,全面提升了当地的服务业品质;也间接为汕尾的高素质人才引进提供了优质的生活环境、商务环境,对于城市新产业引入与招商引资起到积极作用。

2.5.3 以星河湾4.0标准演绎全新"星中式"——汕尾星河湾4.0标准应用与实践图解

1. 汕尾星河湾4.0标准·设计·应用与实践图解

星河湾通过精细剖析汕尾财智精英家庭生活需求,专属定制汕尾星河湾,真正从美好生活出发,一如既往地以人为本原则,营造舒适宜人的居住环境与人文情怀。每一重细节设计,每一处配套规划,都是对美好生活的品质兑现。

(1)舒宜园区规划

沿着品清湖海岸线平行排列、点式布局,南北楼距最宽达至114m,社区地势整体抬高2.7m,与市政道路形成高低落差,保障业主的私密性;小区内人车绝对分流,让小孩和老人有充足的休闲活动区域;同时住宅与商业配套完全分离,让每一位业主在入住之后既能享受配套的便利,也不会受到噪声等的污染(图2-31)。

图2-31
汕尾星河湾俯瞰图

（2）三段式立面

专门挑选全球名贵材料、定制精致的装饰线条，再现标志性外立面。商业街低区采用澳洲进口砂岩（图2-32），抗腐蚀、美观、线条感强；住宅楼体首次采用了葡萄牙的新型环保真石漆，具有自洁功能，历久如新；顶部采用西班牙风格的坡顶（图2-33），隔热、防水效果好。整体层次感丰富，不少于60种定制线条，精确到5mm的要求，甚至连固定线条5mm的垫圈也特别定制。

图2-32　汕尾星河湾建筑低区砂岩立面

（3）重新定义汕尾大平层

室内以中轴对称布局，全套房设计，超大空间跨越使人震撼十足，每处设计都能体会到设计者的独具匠心。每一户型层高都是3.3~3.6m，配备270°景观卧室，呈现出超越别墅的空间居住感受（图2-34）。

（4）全方位观景体验

二期T4户型两翼各向外偏转20°，实现户与户之间无对望，景观无遮挡。搭配南北双向阳台+全景飘窗，三重观景体系打造全方位立体的观赏平台（图2-35）。

（5）超高双开木门

入户大门采用定制的超高双开木门（图2-36），所用的木材主要是花樟木和黑檀木等名贵木材。门高2.4m，厚7cm。在入口设计上，大门底部的门槛石特意提高2cm，业主放置地毯时，每次开关门不受地毯所挡。添加了智能防烟条设计，多一分安全防护，同时增强隔声效果。

图2-33　汕尾星河湾顶部西瓦屋顶

图2-34　汕尾星河湾室内实景图

图2-35　汕尾星河湾室内观景阳台

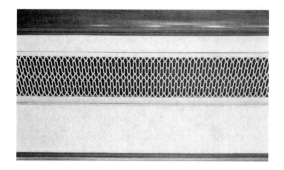

图2-37　汕尾星河湾隐藏的空调出风口

图2-36　汕尾星河湾定制入户双开门

（6）隐藏式出风口

将空调出风口隐藏在顶棚里，独特运用倒边镂雕工艺无缝拼接在平整的顶棚上，被隐蔽处理的空调出风口与中国传统剪纸艺术相融合，看上去像是贴在墙上的窗花（图2-37）。

2．汕尾星河湾4.0标准·工程·应用与实践图解

星河湾对产品的细节打造更是其匠人精神的体现。在汕尾星河湾室内，每一条装饰线条或每一个部件成品，都历经成百上千次的打磨与矫正，从触觉、视觉、听觉三个维度，全面升级居住者的细节体验。

（1）藏品级原材

甄选世界各地的名贵原料，采用水影波木、非洲柚木、黑金丝大理石、石榴石等珍贵木材、石材。层层品质检测，保证质量（图2-38）。

（2）精细木门工艺

室内木门采用217道工序，其中贴皮、拼花、线条、描色等复杂工艺均由富含精湛工艺经验的老工匠凭十几年的手艺手工打磨完成（图2-39）。

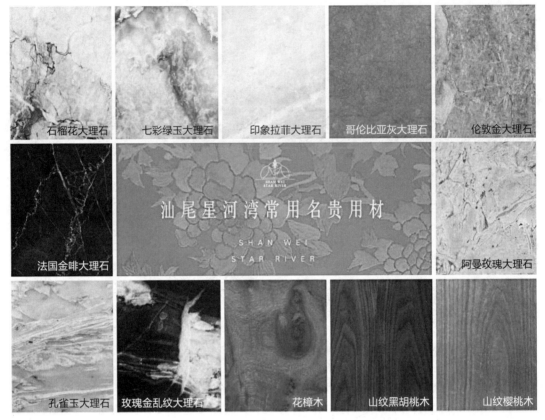

图2-38 汕尾星河湾常用名贵用材及图样

（3）毫米级石材拼花

石材由从业10年以上的老工匠水刀切割，再纯手工雕琢。完全按照星河湾标准要求的石材工序进行铺装和修补，以0mm的施工要求精雕细琢，拼接处即使使用尖刀也插不进去（图2-40）。

（4）弧形顶棚转角

在顶棚的转角处细节，采用先进工艺和手工打造成无直角圆润过渡，按照星河

图2-39 星河湾匠人手工打磨木材

湾的标准，所有户型在施工前期必须按照设计图纸进行细致的放线，同时需要注明材料使用名称，仅放线工程，每一户就需要3天左右的时间（图2-41）。

（5）结合室内设计与视觉美观，将墙角线做到能遮住地板的伸缩缝，墙角线完全紧贴墙面，不留缝隙，配合防水材料，保障整个室内脚线达到防水防潮（图2-42）。

图2-40　汕尾星河湾的石材拼花

图2-41　汕尾星河湾的顶棚木饰线

图2-42　汕尾星河湾的墙角线设计

图2-43　汕尾星河湾的踢脚线

（6）室内所有的踢脚线均采用约16cm的石材过渡，可以防湿、防潮，而且遇水不易变形，有效保护了上面采用的木材或者壁纸等材料不受破坏（图2-43）。

3. 汕尾星河湾4.0标准·园林·应用与实践图解

汕尾星河湾拥有超26万m²新中式园林，相当于41个国际标准足球场大，是汕尾地区乃至整个粤东首个殿堂级的全成品准现楼配套园林。园林设计上还原千年东方的文化审美和国粹意蕴。以国画作手稿，以源同江南水乡的理园手法，将园林景观打造为"自然生态的水石庭院"。

（1）移步易景的中式布局

特聘苏州古建团队，重金打造重檐四角亭、六角亭、风雨廊、水榭、听涛阁等多重凉亭，安放原则最大化地考虑业主游园体验，遵循人流动线设计（消防车通道），以及兼顾观看、漫步、停留休息等功能作用作充分考虑。营造亭廊叠映，花间隐榭的江南意境；园中以弧线代替直线设计，曲径廊回（图2-44）。

图2-44 汕尾星河湾园林实拍图

(2)国粹级造亭工艺

檐亭内,地面采用金砖铺设,亭子使用东南亚上百年的菠萝格搭建,历经苏匠数月打造。亭子每一处与亭上的挂落都有让人惊叹的雕花之美,每一根线条都具备巧夺天工的雕刻工艺,不同的位置图案都不一样,雕花过程中若雕错一处,则要重新雕刻。亭内还设计长凳美人靠,供业主休憩,观景赏月(图2-45)。

(3)三重水系

拥有超7万m²纯净水域,营造宅前水系-组团水系-泳湖水系三重水系的园境奇观,使用环保自然的清水过滤系统,利用珊瑚砂净化以及水生植物自净,让园水保持全年候的自然纯净(图2-46~图2-48)。

图2-45 汕尾星河湾园林实拍图

图2-46 汕尾星河湾的宅前水系——护城河水系

图2-47 汕尾星河湾的中心湖与景石、植物、亭廊搭配成的组团水系

图2-48 汕尾星河湾兼顾功能与观赏性的泳湖水系

（4）梦幻拼花泳湖

面积达1500m^2，包含成人及儿童双泳池，是整个汕尾地区前所未见的超大景观泳湖。自然流畅而开阔的椭圆池壁设计，让业主在游泳时能保持最佳舒适度。湖底的拼花由65万块陶瓷锦砖工匠纯手工切割拼制而成，呈现一朵朵盛开的百合花。不但能满足业主的运动需求，也是一种视觉享受（图2-49）。

图2-49　汕尾星河湾实景图

（5）生态景观

植物搭配上，星河湾重木轻草，种植了近百种树木，在园林里打造了一条乔木、灌木、花木和水生植物的完整珍稀植物链，让园林保持"全年常绿，四季有花"。树种提前三年来到汕尾，适应这里的土壤和气候（图2-50）。

4．汕尾星河湾4.0标准·酒店·应用与实践图解

汕尾星河湾作为星河湾集团旗下第九座酒店，以国际五星级标准打造，将中国传统文化气息完美融合到品清湖畔，以前瞻性的设计笔触，赋予前瞻性的生活品位，致力于打造汕尾城市国际城市会客厅。

（1）中式韵味酒店大堂

酒店大堂入口直面善美广场，独立缓坡直通落客区，客人可直接乘车至酒店门口下车，通过旋转电动门或双开门进入。酒店大堂上空采用回字形穹顶设计，中央垂吊水晶灯，大气典雅（图2-51）。

图2-50　汕尾星河湾园林树木实景图

图2-51 汕尾星河湾酒店大堂实景

（2）国宴级千人宴会厅

以超铂金标准打造，内含1200m²国宴级千人宴会厅，包括大厅、门厅、贵宾室、音像控制室、家具储藏室、公共化妆间、舞台等。顶部灯饰选用宫殿式大型水晶灯，明亮优美（图2-52、图2-53）。

图2-52 汕尾星河湾酒店会客厅

图2-53 汕尾星河湾酒店宴会前厅走廊

（3）独栋式客房楼栋

客房楼栋单独设计，与酒店大堂分而不离，楼栋高约78m，配备4部电梯。酒店3～19层为客房，共计289间，A户型60m^2套房有136间，位于北侧可观园林景观；B户型约77m^2套房有153间，位于南侧，并设计有观景阳台，可观一线品清湖景观（图2-54、图2-55）。

（4）下沉式景观园林

下沉式景观园林，位于酒店会所后庭院，四周步道为塑木铺设，中心湖中央以水榭和亲水平台、六角亭等建筑景观打造的休息平台，由塑木步道和石墩连接，形成独具一格的观景步道（图2-56）。

图2-54 汕尾星河湾酒店外景

图2-55 汕尾星河湾酒店B户型实拍图

图2-56 汕尾星河湾下沉式园林

图2-57 汕尾星河湾国际标准羽毛球场

（5）独栋多功能体育馆

每一座星河湾社区都有比肩国际规格的运动场所。汕尾星河湾打造了粤东首个国际标准社区体育馆，配备澳网标准网球场、羽毛球场、乒乓球场、健身房及恒温泳池等一应俱全的健身运动设施（图2-57）。

2.6 案例总结

房地产行业已经跨入高质量发展时代。在马拉松式长跑的后半程，行业企业都要适应行业的新变化，寻找适合自身发展的道路。作为高质量发展的标杆性企业，星河湾在坚持品质立业的基础上，从企业治理、标准建设、价值驱动等方面积极探索，为新时期房地产企业的发展路径提供了可借鉴、可执行的范例。

1. 从"标杆性"到"均好性"

产品品质竞争正成为房地产企业新的竞争赛道。集中资源建设一座标杆产品不难，难的是每一座产品都具有标杆的水平。在已经建成的13座星河湾项目，无论是在北京、上海等一线城市，还是汕尾这样的四线城市，星河湾都保持了同级别的最高水准。星河湾产品品质，之所以能够做到全国如一，一是来源于企业"舍得、用心与创新"价值观的坚持与传承，更来自于这一价值观的贯彻与执行。星河湾4.0标准是星河湾价值观的最新体现，作为与世界接轨的"最高人居标准"，它奠定了项目从设计、施工、材料到工艺、管控、运营的标准化基础，保证星河湾全国所有项目品质的高标准与同一性，是企业质量与规模平衡发展的重要保障基础。

2. 从"经验性"到"数字化"

随着移动互联网、云计算、大数据、人工智能等新技术快速向产业领域渗透，以任务式和经验式的方式驱动发展存在着不稳定和不可持续，传统企业管理面临数字化管理模式的全新挑战。从早期的"五把尺子"到精准管理，推动了星河湾数字化与信息化管理能力的进一步提升，通过将碎片化的经验转化为可执行、可考核、可借鉴的数字标准，实现了将二十余年来的企业经验提升为具象的还原，运营管理效率获得显著提升。此外，基于人工智能与物联网技术服务"星云"平台，也开启了星河湾对智慧社区的新探索。

3. 从"实用性"到"科学性"

星河湾的客群明确而稳定。为高净值人群打造生活空间，创造生活方式，是星河湾在新时期对于好品质的新定义。实用仅仅是房子的基本功能，高净值人群更关注健康、生态、公益、人文的外延性需求。星河湾通过长期对客户生活场景的观测，将社会学、家庭伦理学、建筑美学、工艺美学、人体工程学、行为学等各类学科的理论与实践有机融合，提供了将建筑、空间、材料、环境、配套、服务一系列要素构成的新生活体验。

4. 从"粗放性"到"精细化"

星河湾的持续成功，离不开企业精细化管理所带来的高运营效率。运营效率不是简单指的资金周转方面，而是指如何让企业核心竞争力充分发展，取得经济效益和社会效益的最大化。星河湾通过多年的探索，在消费需求的指引下，形成了涵盖研发、设计、生产、售后全流程的"品质供应链"，做到生产投入少、资源效率高、环境成本低、社会经济效益好，从而形成了一个品质经济系统，推动企业良性发展。

5. 从"降维逻辑"到"升维逻辑"

许多房企以"降维打击"的方式，将原布局一、二线城市的成熟产品引进三、四线城市市场，以契合三、四线城市日益增长的改善需求。而星河湾在同一时期提供的产品，无论城市大小，均按照当期的最高标准建设，力求将最好的品质留在产品所在的城市。同时，结合不同城市的自然、风俗特点持续地改良升级，保持了产品在区域内的绝对领先力。

思考题

1. 简析房地产行业高质量发展的内涵。
2. 分析房地产企业高周转模式的利弊。
3. 房地产企业管理中如何实现项目质量的均好性？
4. 从产品力的角度，分析汕尾星河湾"升维"对竞品的影响。

- 第二篇 -

乐活

荣盛华府
西安华远·海蓝城

从生活的情怀扬帆，以实际出发、贴居住地气，不喜张扬、扎扎实实
由技术的加持起航，以功能切入、与家庭并重，注重和谐、稳稳当当
经得起尝试，也经得起推敲，在埋头打造的产品里，每一寸都有自己的气息
因地取景、因景立项、因项共谱"乐活家"的篇章

3 荣盛华府：
缔造尊严生活，打造"荣标"产品

人们来到城市是为了生活，人们居住在城市是为了生活得更好。

——亚里士多德

案例导读

伴随着政策的不断调控，市场的不断变化，房企之间的竞争日益激烈。在这场没有硝烟的战争里，如何在众多房企中脱颖而出并持续健康地发展，产品自身的品质和价值成为市场竞争的关键。

荣盛发展深谙质量是企业长久发展之道，秉承"匠心执手，至真荣盛"的信仰，怀着"荣标"情怀，恪守"致力造园造寸造福造梦，缔造美好人居"的开发理念，不断加强塑造产品力，把质量做到极致，把细节做到无懈可击，注重从物质上和精神上对业主居住幸福感的提升，关注业主对产品的感受度，一直坚持为老百姓建造好房子。

高品质关乎人格和尊严，荣盛发展每一个项目的品质呈现，都是企业高标准、严要求的产物。"坚守初心、砥砺进阶"的荣盛发展也许可以为新时代的房企提供良好的经验借鉴。

3.1 企业篇：走进荣盛

荣盛房地产发展股份有限公司（简称荣盛发展）成立于1996年，2007年8月8日成功登陆深圳证券交易所，成为河北省首家通过IPO上市的房地产企业，截至2019年6月30日，公司总资产2416.57亿元（图3-1）。

图3-1 荣盛商标

荣盛发展以"创造财富、服务社会、培育人才、报效国家"为宗旨，以"追求卓越"为核心价值观，坚持"诚信、谦和、认真、苦干、拼搏、创新"企业精神，秉持"缔造新型生活"品牌理念，努力践行为崇尚新生活、需要改善居住环境与条件、提高生活品质的消费者打造"自然的园、健康的家"。

现任荣盛发展董事长耿建明（图3-2）是军人出身。1962年，耿建明出生于江苏省，1980—1985年担任基建工程兵，1985年，所在部队集体转业到河北廊坊，改制为"廊坊城建总公司"。20世纪90年代初期的改革开放战略需要先行者和实践家，在市场经济的潮流以及个人雄心抱负的推动下，已成为廊坊城建总公司中层骨干的耿建明毅然辞职，创立荣盛。

图3-2 荣盛董事长：耿建明

凭借1万元的创业启动资金和之前积累的诚信、踏实、努力的良好信誉，荣盛从建筑施工起步，很快就凭借过硬的质量、高效的工期和敢打硬仗、能打硬仗的精神，在廊坊及周边区域打开一片天地。也正因建筑本底的助力，荣盛现在各个系列的建筑产品都有着严苛的标准。

在董事长耿建明的带领下，荣盛发展起步于茉莉之乡——南京六合，第一个住宅项目实现了当年开工、当年竣工、当年100%销售额的业绩，为荣盛后来的发展打下非常好的基础。南京项目成功后，荣盛发展承接了廊坊市一个旧小区改造项目，于是挥师北上，以廊坊为中心，发展周边三线城市。近年来，随着中国国家经济和大都市城市圈的高速发展，荣盛发展的战略布局也随之快速转移，从廊坊走向全国，全面聚焦到国家重点发展城市。

耿建明认为，是社会和改革开放为荣盛提供了舞台和机会，他对国家和社会总是心存感激。由此，耿建明将荣盛发展定位为满足人民美好生活需求的房企，用初心和匠心深耕产品，坚守"造园、造寸、造福"的构筑理念，努力通过专业经营与精品项目阐释现代人居。经过20余年发展，公司在经营规模、业务领域取得长足发展，已从最初的普通住宅开

2007年	2016年	2019年
成功登陆深圳证券交易所	强化全面发展的"3+X"战略布局	连续三年荣登中国房地产百强企业第16位

图3-3　荣盛市场之路

发快速成长为集地产开发、康旅投资、金融投资、互联网创新、新能源等业务于一体的全国性大型多产业综合集团公司（图3-3）。

1．起步

1996年，荣盛发展落子廊坊。1999年，房改政策的出台，开启了房地产行业的春天。荣盛发展的第一个房地产项目——方州花园在南京六合启动。在抓住市场需求的基础上，凭借设计、资金、造价等优势，并吸取长三角房地产开发经验，以别具特色的户型和精良的施工，首战告捷。

2．上市

进入21世纪后，荣盛发展从长三角地区转战京津冀腹地，聚焦三、四线城市，从廊坊开始发力，进而向全国迈进。2003年，荣盛发展开始了从点到线的战略布局。荣盛发展选择与廊坊城市生活水平相当的城市，如沧州、蚌埠、徐州等，打造引领三线城市生活方式的住宅产品，树立起荣盛发展的品牌地位。2007年，荣盛发展成功登陆深圳证券交易所，成为河北省首家通过IPO上市的房地产企业。自此，荣盛发展用"002146，SZ"这个代码在资本市场书写自己的荣耀。

3．战略转型

2016年，荣盛发展确定"大地产、大健康、大金融+X"的发展战略，即在以大地产为主干的前提下，着手推动大健康、大金融及互联网等新兴产业的发展，推动公司由专业地产商转变为生活方式运营商。

2017年，荣盛发展已在全国布局50多座城市，拥有40多万户业主家庭，成为极具发展潜力和竞争力的地产品牌力量。已初步形成了"两横、两纵、三集群"的战略布局。"两横"指沿长江及陇海铁路的布局；"两纵"指沿京沪、京广铁路的布局；"三集群"是指深耕"京津冀城市群"，稳步拓展"长三角城市群""珠三角城市群"周边城市的布局。

4. 千亿荣盛

2018年，荣盛跨进千亿军团。2019年，荣盛发展23岁，弱冠之年的荣盛发展势头正足，已连续三年稳居中国房地产百强企业第16位，成功跻身国内一线品牌之列。

2020年是荣盛发展"五五规划"最后一年，荣盛发展制定了两个阶段目标继续砥砺进阶。在2019—2020年，荣盛发展将继续坚持"以市场为导向，以客户为中心，以品质为基础"，坚秉"缔造新型生活"品牌理念，为消费者缔造快乐、健康、富有的新型生活方式。完成转型所需的整体产业布局，推进公司从房地产开发商向生活方式运营商转变，形成以大地产为主干，大健康、大金融为两翼，互联网等新兴产业为辅助的多产业综合集团公司。

在2021—2035年，荣盛发展的发展目标是"将公司建设成为充满活力和创新、极具市场能力和竞争力、知名度和美誉度高、模式领先、机制完善、管理规范、运营健康、实力雄厚、多产业支撑的大型综合性集团公司。"

3.2 布局篇：两横、两纵、三集群

战略布局是企业对主营业务板块、地域分布、经济布阵等事物的全面规划和安排。在经济学上，就是对公司的全面发展有一个合理的、长远的规划。布局是资源在空间上的优化配置，这就需要企业有布局发展的境界及意识，并发挥布局的协调功能、增效功能。在企业中战略布局的含义，主要指产业布局、区域布局和客户布局等。

凭借前瞻的战略思路、稳健的发展理念，荣盛发展确立并不断完善自身独特的战略定位，目前已初步形成了"两横、两纵、三集群"的战略布局，"两横"指沿着长江及陇海铁路沿线的布局，"两纵"指以京沪、京广铁路沿线的布局，"三集群"是指深耕"京津冀城市群"，稳步拓展"长三角城市群""珠三角城市群"周边城市的布局。

截至2019年第二季度，荣盛发展已在国内落子天津、重庆、辽宁、河北、浙江、四川、广东、海南等19个省/直辖市约80个城市，开发房地产项目逾250个，土地储备面积约4059.77万m^2。

秉承"以真制胜"的文化，荣盛发展始终将"创造财富、培育人才、服务社会、报效国家"作为企业使命，自2016年实施荣盛"五五规划"以来，谋划实现战略转型升级，形成以健康、金融、产城为主，新兴产业为辅助的多产业综合集团公司，由专业地产商转变为管理规范、模式领先、运营健康、综合实力突出、美誉度高、发展潜力大的生活方式运营商。

3.2.1 城市布局：演绎人居典范

"大地产"是荣盛发展的传统及核心业务板块，开发项目已进入京津冀、长三角、珠三角、西部四大经济区域，并呈全国布局之势。深耕地产多年，荣盛发展以优质的产品和服务赢得了股东、客户、合作伙伴的尊重和赞赏。"大地产"板块是由原城市住宅、商业地产、产业新城、新型社区服务合并而成，其中住宅板块在城市布局中是主力军，以下重点介绍住宅产品线。

房地产产品指可满足使用者居住、生产、经营等需要的建筑实体与相应服务的综合体，它通常由核心产品、有形产品与附加产品构成。房地产核心产品是指人们购买房地产产品要实现的基本功能和利益，是房地产产品的最基本构成。它包括实现安全、遮风避雨、舒适等生活基础功能，实现办公、生产经营功能，以及实现保值增值功能。有形产品是房地产核心产品的载体，是消费者可以直接观察和感觉到的内容。有形产品其实是消费者选购房地产产品的依据，消费者通过对有形产品的考察来衡量房地产产品是否符合其对核心产品的需要。房地产有形产品包括区位、质量、外观造型与建筑风格、面积户型、配套设施等。附加产品是消费者在购买房地产过程中可以得到的各种附加服务和利益的总和，包括售前咨询、协助办理房地产产权、协助办理按揭贷款、装修、物业管理等。

人创造建筑，建筑也塑造人，荣盛住宅专注于客户现实及潜在需求的充分满足，针对不同客户群推出不同的产品。目前，荣盛的城市住宅主要分为三大产品线，分别为花语、锦绣、府邸。花语主要满足的是城市新青年首次置业需求，锦绣主要满足的是城市中坚力量的改善型需求，府邸主要满足的高净值人群的高端需求。每一个人，都可以在这里找到自己想要的生活。表3-1是三大产品线的产品定位介绍。

城市住宅产品线定位介绍　　　　　　　　　　　　　表3-1

产品名称	产品图标	产品定位
花语系列	花语系列	"浪漫生活代表作" 打造明媚靓丽、充满诗意的中产小资栖居之所
锦绣系列	锦绣系列	"上层生活诗意函" 以现代建筑艺术与城市配套的完美融合，提前兑现给顾客富足、多彩的生活方式
府邸系列	府邸系列	"献给荣耀这座城市的人" 铸就"东情西韵"尚品华宅典范，礼敬世家栖居之梦

出繁入静，山水府园。荣盛发展将对生活的领悟和尊重融入产品与服务，专注产品的每一处细节。在景观、设计、服务于新型生活畅想等方面精益求精，以匠人之心打造精品。每个产品的精彩呈现，都是荣盛多年来对工匠精神的坚守与执着。

房地产项目的核心价值是在项目市场竞争态势中，经过充分评估项目自身特点之后得出的项目优势资源，并且这个优势资源可以转化为购房者感知并享有和得到的独特利益价值。

荣盛并不是以单纯的地产商身份拿地建房卖房，而是秉承着"匠心执手，至真荣盛"的信仰，怀着"荣标"情怀，在不同的城市中，打造"为老百姓提供好房子"的品牌特色，而府邸系作为最高配置的王牌产品，树立了"荣标"尺度。

荣盛整体产品风格是低调而真诚，潜心做户型设计，把88m²做成三房，户型上的这种变化和好处，让住户入住之后实实在在感受到舒适和温馨。

1．花语——浪漫生活代表作

以上海公司花语书苑项目为例，荣盛首进浙江宁波，择址全国百强县第6位慈溪（下辖市）。慈溪东临海，北濒湾，南接市域，是长江三角洲南翼重要节点城市，同时也是宁波都市区北部中心的重要组成部分。在慈溪区域内，第二产业发达，经济增长迅速，项目所在的滨海经济开发区是慈溪市目前唯一的省级开发区，已经逐渐凸显其在慈溪区域经济发展中的引擎地位。

慈溪滨海经济开发区常住人口13.9万，其中外来人口7.6万，刚需置业需求强劲；与此同时，板块商品房价格处于浙江沿海价格洼地，与相邻的宁波镇海区有较大价差，对周边客户和投资客户有较大吸引力；2012年至今，滨海经济开发区共成交涉宅用地4宗，宅地部分计容建筑面积92万m²；2018年供应约13万m²；区域整体大库存（显性+隐性）约28万m²；2018年区域成交住宅约10.5万m²，主要由于供应量上升导致成交量较往年上涨。

经过对市场定位和客户定位，核心客户区域内自住为主的厂企人员，及地缘性客户（主要集中在周边三镇以满足刚性住房需求），关注总价和学区，占比75%；补充客户板块外溢刚需性客户作为本案的补充客户（主要分布宁波镇海、九龙湖等片区）占比约25%。房地产定价方法主要有三种，分别是成本导向定价法、需求导向定价法、竞争导向定价法。在本次项目中，客户刚需属性明显，客户对总价最为关注，购房原因主要是因为教育需求和工作调动，主要自住为主，所以采用的是第二种——需求定价法，项目定位为刚需型，产品打造花语系列。本项目价值见表3-2。

核心居住地段加上成熟的生活配套等于一个好地段，经典产品系列加上匠心用材以及一级服务等于合适的产品。匠心所在，境界在，上海公司花语书苑项目以"小户型、真三房、名校旁"的匠心打造和优越配套，在周边竞品中拥有独特优势，实现项目高溢价（图3-4）。

上海公司花语书苑项目价值分析　　　　表3-2

地块价值	十万平方米商业环绕，毗邻学府；城市发展核心，比邻城际轻轨（规划中），红利巨大；杭甬高速建成，实现30min主城生活
区位价值	经开区产业基础坚实，区域竞争力较强。外来人口7.6万占常住人口的54.6%，属于典型的人口净流入区域，得益于地处沪杭甬经济金三角核心位置优势，以及杭州湾跨海大桥、杭甬高速复线为代表的立体交通网络，经开区与上海、杭州、宁波紧密联动
园林配置	新中式设计风格：主题园林、超阔绿化景观带、环形富氧慢跑道形成城市氧吧生活，主题儿童游乐区，丰富全龄化生活。主题特色+功能配套
物业管理	荣盛物业是最早一批具备国家一级资质的物业公司，连续多年蝉联"中国物业服务百强企业"；90万业主的选择

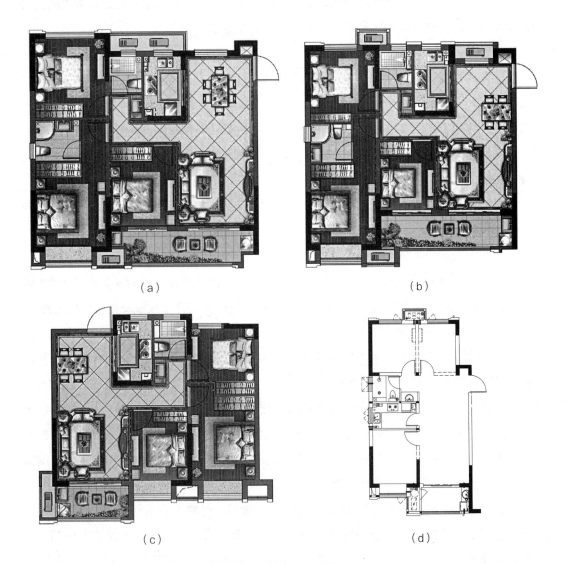

图3-4　部分户型图展示
（a）111m²，三室二厅二卫；（b）97m²，三室二厅二卫；（c）86m²，三室二厅一卫；（d）86m²，三室二厅一卫

2. 锦绣——上层生活诗意函

一般而言,房地产新产品开发也就是一个房地产项目从构思到正式进入市场的过程。这个过程包括了确定开发的目标、新产品的构思和筛选、形成产品概念、制定营销策略、项目商业分析、项目开发、试销和正式推出市场八大步骤。

廊坊空港锦绣豪庭北侧紧邻环城奥林匹克公园,南侧邻廊坊空港经济发展大动脉——艺术大道,西南侧有建设中的廊坊第16中学校,东侧邻荣盛华府、孔雀城悦府、宝石花苑,毗邻廊坊高端社区艾力枫社,是传统意义上的高端人群住区,是真正意义上的社会顶层财富圈层,位置优越、交通便捷、环境宜居、配套齐全、生活便利(图3-5)。

图3-5 廊坊空港 锦绣豪庭

3. 府邸——献给荣耀这座城市的人

房地产购买者的购买行为受到很多因素的影响,这些因素通过影响购买者的特征进而间接影响到购买者的购买行为。影响房地产购买行为的主要因素包括社会因素、个人因素、文化因素和心理因素四个方面。其中,社会因素包括社会阶层、相关群体、家庭等,个人因素包括了年龄、职业、经济条件、个性特征、生活方式等。这些因素对于开发商而言,做出的对应之策就是做好客户定位,提升住宅品质。

府邸是荣盛的核心竞争产品,拥有着城市最稀缺的资源,荣盛也给予该产品系列最优质的配置来匹配土地价值。如石家庄荣盛华府位于石家庄中心城区最中央的长安区,荣盛所在区域将成为长安区的中央商务区,地块的价值不可复制。荣盛在打造石家庄荣盛华府的时候倾尽集团上下的资源进行支持,董事长亲自操刀户型图,把控细节,打造出了石家庄的第一个新中式住宅。

再如合肥滨湖荣盛华府位于合肥滨湖金融基地板块,临近湿地公园。"五横五纵一环"的交通路网、"双地铁、一高铁、一高速"的轨道交通,都给该地块增加了优越的区位价值。表3-3对滨湖荣盛华府项目价值进行了分析。

在产品的匠心打造上,荣盛非常注重交房的品质和业主的满意度,如2019年9月30日交房的蚌埠荣盛华府,其二期一次合格率达94%,是同期蚌埠交房中品质最高的小区,园

滨湖荣盛华府项目价值分析　　　　　表3-3

交通配套	周边环境	商业配套	医疗	教育	内部装修
五横五纵一环；双地铁、一高铁、一高速	城市体育公园；北涝圩湿地公园；云川公园	滨湖银泰城；云谷商业MALL；恒大中心；万达茂；13万m²奥特莱斯	滨湖医院；安徽省立医院（在建）；妇幼保健院、口腔医院（规划）	滨湖国际双语学校（规划）；师范附小三小贵阳路校区；阳光中学四川路校区	景观格局"一府、一轴、一区"；智慧梯控、人脸识别门禁等签大科技系统；儿童活动空间；恒温游泳池；架空层健身房、瑜伽室

林、外立面、公区装修等品质均获得了来自业主和同行的认可。

除了产品匠心打造外，荣盛全国战略布局高瞻远瞩。以重庆荣盛为例，2016年荣盛高瞻重庆城市发展，在当年12月，获取重庆龙洲湾和巴滨路两个地块，落子重庆，重庆公司注册成立；2017年5月，荣盛品牌发布会举行，锦绣南山首批开盘；2017年6月获取重庆大渡口和茶园地块；2017年11月，荣盛华府和荣盛城首批开盘；2017年12月，重庆荣盛实现全年28亿签约目标。

图3-6　荣盛重庆落子

荣盛在重庆的城市战略第一步是深耕重庆，重点关注重庆内环与环城范围内的潜在区域，优选规模型和资源型地块，产品以别墅、洋房等首改、再改类改善型产品为核心；第二步是布局周边，以重庆主城为中心，向外拓展，如一小时经济圈、成渝城市群、重庆沿江经济带，落地城市住宅同时，适时植入产业和康旅优质资源；第三步是做大西南，以重庆为原点，辐射西南区域，包括贵阳、昆明、南宁等重点城市（图3-6）。

精准的客户定位、地块位置优越、"荣标"式产品，荣盛在产品力上远高于同区域的竞争性项目，在短周期内完成项目开发，以明显的差异化实现溢价，成功赢得名声和利益。

3.2.2　康旅布局：极享尊严生活

随着房地产调控不断深入，一些房地产开发企业开始酝酿转型或拓展新兴业务，碧桂园进军现代农业，恒大投资新能源汽车，融创利用收购万达的13个文旅项目拓展文化旅游业务，华夏幸福也将业务触角伸向高科技领域。

作为中国众多房地产开发商中的一员，从2009年前后，荣盛发展开始酝酿进军康旅项目，荣盛判断，房地产未来一段时间内还有发展空间，但从长远来看，越往后发展越艰难，在未来20年时间，荣盛计划通过房地产反哺方式，逐步培育、壮大康旅产业板块。

荣盛康旅创立于2015年，作为荣盛发展转型的重要发展模块，顺应了时下国人回归家庭、关注精神需求的发展大势。大健康板块的特色是重点优选"山、海、湖、林"等稀缺资源型区域作为康旅目的地首选，已在国内率先布局了"大北京、大黄山、大华中、大海南、大上海、大西南"六大康旅区域以及欧美东南亚市场，形成"6+N"国际化战略布局，涵盖"旅游度假、养老养生、康复医疗、生物健康、家庭亲子"等康旅全产业链，也全面升级成为康旅新型生活方式运营商（图3-7）。

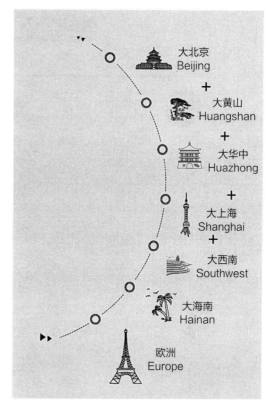

图3-7 荣盛康旅全球布局

荣盛康旅现已成为覆盖全生命周期、全产业链的大健康与泛文旅融合发展的大型产业集团，在秦皇岛、神农架、黄山、野三坡、海南等地打造出二十余个有世界级规模的康旅综合体的大型度假区，是目前中国最具影响力的康旅产业公司之一。

除了国内市场，荣盛发展也在国外进行康旅布局。荣盛康旅国际度假区是荣盛发展在各旅游项目区域为追求快乐、健康，崇尚有品质、个性化生活的消费者打造的集"游乐、医养"为一体的康养综合体。度假区内包含以欢乐度假及生态运动为主题的开心谷，以养生为内容的养心谷，以养老为内容的芳心谷及以特色小镇为主体的汇心小镇，"3+1"体系将荣盛康旅国际度假区打造为集游乐、休闲、度假、养生、养老等功能于一体的生态型旅游度假目的地（图3-8）。

黄山在安徽境内，拥有"天下第一奇山"的美名，是世界自然与文化双重遗产，中华十大名山之一，以奇松、怪石、云海、温泉、冬雪"五绝"闻名天下。黄山市的景区数量全国排名第一，200km范围内60余家4A级以上景区，11个5A级景区汇聚在约0.5%的国

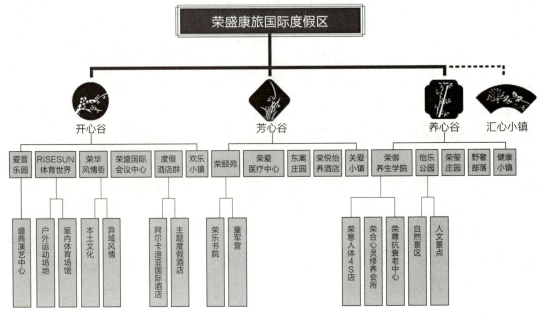

图3-8　荣盛康旅国际度假区内容

土上，集聚了中国约10%的知名风景区。除此之外，黄山还拥有着全国数一数二的空气质量和水质，森林覆盖率95%，中国十大名茶独占3席（分别是黄山毛峰、太平猴魁、祁门红茶）。

优越的自然条件赋予了黄山非凡的魅力。除了"天生条件"，徽州的美食也让人流连忘返。徽菜是中国八大菜系之一，山珍野味，注重天然，以食养身。

基于黄山得天独厚的优势，荣盛康旅黄山公司在黄山打造了莲花国际、金盆湾康养小镇、浦溪水镇、温泉养生谷和乌石湿地公园等5大板块组成的康旅产品（图3-9、图3-10、表3-4）。

图3-9　荣盛康旅黄山产品

图3-10 一脉黄山，半城荣盛

荣盛康旅黄山产品核心价值点介绍 表3-4

康旅产品	地理位置	交通配置	产品类型	周边配置	核心价值点
荣盛莲花国际	紧邻高速出口；位于太平湖主湖区	1个机场；两条高速；三个高铁站	联排别墅；独栋别墅；小高层	湖景餐厅；垂钓乐园；荣馨酒店	1. 双绝版资源的自住投资选择； 2. 立体交通网络； 3. 天然氧吧
金盆湾康养小镇	景区核心区域；太平湖东侧	3条高速	山湖洋房/公寓；滨湖独栋别墅；小院别墅；Mini别墅；叠拼别墅	1. 六大主题公园； 2. 8000亩金盆湾森林公园； 3. 人体4S店	1. 丰富景区资源； 2. 高端生态度假区
浦溪水镇	黄山风景核心区域；金城大道南侧	2个机场；1条高速；2个高铁站	酒店式公寓；叠拼别墅；洋房	1. 阿尔卡迪亚酒店； 2. 商业水镇； 3. 荣盛国际会议中心； 4. 人体4S店	1. 立体交通网络； 2. 完整商业配套
温泉养生谷	安徽省池州市青阳县朱备镇江村，东接仙隐山	1个机场；2条高速；3个高铁站	双拼别墅；2居公寓	1. 九华山荣玺庄园温泉度假酒店； 2. 九华山佛国温泉会所	1. 全球佛教圣地； 2. 立体化交通网络； 3. 温泉资源； 4. 百万平静心养生大盘

3.2.3 产业布局：回归产业初心

荣盛产业新城公司，成立于2015年12月，作为荣盛发展主要从事产业新城业务板块的公司，整合集团旗下振兴银行、中冀投资、泰发基金、航空公司等资源以及广大战略联盟，全流程参与产业新城的战略定位、规划设计、开发建设等环节，为合作企业打造产业链上下游集聚平台，推动城镇化建设与产业发展有机融合，打造产业聚集、面向未来、智能化、宜业宜居的新家园和高科技企业孵化基地。

产业新城公司依托集团多元化雄厚实力，迅速拉开京津冀、大中原、长江经济带投资拓展的大幕。借助地缘优势和自身资源，已落子香河、永清、霸州、兴隆、固安、宣化、唐山、蔚县、玉田、衡水、新乡、淮北、襄阳等14个产业园区，拥有数百平方公里的初设布局，成为迅速崛起的产业新城运营商，被业内誉为产业集群打造专家。未来，荣盛产业新城将持续以园区建设领跑，龙头企业领衔，新兴产业领先，以创新前沿的视角服务中国产业，探索并实现所在区域的经济繁荣、城市发展和民生改善（图3-11）。

1．产城一体

荣盛产业新城是以战略规划、产业定位、产业布局、产业导入、产业升级、综合服务为主的全方位一站式的新型城市运营服务商。目前荣盛产业新城充分整合内外部资源，与地方政府深入合作，大力践行PPP模式，共同提升区域开发水平，提供工业园区和区域经济发展八大领域综合式解决方案和全生命周期价值服务。主要一些产业新城园区简介见表3-5，部分产业新城展示如图3-12所示。

2．新兴产业

荣盛发展的新兴产业目前主要发展方向为新能源、智能制造、3D打印、机器人、汽车及零部件、生物医药等多样化产业，依靠"因地制宜、因势利导"，带动城市产业升级与经济转型。产业资源储备见表3-6。

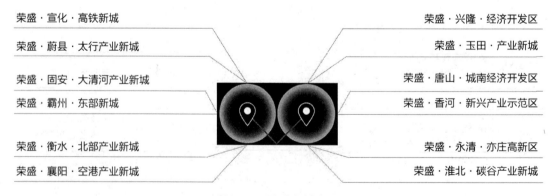

图3-11 产业新城布局

部分产业新城园区简介   表3-5

名称	占地面积（km²）	重点产业涉及	园区定位
香河新兴产业示范区	88.3	电子信息产业、高端装备制造产业、生物产业、新能源产业、新材料产业、节能环保、总部经济	新兴产业孵化示范中心
永清亦庄高新区	37.8	互联网+先进制造业、大电子商务、大健康产业智慧、创新、生态型特色园区	高新技术特色区
唐山城南经济开发区	24	智能制造、以新一代信息技术为主导产业，以机械装备与商贸物流为基础产业	唐山市高新技术产业示范区 京津产业转移承接示范区 新型产城融合发展示范区
淮北碳谷产业新城	89.65	碳谷科技、碳谷工业	高新科技型企业集聚地

图3-12 部分产业新城展示

产业资源储备   表3-6

公司名称	产业类型	主要研究领域
北京3D打印研究院	3D打印技术	3D打印设备研发、三维扫描设备研发、3D打印材料研发、3D打印技术应用研究
福中集团有限公司	智慧物流	IT·电子商务、医疗器械、房地产、金融投资
赛铭瑞汽车零部件（廊坊）有限公司	新能源汽车	生产汽车后视镜、燃料塞、把手系列（注塑、涂装、装配）、后视投影系统、后视镜调节电动器、传感器系统及配件的设计、生产、装配、销售、技术服务
盟固利	新能源锂电池	研究开发和生产新能源汽车用锂离子动力电池及储能电池
四川大通燃气开发股份有限公司	新能源燃气	城市管道燃气的开发及投资、燃气器材的销售；批发、零售贸易；仓储服务；实业投资；高新科技技术及产品的开发；房地产项目的投资及开发

3.3 设计篇：匠心打造产品力

伴随着政策的不断调控，市场的不断变化，房企之间的竞争日益激烈，在这场没有硝烟的战争里，如何在众多房企中脱颖而出并且持续健康的发展，产品自身的品质和价值成为市场竞争的关键，各大房企纷纷回归产品本位，产品力成为房企的核心竞争力。

回首荣盛发展的历程，为了更好地塑造产品力，荣盛发展坚持传承匠人精神，坚守一片"匠心"。何为"匠心"？在荣盛发展看来，所谓匠心就是把质量做到极致，把细节做到无懈可击，注重从物质上和精神上对业主居住幸福感的提升，关注业主对产品的感受度，致力于造园造寸造福造梦，缔造美好人居。

3.3.1 造园：江南园林，复返自然

荣盛发展的景观独具江南园林营造的精髓与匠心，意在为人品，为人用，为人贵，强调让业主拥有自然的园、健康的家。景观园林的设计致力于实现大多数人"居于城市中央而能依山傍水，落户悠悠山居便可纵享繁华"的美好设想。

在造园方面，荣盛发展已有20多年的经验，为了更好地营造出"宁静而富有生机，自然而富有艺术，健康而富有文化，惬意祥和而不失积极向上"的生活氛围，设计团队还多次南下学习苏州园林的经验，使得荣盛发展的园林景观成为城市中难得的自然回归之所。纵观荣盛府邸系列产品（图3-13），在景观构造上，整体布局以中国造园手法凸显东方美韵，以中式传统建筑为魂，吸取现代建筑技艺精湛的同时巧妙融入当代中国府邸与私家园林理念，缔造传世家族礼序的藏品华宅。小区内江南园林、亭台楼榭、小桥流水，意境悠远。繁花碧树，一步一景，步移景异，每走一段都是新的风景。园林造景与建筑之间区隔

图3-13　园林景观

的打破，不仅使居者享受全身心的放松，游赏之余还会引起超乎园林之外的心理情感。

荣盛发展的景观园林虽然已经颇具造诣，深得业主的认可，但其并没有因此停止探索的步伐，不断将曲廊、山石、溪流等建筑元素及书画、雕刻等人文因素，植入江南风格园林之中，恢宏启幕精英人士的栖居诗篇。设计者和匠师们也达成高度一致的目标：务必使游览者无论站在哪个点上，眼前总是一幅完美的图画。

荣盛发展潜心造园，制定了严格的园林施工强制性做法和精细化管理手册。在施工强制性做法方面，为了更好地完成土方工程、道路和广场工程、水景工程等单位工程，荣盛发展针对不同的阶段制定了精细化管理手册。

1. 土方工程

在设计阶段为了方便外管线布置及大乔木正常生长，同时保证水系的正常深度，车库设计覆盖厚度一般不低于1.5m。在施工阶段严禁使用垃圾土回填，且回填土高度超过1m的要分步压实，地形整理后一般呈龟背形、斜坡形等，非特殊设计地形的坡度控制在2.5%~3%（图3-14）。

2. 道路与广场工程

园林道路和广场的规划布局及走向必须满足该区域使用功能的要求，也要与周围环境相协调。主路为园区交通的骨架，宽阔通畅，闭合的环形道路起到组织交通、引导通行的作用，将车辆与休闲业主进行分开引导，有效规避交通风险。同时将全区分隔成各种不同功能的景区进行景观营造，又把各个景区联系成一个整体。园路像人体的脉络一样，作为联系纽带，通过有意识的布局，利用花、树、山、石、园建小品等造景素材增加园林的空间层次，营造隽永含蓄、深邃空远的意境，从而形成路随景转，景因路活，达到步移景异相得益彰的景观效果，使人畅游其中感受到园林艺术之美（图3-15）。

3. 水景工程

在园林水景规划设计中，利用水与景石、植物等小品营造小桥流水的江南园林，水的一般流动规律是由动到静，即从喷涌的源头到流动的溪流河段，最后汇集起来而趋于平静。流动的水则令人兴奋和激动，涓涓的细水让人欢快活泼，喷泉给人以动感美，平静的

地形平整光洁

地形整理为龟背形

优质种植土回填

种植土回土深度大于1m

图3-14 园林土方工程

| 细粒面层光洁平整 | 弧线顶部切砖处理 | 木铺装拼角整齐 | 毛石汀步与自然环境结合 |

图3-15 园林道路与广场工程

| 溪流水景 | 塑石假山 | 雾喷 | 喷水景墙 |

图3-16 水景工程

水则让人感觉轻松安逸。荣盛发展的水景还注重因地制宜，考虑北方区的水系在冬季有近半年的时间为枯水期，不适宜大面积水景的营造，设计师会设置点、线水景来予以规避，如流动的溪流、水道、小瀑布、水帘、喷泉等（图3-16）。

3.3.2 造寸：研磨工艺，精深品质

造寸，荣盛发展致力于研磨工艺，缔造完美细节，做产品的艺术家。"目光所及，极尽匠著"，正如荣盛华府打造的每一平方米人居空间，承袭东方建筑的细腻匠心，经历千千万万遍专研、雕琢、打磨，是荣盛始终坚持的匠心精神。

荣盛发展拥有自己的金牌设计院，巧设计，潜心把握居住尺度，户内的空间，多一分嫌宽、少一分嫌窄，力求寸厘之间达到面积、朝向、采光的最佳组合。经过多年精心研究，一直秉承客户利益最大化的原则，在户型设计上严谨务实，潜心把握居住尺度，注重住房的舒适度和品质感，让客户的每一分钱都体现出真正的价值。以精工标准，不负每一寸土地，以品质之心，传承工匠精神。正是这种近乎苛求般的严谨，使其设计的产品兼顾实用、经济、美观的特点，得到了客户的广泛认可。自从2015年10月全面放开"二孩"政策以来，改善型购房者越来越关注户型的合理布局。为了更好地满足客户的需求，实现居住舒适度，合肥荣盛华府有个107m^2的四居室两厅两卫的户型做到了极致（图3-17）。

四居属于经济型格局，荣盛发展在户型设计方面主要从整体布局、尺寸设计、空间紧凑度等方面着手：

（1）在整体布局方面，首先要保证LDK一体化，即Living Room、Dining Room、Kitchen一体化。LDK一体化是一个多功能空间复合的一种形态，这种空间最大的特点是能够能把小空间变大，可以更好地促进家人之间的交流，居住体验非常好。真正实现1+1>2的筑造理念，让客户的每一分钱都发挥最大的价值。

（2）在尺寸设计方面，空间的长宽比和整个空间的宽高比，是人感觉舒服的一个尺度，人居住其中最为舒适，就是最合适的尺度。四居室需要主卧套，有以下几个关键点，第一，它要有一个独立的玄关空间。第二，三个厅的尺寸尺度都要适当提高。第三，主卧的主卧套跟主空间尺度

图3-17 107m²四居户型

要高。第四，儿童套房、次卧的尺度适度变小，做经济型四居很重要的一点就是儿童房的尺度要控制住。普通的房间要做到开间3m，进深3.6m，但儿童房做到开间2.7m，进深3m就够了，在这个空间里，需要合理的规划床、书柜、衣柜的位置，提供休憩空间和收纳空间、学习空间，虽然儿童房的尺度很小，但是空间的舒适度要够。

（3）然后是空间的紧凑度，荣盛秉持"抓大放小"的设计理念，就是精细化设计。尺寸的精细化需要一点点推敲，并且要增加收纳空间。"大"就是着重抓餐客厅、主卧、主卫这些大空间，然后放小就是"小"的地方，让它小而精，荣盛发展深度分析业主的生活需求，例如儿童房或者青年房，虽然小也要保证它的收纳功能，也可以在床下面设置床箱，门后面有书柜。做好收纳，家里干净整洁，非常好用。荣盛的项目潜心做户型设计，致力于完善细节，缔造精品。

3.3.3 造福：醇熟配套，典范人居

在现代都市中，人们的生活离不开便捷的交通，也离不开完善的社区配套。荣盛发展秉持以业主为中心的理念，深谙业主选择的不仅是自身的栖息地，也是更好地与外界交流接触的中转站。荣盛发展在尊重原始的自然、城市、社会关系基础上，倾力于完备项目周边的交通、教育、商业和生活等配套设施，方便客户生活的同时，也极大方便着周边区域

居民生活。同时也注重社区增值服务的升华,为区域经济带来利好,甚至影响并形成全新生活圈,造福区域生活与经济。

荣盛在拿每一块地之前都会经过严谨的分析和判断,保证地块价值。以"府邸"产品系列为例,项目选址在交通、配套、成长等条件建立强势价值体系,让市场形成对荣盛高端精品住宅的信任感,在产品价值体系方面全面提升,打造价值引领型楼盘。这种坚持荣盛发展一以贯之,表3-7为荣盛华府系列产品的周边配套情况。

荣盛华府系列产品周边配套情况　　　　表3-7

	廊坊荣盛华府	济南荣盛华府	合肥荣盛华府	郑州荣盛华府
交通(1km内)	6个公交站点	8个公交站点	3个公交站点 1条地铁线	7个公交站点 1条在建地铁线
商业(2km内)	20间超市 20间银行 4个公园	20间超市 6间银行 2个公园	9间超市 6间银行 1个公园	20间超市 20间银行 2个公园
教育(2km内)	4所幼儿园 3所小学 2所中学 1所大学	1所幼儿园 4所小学	3所幼儿园 4所小学 1所中学	4所幼儿园 2所小学 2所中学
医院(3km内)	4所医院	2所医院	3所医院	4所医院

其次,荣盛发展深度解读社区居民的消费主张,"以人为本,业主至上",以贴心、周到、极致的物业服务,演绎品质人居典范。荣盛物业注重社区增值服务的升华,秉承"呵护新生活"的物业服务理念,通过全程物业服务、共情理念营造、增值服务、管家式服务、安全服务、维修服务七个一、人文环境温馨、营造学习型组织、智能社区打造9大服务特色,荣盛发展的物业服务在后续的服务篇会做更为详尽的阐述。

3.3.4　造梦:缔造梦想,放飞自由

见惯了城市的钢筋水泥与车来车往,苦恼于都市的雾霾浓重、噪声喧嚣,梦想在大海边、高山下、湖畔旁与家人听雨、赏雪、观夕阳。荣盛发展洞察并尊重人类热爱自由的天性,从缔造新型生活的梦想者升级为实现客户自由旅居生活的造梦家,以满足人类"候鸟式"生活方式的终极想。开启自由换住新生活,使人们的居住从此不必再被禁锢,为客户缔造并实现了"四季度假,全球旅居"的全新生活梦想。

旅居天下是更多人的生活梦想,这一个客户精神需求洞察,在荣盛,找到了一个很

好的契合点。荣盛康旅整合了公司旗下的住宅物业、酒店、高尔夫、温泉、旅游、金融等旅游度假资源，推出了"盛行天下APP"生活服务平台。"盛行天下"是由一群追求快乐、健康、崇尚有品质、个性化生活的人，相互间将其自身持有的旅游度假物业进行换住共享，以实现"一处置业、四季度假、旅居天下"的"候鸟式生活"。客户只要购买荣盛康旅旗下任一度假物业，即可加入盛行天下计划，实现买一套度假房享受N套换住的体验，享受"春游神农架、夏居北戴河、秋赏大黄山、冬住海南岛"的美好生活。精心打造一个属于业主的舒适桃源梦，自由旅居梦，奢享服务梦。以人为本，打造幸福源泉（图3-18）。

在荣盛发展精心打造的产品里，设计独具匠心，每一寸都有自己的气息。荣盛发展匠心造园，精工造寸，潜心造福，用心造梦，做产品的工艺师。追求材料与工艺的相得益彰，一屋一瓦，一草一木，无不承载着现代建筑工匠的精工之美。

图3-18　盛行天下计划

3.4　质量篇：严苛打造"荣标"产品

质量是一组固有特性满足要求的程度。房地产项目的质量即为房地产项目的一组固有特性满足要求的程度，这种特性包括适用性、安全性、经济性、美观性等，满足要求就是满足客户的真实需要。影响项目质量的因素主要有人员、材料、机械、方法和环境。荣盛深谙质量是企业长久发展之道，要保证项目产品的质量，就必须对项目进行质量管理，荣盛也一直践行对工程质量的承诺，给业主交出一份完美的答卷。

3.4.1　建筑基因：树立"荣标"体系

1. 高标准对标工程质量

质量关乎企业生存，对荣盛而言，高质量还关乎人格和尊严。要想控制项目质量，就要从影响质量的主要因素着手。因此，在荣盛发展的企业文化里，质量要求奉行"用一流的技术、人才和管理，先进的工艺和材料，在确保结构安全的基础上，完善建筑使用功能，并努力创造自然、艺术和美"。

荣盛发展通过标准化管理，制定完善一系列涵盖采集、供应商、承包单位、工程施工、园林设计等内外各环节的质量体系，严把质量关。《集中采购管理办法》《供应商评价报告》《项目实施阶段单体工程质量管理办法》《项目实施阶段园林工程质量管理办法》《房地产开发业务规范》《质量细节关注100点》、14579项目运营标准……荣盛发展在园林工程上也有硬性指标，单体、园林以及精装修工程分别形成各自的强制性标准。以园林强制性标准为例，涵盖成本分期投入、竖向设计、苗木配置、效果图及样板、地形整理、乔灌木、道路、路缘石、水系、铁艺构件、木制品、绿篱、地被草花、井盖、置石、浇灌及供水管道、路灯基座等20条硬性标准，涉及74小项规范。制度的完善促进项目实施更加高质高效，将荣盛发展优秀产品的"魂"持续传承。表3-8是荣盛主体工程和精装工程的标准。

荣盛主体工程及精装工程标准 表3-8

序号	分项	测量指标	合格标准	分项	测量指标	合格标准
1	主体	混凝土截面尺寸*	偏差[-5, 5]*	精装	墙面垂直度*	[0, 3]*
2		混凝土垂直度*	木模[0, 6] 铝膜[0, 4]*		墙面平整度*	[0, 3]*
3		混凝土平整度*	木模[0, 6] 铝膜[0, 4]*		阴阳角*	[0, 3]*
4		楼板厚度	[-5, 8]		墙砖垂直度	[0, 2]
5		主体净高	偏差[-15, ~] 极差[0, 15] 其他：偏差[-15, ~] 极差[0, 10]		墙砖平整度*	[0, 2]*
6		墙钢筋保护层*	[-5, 5]*		墙砖阴阳角	[0, 2]
7		墙钢筋间距	[0, 10]		地砖平整度	[0, 2]
8		板钢筋保护层*	[-5, 5]*		瓷砖空鼓	零空鼓
9		板钢筋间距	[0, 10]		木地板平整度	[0, 2]
10		砌体垂直度*	[0, 4]*		顶板水平	[0, 10]
11		砌体平整度	[0, 6]		开间进深	偏差[-10, ~] 极差[0, 15]
12		门窗洞口尺寸*	[-10, 10]; 偏移量[0, 10]*		室内净高*	偏差[-15, ~]*
13		电梯井道垂直	H/1000且≤30		门套正侧面垂直度	[0, 3]
14		混凝土强度	满足设计值		窗框垂直度*	[0, 2.5]*

注：表中*表示荣盛标准高于国家标准。

2. 重细节彰显工程品质

以初心铸匠心，荣盛始终坚持"为老百姓造好房子"的初心，潜心把握客户的居住需求。每个项目确定前期规划和户型，董事长都会仔细研究，甚至亲自设计、绘制图稿。荣盛发展会真正站在业主和使用者的角度专注于细节的优化，在景观、服务与新型生活的畅想方面精益求精，以匠人之心打造精品。

荣盛为了更好地满足业主使用需求，园林景观在江南园林的基础上，注重主题性、功能性与可参与性，将慢跑系统，轻运动空间，泛会所交流空间，儿童游乐

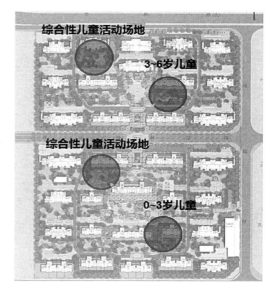

图3-19　儿童活动空间

区，亲子学习区融合到景观中去。在合肥滨湖荣盛华府项目中，荣盛建立了全龄化儿童活动体系，根据年龄将儿童空间划分为：0~3岁幼儿学步坡为主要空间体验以及数字启蒙，3~6岁兼具宝贝秋千、字母迷宫等娱乐活动设施（图3-19）。为6~12岁孩童打造了专属认知乐园，户外教育体验，认识自然，了解自然，实践动手的空间。

随着经济水平不断提高，大数据、物联网、云计算等新兴技术不断升级，人们对于社区的智能服务需求不断增长，荣盛将现有科技引入产品中，从入园到归家，18大科技系统相伴，让生活更加健康舒适。合肥荣盛华府、廊坊荣盛首府项目中采用了多种智能化系统。

第一，人脸识别门禁系统与智梯控。该项目社区与入户门采用人脸识别系统，当业主在社区入口处识别到人员信息后，业主对应的楼栋电梯将会自动来到一楼；在业主出门前，可通过户内可视对讲机的便捷呼梯功能提前预约电梯。

第二，智能安防系统。通过云台式网络摄像机、门磁探测器、紧急按钮三方面的智能安全设施保障业主的人身及财产安全。其中云台式网络摄像机像素清晰，内置麦克风和喇叭，支持实时语音对讲；门磁探测器会随时发觉门、窗是否被非法打开；紧急按钮可实现无线报警；并且后面两者均可连接手机APP。

第三，智能家居系统。通过中控系统控制照明设备、音响系统、空调、窗帘等家居设备，良好的交互体验为人们提供一个舒适、方便和高效的生活环境。

第四，空气检测系统。该项目利用较为成熟的网络云平台技术，开发了数字化远程监控管理系统，可实现在线监控和分析预测的多模式智能管理，为社区内的大气污染变化趋

图3-20 社区智能化配套

势分析与预测、预警能力提供帮助,为实现对社区大气污染防治的对策与管理做好基础。

第五,园林雾森系统。该系统凭借高压微孔超细雾粒(70%以上直径小于4μm)、卓越的降温增湿功能、出色的抑尘能力以及丰富的负氧离子含量,被广泛应用于建筑、园林景观等场合(图3-20)。

3.4.2 精于建造:塑造"荣标"产品

1. 建筑本底助力"荣标"

房地产项目是一个复杂的系统工程,它涉及面广、相关环节多、多行业多部门配合。工程项目的建设程序有项目建议书阶段、可行性阶段、设计阶段、建设准备阶段、建设实施阶段和竣工验收交付使用阶段六大阶段,环环相扣,每个环节都将影响项目的最终质量。

房企往往通过招标投标选择合适的设计单位和施工企业负责房地产项目的开发,建筑起家的房企并不多见,然而,荣盛作为一家上市千亿房企,却拥有从事建筑行业的背景。1996年,耿建明成立了自己的荣盛建筑安装公司,而多年的建筑经验,不仅为耿建明进军房地产提供了基础,也为荣盛后期的飞速发展提供了不竭动力。荣盛拥有从施工、设计到装修、园林、门窗、销售、物业管理的一条产业链。产业链的一体化不仅有利于控制成本,也有利于控制建筑产品的质量。建筑起家的荣盛对各个系列的建筑产品都有严苛的标准,让业主满意是荣盛为之奋斗的目标。

2. 施工营造实践"荣标"

施工营造坚持"适用性、实用性、舒适性、延展性、经济性"。适用性就是要符合当地居住习惯，满足地域特殊要求；实用性就是功能、动线满足生活需求，方便使用；舒适性就是空间尺度舒适合理，满足人体工程学要求；延展性就是具备一定的可拓展空间，延展用户功能体系；经济性就是力求公摊合理，公共空间及户型内部面积浪费低。为了更好地实践这些"荣标"，对施工营造过程中的部分工艺做了明确要求。

（1）地下防渗漏

在基础底板导墙、车库与主楼连接部位、车库上人出入口、塔吊穿楼板处、采光通风井等（除非一次完成混凝土浇筑）等地下外墙施工缝及后浇带部位须设置止水钢板，钢板连接须双面满焊，水平转角处须一次弯折成形。车库顶板采用非固化+耐根穿刺SBS防水，增加防水体系的自愈能力；防水保护层采用软、硬两道工序（即苯板+砌体保护墙），增强保护能力；并且对于高端住宅（如别墅）、首层下跃式户型提高防水等级；在此基础上，严格土建与防水工程之间的施工界面交接验收，并设置施工工期红线，保障满足工艺要求。

（2）主体工程

钢筋是建筑施工过程中的重中之重，钢筋的制作与绑扎成为了主体工程质量的关键，为了更好地保证主体工程的质量，荣盛对其做了严格规定。其中，钢筋绑扎必须满绑，严禁跳绑、漏绑，并且对于钢筋的施工质量评价，增加钢筋间距、保护层的实测实量指标，领先于行业标准要求。电梯门、入户门等洞口需设置过梁部位在一次结构施工时进行单独下挂，缩短了二次结构的施工周期。针对结构安全，由荣盛工程师亲自做试块，每栋单体每5层留置一组，其桩基、地下室各留置一组、车库每个施工段留置一组，留存于施工现场进行同条件养护，并委托有资质的检测单位进行定期检测，亲自监督检测过程，同时要求每栋单体每层选取4个构件进行强度回弹。

（3）装修工程

装修工程以美观性为原则，以公区精装为例，地面铺装以对称、居中为原则，主要空间必须设置波打线，并且波打线要与区域内空间尺寸、二级吊顶高（宽）度、边带宽度的比例相协调，保证美观。波打线内的石材或地砖保证整块铺装，并与波打线必须采用对缝铺贴，转角处波打线进行45°斜拼，过门石采用整块石材。墙砖在高度方向上尽量保证为整砖排版（至少2/3宽），横向上客户主要关注点居中，如两部电梯中间部位。电梯门套竖向石材必须为整块材料。

（4）门窗工程

门窗工程的重点是保证外窗的气密性和水密性。门窗玻璃扣条必须使用圆弧形扣条，拼接紧密，控制玻璃每边的搭接量，中空玻璃内侧铝隔条必须保证一次弯折成形，在转角等部位无断点；所有螺丝钉采用304不锈钢材质。铝合金门窗组角处必须采用注胶工艺，严格检查窗框与扇的搭接量；塑钢门窗型材连接处必须采用双面无缝焊接工艺，不得使用铆接工艺，钢衬采取热镀锌防腐处理，其形状尺寸须与型材内腔尺寸一致，且与型材内壁紧贴，控制窗钢衬最小壁厚及窗框与扇的搭接量。为了预防外窗渗漏，窗洞口前期统一设置企口，底部采用防水砂浆塞缝，其他部位使用发泡胶塞缝，并且在洞口周边的外墙抹灰（或抗裂砂浆）层上涂刷JS防水。

3．工程验收恪守"荣标"

质量是荣盛人的自尊心，荣盛发展以工匠精神追求完美主义，以"力求完美"的态度和远高于国家甚至行业标准的要求捍卫荣盛品质。除了对项目施工和园林设计有明确数据指标，在项目验收时，荣盛发展也有高于基本标准的"严苛"指标。始终把质量制度放在心中、做在实处，用零瑕疵检测诠释荣盛发展工匠精神，勠力为荣盛发展品质代言。

2017年，荣盛发展制定了星级评定机制，机制针对所有新交房项目制定质量评选标准。依据星级评定标准，将项目分为阶段性评定和批次整体评定。其中阶段性评定包括地下工程、主体工程、外立面工程、装修工程、外线工程、园林工程六个阶段；批次整体评定将在项目正式合同交房180天后进行统一核检打分。

荣盛发展工程质检的背后，有一群对品质极力拥趸的捍卫者，他们固执敏锐，眼神犀利，手机和量尺不离身，标准制度张口就来……他们穿梭在钢筋混凝土之间，可能是施工现场，可能是项目验收现场，也可能是已经交付的任何小区，细致严苛"寸毫不让"的作风成为荣盛发展质检标杆。他们就是"质量评定师"，在众多工程师中脱颖而出，其能力和人品均得到公司肯定，目前荣盛有60位质量评定师（A级10个、B级50个），他们通过星级评定的方式诠释荣盛发展对工匠精神的坚守（图3-21）。

日常巡检、专项抽检、季节性检查、定期检查、工程联查、分段验收、不定期抽查，

图3-21 荣盛发展首期"质量评定师"合影

甚至是频频出现的突击检查……多维度质检确保荣盛发展各项工程质量的匠心品质传承。荣盛发展始终坚信，有了极致的保障，品质才能落到实处。

3.4.3　高效管理：延伸"荣标"品质

1．管理精细化

精细化管理是一种理念，一种文化。它是源于发达国家的一种企业管理理念，它是一种以最大限度地减少管理所占用的资源和降低管理成本为主要目标的管理方式。荣盛发展自2008年开始实施标准化管理，将优秀产品的"魂"持续传承，全面推行精细化管理和100个质量细节、2000个质量控制点是每一寸建筑肌理的质量保证。

在项目推进的过程中，荣盛总公司、分公司和项目公司形成丝丝联动的机制，加强对每一个细节的管控。在特定的时间做特定的工作是荣盛对员工的最基本的要求。荣盛在项目开发建设过程中，定期召开工程策划会，制定项目操盘思路，有计划地推动后续工作进度。为了实现定向沟通的目的，组建多种专项沟通平台、专项专群推动各项工作进度，保证问题在第一时间沟通并解决，同时还降低沟通成本。在现场工程项目上，总包、监理、土方、园林等单位每天汇报当日进度，建立小白板机制，每日工作重点上墙，警示每日工作主要跟进的重点。

2．奖罚规范化

荣盛"对待质量问题决不手软"。荣盛奖罚有理有据，公司制定了50条奖罚条款。自2013年9月启动工程突击巡查，制定月度巡检计划，由内部品质部不定期对在建项目、已交付小区等进行突击检查，巡检过程中发现的任何不合格项将在全公司范围内进行通报，并将质量问题落实到具体责任人身上，对承担责任方实施经济处罚，除了针对项目部，生产副总、总经理也会实施"连坐"；同时总经理须对外立面样板、交房样板、园林样板亲自验收，确定好标准，为样板引路打下基础，多措并举促进提升整体项目质量。

荣盛公司奖罚原则是奖多罚少，采用激励政策，工程质量的好坏和绩效奖金挂钩，激励员工重视对工程质量的严格把控。从管理的范围来看，管理面积越大，奖金越多；从管理的过程来看，过程质量越好，后续质量也能得到保证，奖金也会更多。根据规定，目前获得"荣盛杯"金、银、铜奖的项目分别给予150万元、80万元、40万元的奖励，对获得广厦奖的项目，给予50万～100万元的奖励；2019年前11个月星级评定奖金累计已经发放700多万元，70%用于奖励项目管理团队，有效调动了一线管理人员的积极性。

"荣盛杯"的评选活动，由荣盛品质管理部组织专家队伍对入选项目进行实际考评，评审委员会作为最终评定机构，并结合评测结果评选出金、银、铜三个奖项。评选对象为各公司在每年申报日期前已竣工（包括外线、园林景观）或已投入使用的项目或批次工程。由于评选项目需同时满足国家规定标准及荣盛内部各种严苛指标，涵盖成本、质量、进度等综合因素，因此"荣盛杯"也被称之为荣盛公司内部的"鲁班奖"。

为了做好每一个项目，荣盛各区域公司充分完善了质量管理体系，从技术交底、材料进场、样板制作、大面积施工等环节上都要经过项目部、工程部、总工办等众多部门层层审核把关，集团总部每月进行工程巡查，检查质量标准要求落地实施情况，并对包括地下、主体、装修、外立面、园林、外线、整体等七项内容进行评定，真正实现了"赶、超、比、拼"的竞争机制，从而为保障工程质量构建了多道"防火墙"。

3.5 服务篇：全新生活护航者

高品质物业的价值，不在于它是多么显赫的身份标签，也不在于它能吸引多少个亿万富翁，而在于它能否以有针对性的创新产品，让人们重新将对"居住"的需求回归到健康、美好、舒适的原点，提供舒适感、安全感、幸福感、尊贵感、阶层感的人居品质。唯有品质，方能打动人心，创造长期价值。

3.5.1 新型社区服务：呵护业主新生活

1. 馨家园：悦享特色服务

荣盛物业在荣盛地产开发业务中应运而生，如今已经拥有将近20年历史。响应荣盛发展"缔造新型生活"的品牌理念，荣盛物业客户服务的核心价值为"呵护新型生活"。荣盛物业拥有国家一级物业服务资质，是荣盛发展向客户提供优质服务的主要实施部门和企业品牌的重要建设及维护者。目前荣盛物业接管项目遍及河北、辽宁、江苏、广东等16个省份的43个城市，曾荣获93项国家级、省级、市级物业管理示范住宅小区等奖彰，2018年位列"中国物业服务百强企业"第24位。荣盛"五五规划"期间，荣盛物业以提升客户满意度为中心，提升服务品质为抓手，做优质基础服务的同时开拓增值服务，致力于成为社区综合服务运营商（图3-22）。

荣盛物业强化服务特色，以荣盛"馨家园"为主线全面落实"热心、诚心、细心、耐心"四心服务，向客户提供"后地产时代"的优质、阳光服务。荣盛物业以顾客为中心，创新增值服务机制，推出系列关怀服务，为业主提供代送洗衣、洗车服务，业主"婚、

图3-22 物业管理实拍图

丧、嫁、娶"重大事件人文关怀,开办荣盛社区便利店等,使客户更加生动感知四心服务,并获得一致好评(图3-23)。

荣盛物业在人文关怀的同时,举办了丰富多彩的社区文化活动。每年一届的"荣盛小达人"活动自2012年创办以来,获得了业主、社会的一致好评,在弘扬少年艺术的同时成就了小业主的童年梦想;全国各社区定期举办各类文化、体育、娱乐、教育主题活动,推进家庭亲情文化,创建新型邻里关系,营造了和谐的人居环境。

除此之外,荣盛物业与互联网板块深度对接合作,创办"大客服"部,开发社区O2O服务平台,整合移动互联网端、电话端、物业服务中心端的保修、投诉、表扬、举报等资源,通过平台消息推送,提升物业服务工作效率及质量。

图3-23 "馨家园"活动图

2. 新型物业：对接互联网+

在遭遇巨大的外部环境变化和冲击时，能真正证明自身市场应变能力的企业，一定是在逆市中加速升级、化"危"为"机"的企业，而这些企业，最核心的任务就是"获得可持续增长"。过去二十年来受互联网革命带来的大范畴技术和市场变革进程的影响，持续成长发展变成一件奢侈的事。根据《世界经理人》研究数据，只有8%的企业跟上了时代变革发展的脚步，而那些增长率达到某一个固定点就停滞不前的企业中只有4%能够重回增长通道。

物联网板块作为荣盛发展新兴产业X端战略的首要发展板块，是整合与改造公司产业链价值的技术平台，也是内部项目孵化的创新平台。2015年四众互联（北京）网络科技有限公司的成立，立足于现有基础，为新型生活方式运营商提供互联网平台和支持，全方位优化地产业务产业链条，提升大地产、大健康、大金融三大战略生产力和核心竞争力，致力于成为共享经济的优秀实践者。

荣盛互联网以探索"互联网+物业""互联网+金融""互联网+度假"等新模式为方向，优先依托社区物业管理线下优势，创建新型物联网社区服务生态圈，从服务于产品的升级开始，改变消费者的居住和生活方式，为荣盛发展的业主、消费者提供最方便、最快捷、最人性化的互联网社区服务。

以"物联网+物业"为例，为了紧跟时代前进的步伐，更为了方便业主的生活缴费和日常报修服务，荣盛物业在2016年开发上线了"米饭公社APP"，业主只要下载绑定房屋后，即可在APP上完成包括物业生活缴费、报事报修、投诉建议、业主团购、社区活动等生活服务操作（图3-24）。

图3-24 米饭公社

这每一个功能和更新的背后，都凝聚了荣盛物业人服务业主、方便业主、呵护业主新生活的愿景和目标。

截至2018年，米饭公社已覆盖荣盛全国超过40个城市的180多个项目，累计服务业主数量超过30万。米饭公社也将秉承荣盛一贯追求卓越、精益求精的信念，不断优化完善，引领千万户荣盛业主家庭走向新型智慧社区生活。

3.5.2 盛行天下：新型生活服务商

原乡赋

作者：耿建明

时，国隆民康，城进乡远，穿锦绫、食馐珍，现代生活引文儒、商贾、雅士念原乡。荣盛康旅承众愿、领先导，返儿时之趣乐、回自然之境地，遣乡愁、归初心，筑童趣乡野之桃源，造农耕自然之生活，谓：一品原乡。境，远闹市而通达，择山田而谧秀，处郊野而华雅；春发百卉，新绿碧翠；夏风幽凉，草木葱茂；秋有累果，尽染层林；冬雪缀松，冰挂檐帘。

其境：飞瀑镜潭，流水潺潺；飙举波扬，松涛林雨；奇石异树，芳草萋萋；曲径栏桥，百花斗艳；步移景异，相映成趣。稚子垂纶，黄发怡乐；秦桑低绿，折花同游；仰椅观云，凭栏眺景；径亭闲读，栅台舒卷；弦歌雅韵，曲水流觞；举杯邀月，把臂觥筹。晨幕闻鸟，午习凉风，暮浴夕阳，夜观星穹。朝鱼晚虾，春苗秋果，聚家渔猎，其乐融融。粘蝉网蜓，滚环斗拐，荡千捉迷，其趣浓浓。携侣行骑，援伴漫野，食甘宿怡，物如在囊，医养便备，其气洋洋。游居其中，恍如诗仙宿山寺，靖节现桃源。

嗟夫！山水常在，其色多态；四季亘古，因时有异；人为物灵，景随心迁。昔时游子思故乡，心怆恨以伤怀，居闹市而慨息，涕泣落而沾衣。今日异客归原乡，情神往以慰然，处乡境而气爽，笑嫣然而开怀。呜呼！贤雅疏矫饰而亲自然，君子远名利而近山水！其境，富山水自然，筑惬舍雅墅。是谓：悦目栖心，陶情冶性，宜居宜养之境！妙哉：一品！壮哉：原乡！

上文中描绘出的"原乡"美景，正是荣盛独创的新型生活方式——"盛行天下"，这也是荣盛致力于为人们提供自然的园、健康的家的理念，在转型升级战略中的延伸，不仅期望通过营造惬意栖居、重返田园的生活体验，帮助追求简雅生活方式的人们返璞归真，也致力于打破时空限制，让人们随时随地能够回归"原乡"，旅居四方。

"盛行天下"计划主要针对的是国内市场，是荣盛发展整合联动公司内部住宅、物业、旅游、金融等资源推出的。以"你说走就走，我负责所有"的创新式度假生活方式为客户实现"一处置业、四季度假、旅居天下"的"候鸟式"人生梦想。开启旅居度假新模式，引领客户新型度假生活方式。"盛行天下"由荣盛康旅采取会员制度管理运营，同步实现畅游天下与资源升值（图3-25）。

荣盛康旅"盛行天下"，为业主提供"游、养、医、药"全生命周期旅居生活服务，让业主游有所乐、养有所医、住有所享。游——首创"4C社区运营标准"，配件业主食堂、盛行优选超市、文化酒吧、社区影院等旅居配套。HELO服务团队，为业主提供旅游、度假、养生、养老等多方面服务；养——度假区配置荣颐苑养生会所，提供一站式养生服务。配套星级酒店式服务，提供住前清洁、住中服务、景区门票预订等服务；医、药——探索中医诊疗、康复理疗、生物制药及生命工程等健康产业链，提供从康复理疗、健康检测、特色诊疗、特色医药等全系健康服务。

荣盛康旅以盛行天下APP（图3-26）为工具，将"山、海、湖、林、原"旅居资源和"游、养、医、药"服务内容等进行整合，实现康旅资源的换住共享（图3-27）。

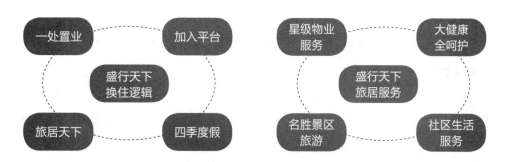

图3-25　"盛行天下"涵盖内容

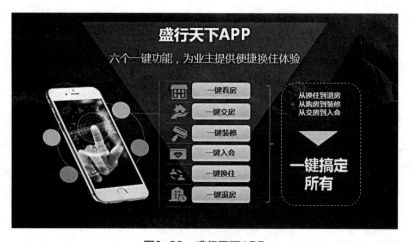

图3-26　盛行天下APP

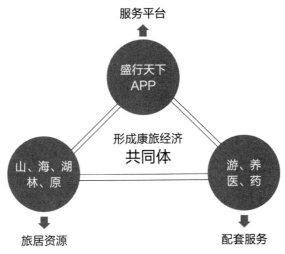

图3-27 "盛行天下"运作模式

3.6 案例总结

高品质关乎人格和尊严，荣盛发展每一个项目的品质呈现，都是企业高标准、严要求的产物。

23年以来，荣盛发展把品质从制度落实到管理，贯彻到执行以精工精神，铸造匠心精品，为更多人缔造新型生活。拥有情怀的荣盛并非像一般房地产开发商只是建造房子，它更是以为住户提供尊严生活、以树立行业标杆、建造良心房子为己任。

"为老百姓建造好房子"不再是一句单薄的口号，从董事长耿建明到荣盛基层员工，这句话变成了荣盛每一个人的信念。正是这股信念，荣盛以打造的"荣标"产品作为核心竞争力，树立了企业踏实而低调的形象，培养了一批忠实客户。

荣盛人坚信，房子不是"人库"，不是像车库一样，多长多宽量一下就行，而是幸福的港湾，在这里能看到星星，能看到底下的小桥流水，大家坐在一起的时候，能够怀念过去的岁月，能勾起人们情感的交流。

以前，大家可能买房的时候特别看重得房率，但现在，还要加一个考量的角度：使用率。有的人得房率很高，但是浪费的面积很多，室内室外都有浪费的面积，设计不合理，功能不完善。所以，今天我们的房子，已经不再单纯比拼哪个更豪华，哪个更贵，哪个更大，而是住的房子，可以没那么贵没那么大，但是住起来很可心。

荣盛真正诠释了有情感的居所和有温度的生活方式。《史记》说："同情相成"，是指怀有相同情感的人互相成就，实际上，房企和老百姓之间的关系现在越来越趋于"同情相成"。荣盛替老百姓真心考虑，成就居住者的美好生活愿望，让他们更有尊严、更幸福地居住在自己建造的房子中，荣盛也才能够成就大业。

思考题

1. 总结荣盛发展的战略路径。
2. 荣盛发展在产品打造方面有何特点？
3. 荣盛发展的产品设计理念体系是什么？
4. 产品质量如何助力房地产开发企业的竞争优势塑造？
5. 战略管理对于房地产开发企业有什么意义？

4 西安华远·海蓝城：
美好居住，美好生活

> 创新应当是企业家的主要特征，企业家不是投机商，也不是只知道赚钱、存钱的守财奴，而应该是一个大胆创新敢于冒险，善于开拓的创造型人才。
>
> ——熊彼特

案例导读

从2017年以来，中国的房地产市场开始进入前所未有的时代，房价和市场越来越稳定。

从外部环境来看，以美联储为主的世界主要经济体的央行不再实行量化宽松的货币政策。在这种大环境下，中国的货币政策也步入稳健发展阶段，不会再搞"大水漫灌"。失去了大笔资金流入支撑的房地产行业，难以暴涨；从内部情况来看，前些年由于房地产市场的暴涨，导致各路资金通过各种渠道流入楼市，对整个社会经济形成虹吸效应，并严重影响实体经济的发展。因此，中央强调"房子是用来住的、不是用来炒的"，房产失去了炒作和投资价值，资金也失去了炒作房地产的动力。

另一方面，从市场交易双方的心理来看，房地产市场逐渐从之前的卖方市场转为买方市场，购房者选房的过程拉长，货比三家，从容待购。而卖方也进入心理拉锯战，要么拉长房地产的成交周期，要么通过其他渠道弥补资金链缺口，甚至降低心理成交价位。

综上所述，时过境迁，房地产难以再像前些年一样暴涨，而展望未来，大多数城市的房地产市场将日趋稳定、理性和健康。新时代背景下，房地产企业需要紧扣时代发展的脉搏，推陈出新，不断调整和升级自己的发展战略，适应乃至引领市场需求的变化，如此才能立于不败。

西安华远·海蓝城是华远地产在满足传统住宅需求基础上，精心打造的使人"安居、宜居、乐居"的城市住宅项目。项目追求"美好居住，美好生活"，在保证传统优质品质的基础上，关注邻里关系，运营社群，创新打造"华远Hi平台"，极大提高项目的知名度和美誉度，是传统房地产行业创新的一个成功案例。

4.1 新时代背景下房地产企业可持续发展的战略思考

4.1.1 新时代背景下房地产企业可持续发展的总体战略

习近平总书记在党的十九大报告中指出:"中国特色社会主义进入新时代,我国社会主要矛盾已经转化为人民日益增长的美好生活需要和不平衡不充分的发展之间的矛盾。"

就房地产住宅市场而言,当前"不平衡不充分的发展"多体现在多层次住房供应体系完善、住房制度改革深化等内容上。当前"日益增长的美好生活需要"体现为美好居住的需要,包括住有所居、住有所安、住有所乐等构建的需求目标体系。住房矛盾的变化,也影响了住宅市场发展阶段的变化,当前正由住房短缺阶段,转向居住舒适阶段。安居、宜居、乐居等的短缺成为房地产住宅市场的新矛盾。

房地产企业是社会的一份子,更是房地产住宅市场的重要角色,它的可持续性发展不能脱离社会和市场而独立存在。就企业而言,只有满足了社会需求,才能实现其价值,只有实现了价值,企业才能继续生存和发展。因此,新时代背景下,房地产住宅市场领域,房地产企业的可持续发展总体战略应是:满足消费者的"美好居住需求",让消费者实现安居、宜居、乐居。

4.1.2 "美好居住需求"解析

"美好居住需求"是一种趋势,未来此类需求的新趋势可能主要体现在以下几个方面:

1. 绿色化环境的需求

美好居住生活的主要特征是绿色生态,住房成为绿色的生活方式和舒适健康的宜居体验,绿色低碳、生态环保已成为居民对美好居住生活追求的一部分。既要有绿色舒适的自然生态环境,又要倡导绿色、节能、环保新理念,注重新材料、新技术、新能源在建筑设计中的应用,提供绿色环保的生活环境。

2. 智能化技术的需求

智能是地产未来的必备要素,智能家居、智能社区、智能地产是重要的着力点,将智能要素导入房地产,助力房地产智能化转型优化。以未来客厅为例,可通过以下四大智能功能打造全新的生活方式:一是刷脸门禁,人脸解锁进入,不需要带钥匙,面孔就是钥匙,真正解放双手;二是对话式人工智能DUEROS,通过DUEROS系统激活智能设备,实现智能控制;三是AR互动,通过AR技术实现虚拟对象与真实环境的实时交互;四是AI开放平台,具备图像识别、语音识别、自然语言处理等功能。

3. 精品化需求

由于购房群体趋于年轻化,年轻人的生活节奏较快,无暇对装修亲力亲为,同时对居住品质要求较高,所以倾向于购买省时省力的精装房,直接拎包入住,节约时间成本。而且特别注重居住体验,物业管理服务也是重要的购房考量因素之一。从毛坯向精装修转变,从售前向售后服务延伸,高品质的精品住房和服务是房地产的核心竞争力。

4. 人文化的配套需求

同地段选配套,配套是除地段之外的又一核心因素,社区配套与切实居住需求密切相关,配套设施的便利程度直接决定用户居住的满意度。为更好满足美好居住生活需求,居民对住房周边配套设施的要求也在不断提高,从空间环境向人文环境升级,除地铁交通、商场超市、公园等生活硬件配套外,更关注学区教育、医疗健康等人文软件配套。

4.2 西安华远·海蓝城简介

4.2.1 西安华远·海蓝城之企业背景

华远地产股份有限公司(简称"华远地产"),A股上市公司,股票代码:600743。控股股东北京市华远集团有限公司为西城区国资委全资企业,强大的国有资本作为坚强后盾为公司发展提供了有力的支持。华远地产于20世纪80年代初进入房地产业,是国内最早创立的房地产品牌之一。秉承华远集团"来源于社会、服务于社会"的宗旨,公司始终将产品品质与企业责任视为发展的根基,始终将国有资产的保值增值、股东权益最大化视为己任。华远地产不仅凭借高品质的代表项目赢得了市场的认可,凭借较高的净资产收益率维护了股东的利益,更凭借在环保、扶贫、文化、体育等多领域多形式的公益行动获得了社会各界的广泛赞誉。

1. 四大区域,鸿图华远

北京是华远地产总部所在地,是公司起步、发展和壮大的根据地,在公司整个发展战略中具有最重要的核心位置。

华远响应国家发展战略,以"责任地产,品质建筑"为使命,加速全国拓展。在全国区域拓展上,以已进入的城市为依托,以点带面,重点发展四大区域。目前,华远地产已经进入北京、天津、长沙、西安、重庆、广州、佛山、涿州、石家庄、银川等城市，形成了京津冀区域、西部区域、华中区域、华南区域四大区域并进的战略布局。

西安华远·海蓝城，由华远地产西部区域西安城市公司开发。华远地产西安城市公司成立于2007年，深耕西安十数年，秉承华远地产"责任地产，品质建筑"的企业使命，至今已先后开发了华远·君城、华远·海蓝城、华远·锦悦、华远·枫悦和华远·辰悦五个项目，累计开发体量超过300万m^2，服务近10万业主，成为西安房地产住宅市场极具影响力的品牌开发商。其中，西安华远·海蓝城所在区域，华远项目集中，被行业称为"华远板块"。

2. 华远"美好居住"住宅产品线

华远地产致力于的房地产市场综合开发，其产品涉及几乎全部的房地产产品业态：普通住宅、保障性住房、高级公寓、别墅、商务公寓、写字楼、酒店、购物广场等多种业态，并形成了五大产品线——住宅产品线、公寓产品线、办公产品线、酒店产品线、商业产品线，彰显出公司的综合开发实力。

基于多年的住宅开发经验，华远针对各类细分客户的需求，以建筑形式为载体，通过研究客户的行为方式、心理特征、文化背景等对建筑形式影响的规律性，推出了覆盖客户不同生命周期的丰富的产品类型，形成了5大"美好居住"住宅产品系：TOP系、和墅系、裘马系、悦享系和海蓝系。

本案例介绍的西安华远·海蓝城（图4-1），属于海蓝系住宅产品。"海蓝系"产品定

图4-1　西安华远·海蓝城

位为"丰盈活力社区,为活力人群提供舒适的生活场所;关注青年社交、老人颐养、儿童活动等生活配套功能需求,以运动类配套、亲子配套、老人活力设施来打造理想生活全龄社区,为人之越阶提供可能。"

4.2.2 西安华远·海蓝城的源起与现状

1. 西安华远·海蓝城的源起和定位

如果说华远君城的诞生,拉开了大明宫板块再造的序幕;那么2011年初开始建设的华远·海蓝城,就是开拓华远规模、带动东二环线、助力"大西安"建设。海蓝城与君城,双盘蝶动,功在"大西安"(图4-2)。

图4-2 西安华远·海蓝城标识

西安华远·海蓝城项目整体占地约580亩,十分巨大,其总体定位于:不仅是一所住所,而是一座自成体系的新城。这座新城将尽力保留下那些需要被传承的城市精神、城市格局和城市记忆等;也将创新出更多可以被传承的新的人文精神、新的空间格局、新的生活方式等(图4-3)。

在倡导美好生活的同时,注重项目的实用性、舒适性与便捷性,通过完美设计与丰富配套的兼容,放大交通、教育优势,提升产品价值。

对城市中的老建筑加以保护,传承给后人,成为对前人的记忆

文化精粹
——大度大气
自信开放
——汉唐胸怀

西安华远·海蓝城项目地块内,50余年历史的法桐大道

图4-3 城市的精神、城市的记忆图

> **链接：西安及大明宫**
>
> 西安，古称长安、镐京，现为陕西省省会、副省级市，是国务院批复确定的中国西部地区重要的中心城市，国家重要的科研、教育和工业基地。西安是中国四大古都之一，西安拥有着5000多年文明史、3100多年建城史、1100多年的建都史，是中华文明和中华民族重要发祥地之一，丝绸之路的起点。丰镐都城、秦咸阳宫、兵马俑、汉未央宫、长乐宫、隋大兴城、唐大明宫、兴庆宫等勾勒出"长安情结"。西安是联合国教科文组织1981年确定的"世界历史名城"，美媒评选的世界十大古都之一。
>
> 大明宫国家遗址公园是世界文化遗产、全国重点文物保护单位。位于陕西省西安市太华南路，地处长安城北部的龙首原上，始建于唐太宗贞观八年，平面略呈梯形。大明宫是唐帝国最宏伟壮丽的宫殿建筑群，也是当时世界上面积最大的宫殿建筑群，是唐朝的国家象征，大明宫初建于唐太宗贞观八年，毁于唐末，面积$3.2km^2$（图4-4）。
>
>
>
> 图4-4 大明宫国家遗址公园

2. 西安华远·海蓝城的概况

西安华远·海蓝城位于西安玄武东路，原属陕西重型机器厂厂址，为保留原有风貌，项目保留了"翡冷翠街"两侧粗壮茂密的梧桐树，将原厂房的砖块铺到这块历经50多年的

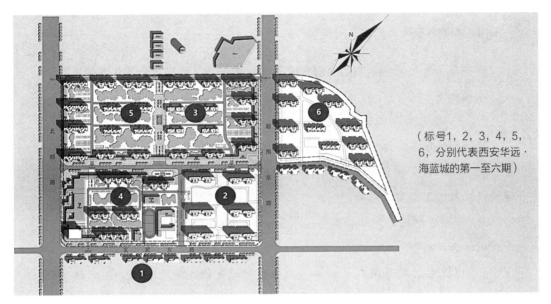

图4-5 西安华远·海蓝城分期开发平面图

土地上,成为海蓝城一道不可磨灭的风景线。

西安华远·海蓝城整体占地约580亩,建筑面积120万m^2,包含城市洋房、小高层、高层、精装高层等多种物业形态。项目共分六期开发,一期工程于2010年11月28日破土动工,2011年9月首次开盘销售(图4-5)。

西安华远·海蓝城共有住宅有9377户,商业有511户,合计9888户,已全部入住,由一级物业管理资质的北京圣瑞物业进行物业管理服务。海蓝城配有两所小学和两所幼儿园:后宰门海蓝城小学、交大阳光海蓝城小学和两所慧才苑幼儿园,均在正常运营中。是华远"有孩子,住华远"教育理念落地的典型代表项目。

西安华远·海蓝城同时配有比邻生活馆、有间比邻生活馆、Hi+共享美学空间、翡邻篮球场等共享配套。其中,比邻生活馆,包含书画室、小礼堂、舞蹈室等功能空间,目前是华远Hi平台各兴趣爱好俱乐部的活动场所,也是华远社区老年大学"花漾学苑"的活动场所,也是华远社区一年一度业主春晚的海选比赛场地;有间比邻生活馆,位于蓝海城六期,包括健身房、阅读房、儿童游乐等功能空间,2019年11月投入使用;Hi+共享美学空间,是咖啡阅读共享空间。海蓝城所有的Hi平台共享空间,业主均可免费使用。

西安华远·海蓝城的社区文化氛围极其浓厚,花漾学苑老年大学、社区读书会、摄影旅行社群、悦跑团、篮球社群、花漾艺术团、合唱团、太极社群等蓬勃发展。另外,西安华远·海蓝城成功举办的"快乐普法"等社区活动,也都得到了地方政府和群众的充分认可和支持。

> **链接：西安华远·海蓝城之销售**
>
> 西安华远·海蓝城各期均顺利提前完成销售任务，取得了非常优异的销售业绩。原因如下：
>
> 1. 产品前期调研工作扎实，对市场需求把握准确，各期产品定位清晰。
>
> 2. 位于西安华远·海蓝城以西1km的华远·君城项目，在海蓝城之前开发，在当地积累了相当丰富的地方资源和经验及火热的人气，为西安华远·海蓝城的成功打下了坚实的基础。
>
> 3. 产品质量优异，形象高大，环境优美，价格合理，极大地吸引了潜在消费者的注意。
>
> 4. 积极主动的营销战术安排，效果斐然。无论是线上广告，还是线下拓客，均以做大、做精方式，大范围地向群众渗透项目销售信息。另外，每周多频次的现场活动，关注客户感受、保持了持续的购房热度。
>
> 5. 优秀的开发和营销团队。在优秀的业绩背后，是一支极具战斗力的团队。团结紧张，严肃活泼，西安公司全体同仁秉承"一起行，一起赢"的团队理念，恪守西安公司"二十一条军规"，砥砺前行，奋勇争先，为华远地产在西安迈出的每一步做出了巨大的贡献。工作之余，西安公司还定期举办各类丰富多彩的员工活动，每一次专业沙龙、每一场团队拓展、每一个节日欢聚都有着西安华远人绚烂多姿的身影。
>
> 6. 西安华远·海蓝城创新的建立华远Hi平台，华远Hi平台社群对于社区文化、业主社群的运营，得到了业主的广泛认可，业主复购率很高。

4.3 西安华远·海蓝城美好居住之品质剖析

西安华远·海蓝城美好居住的实现，是复杂系统共同作用的结果。我们可以从区位、规划、建筑、户型、园林、配套、物业管理、节能体系和华远Hi平台等9个方面来分析西安华远·海蓝城实现美好居住的原因（图4-6）。其中，华远Hi平台在本章的4.5中专门分析介绍。

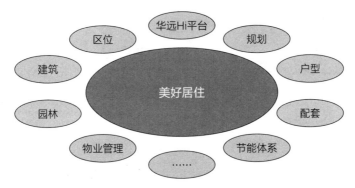

图4-6 西安华远·海蓝城品质剖析图

4.3.1 区位：金色二环，交通便捷

西安华远·海蓝城地处西安二环之内，东临浐灞生态区，西临大明宫国家遗址公园，北临经开区和市政府，紧挨西安繁华的商圈，出则繁华，入则宁静，坐拥生态和繁华的最佳平衡点。西安的内城古迹众多，历史文化价值巨大，因此政府严格限制城墙以内区域的开发。所以，紧靠内城、环境优越的二环内地区，成为这个快速发展城市的开发热点，价值巨大，谓之金色二环。

西安华远·海蓝城是位于西安重点发展区域内的最核心项目之一，公共交通便捷，更是拥有地铁双站口；东西向向东500m直达东二环；南北向向北100m直达北二环延伸线（图4-7）。

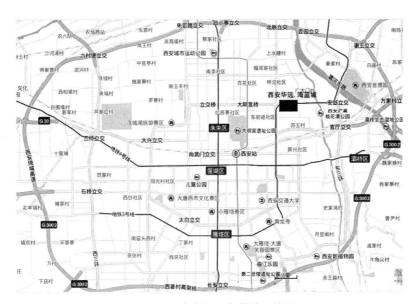

图4-7 西安华远·海蓝城区位图

4.3.2 规划：自成一城，人居为本

西安华远·海蓝城以"新城市主义"为总体规划理念，打造"以人为本""邻里坊街美好、新老建筑共融"的空间新格局（图4-8～图4-13）。

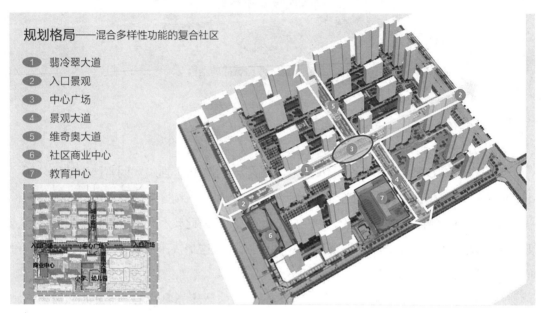

图4-8　西安华远·海蓝城规划格局——混合多样性功能的复合社区

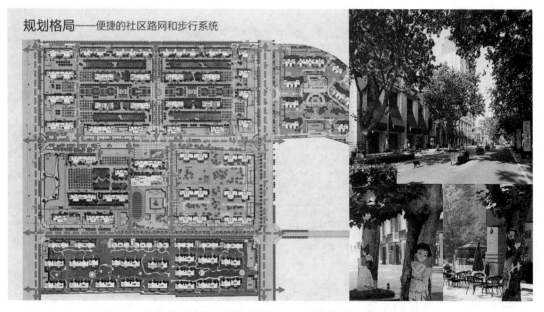

图4-9　西安华远·海蓝城规划格局——便捷的社区路网和步行系统

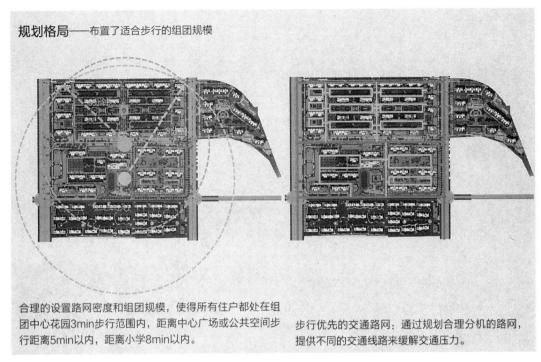

图4-10　西安华远·海蓝城规划格局——适合步行的组团规模

图4-11　西安华远·海蓝城"日照"应用图

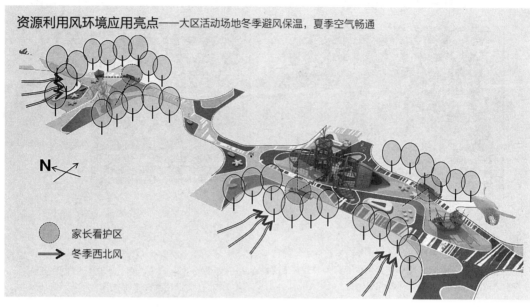

图4-12 西安华远·海蓝城"风"环境应用示意图

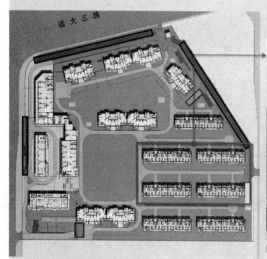

规划地面停车沿小区外围布置,地库出入口和小区入口结合布置,避免对小区内部形成交通噪声污染。

每户宅前结合景观布置绿植围护,避免噪声干扰业主。

图4-13 西安华远·海蓝城"声"环境应用图

> **链接：新城市主义**

1996年在美国南卡罗莱纳州查尔斯顿召开的新城市主义会议（Congress For New Urbanism，CNU）第四次大会通过并批准了新城市主义宪章。新都市主义宪章全文如下：

新城市主义代表大会认为，中心城市的衰落、不断蔓延的无归属感、种族歧视和收入差距的显著增长、环境恶化、农田和野生生态的丧失以及对社会传统遗产的侵蚀是社区建设所面临的一个连环挑战。

我们主张恢复都市地区中现存的城市中心和市镇，将无序蔓延的郊区重新配置为具有多样化分布的社区，保护自然环境，以及保护我们已有的传统遗产。

我们认识到仅有物质环境还解决不了社会和经济问题，但是没有一个紧密且相互支持的物质结构，经济活力、社区稳定和环境健康也无法维持。

我们提倡重新构筑我们的公共政策和发展实践来支持以下原则：社区应用和人口应该遵从多样化原则；社区设计应该为步行和公共交通及汽车服务；城市和城镇应该配备物质环境优越且完全开放的公共空间和社区机构；城市地区应该由建筑和景观设计组成，而这些建筑和景观都应该适应当地的历史、气候、生态和建筑惯例。

我们代表具有广泛基础的市民群体，由政府和私人部门的领袖、社区积极分子以及各行业的专业人士组成。我们旨在通过市民广泛参加的规划和设计来重新建立建筑艺术和社区建设的联系。

我们愿意为了重塑我们的家园、街区、街道、公园、社区、市区、市镇、城市、地区和环境而努力。

> **链接：大都市、城市和城镇**

1. 大都市地区是由地形、流域、岸线、农田、地区公园和河流盆地为地理边界而确定的许多地方组成。

2. 大都市地区是当代世界的一个基本经济单元。政府合作、公共政策、物质规划和经济战略必须反映这个新的现实。

3. 大都市与其耕地和自然景观有一个必然的和脆弱的联系，这种联系是环境、经济和文化上的。耕地和自然对大都市就像花园对它的住宅一样重要。

4. 开发模式不应该模糊或彻底破坏大都市的边界。在现有城市地区内填空式的发展，以及重新开垦边缘和被抛弃的地区可保护环境资源、经济投资和社会网络。大都市地区应该发展某些战略来鼓励这样的填空式开发，而不是向边缘扩张。

5. 只要适当，朝向城市边缘的新开发应该以社区和城区的方式组织，并与现有城市形式形成一个整体。非连续性的开发应按照城镇和村庄的方式组织，有他们自己的城市边缘，并规划达到工作和住宅平衡，而不是一个卧室型的郊区。

6. 城市和城镇的开发和再开发应该尊重历史形成的模式、常规和边界。

7. 城市和城镇的公用和私用功能，可吸引尽量多的人来使用，以支持地区经济的发展，并能授惠于所有收入阶层的人群。经济住宅应该在地区范围内广泛分配，来适应工作机会和避免贫穷的集中。

8. 地区的物质规划应该被众多的交通选择所支持。公共交通、步行和自行车系统应该在全区域范围最大限度地畅通，以减少对汽车的依赖。

9. 收入和资源应该在区域内的城市和中心之间共同分配，以避免对税收的恶性竞争，并促进交通、休闲娱乐、公共服务、住房和社区机构的理性的协调。

链接：社区、城区和条形走廊

1. 社区、城区和条形走廊是大都市开发和再开发的基本元素。他们形成了可确认的地区来鼓励市民对其维护和发展担负责任。

2. 社区应该是紧凑的、步行友善和混合使用的。城区总体上强调一个特别的使用，如果可能应遵循社区设计的原则。走廊是地区内社区和城区的连接体，他们包括大道、铁路、河流和公园大道。

3. 日常生活的许多活动应该发生在步行距离内，使不能驾驶的人群特别是老年人和未成年人有独立性。相互连接的街道网络应该设计为鼓励步行，减少机动车的出行次数和距离，节约能源。

4. 在社区内，广泛的住宅类型和价格层次可以使年龄、种族和收入多样化的人群每天交流，加强个人和市民的联系，这对一个真正的社区很重要。

5. 在合理规划和协调的前提下，公共交通走廊可以帮助组织大都市的结构和复苏城市中心。相反，高速公路走廊不应该从现有城市中心转移出投资。

6. 适当的建筑密度和土地使用应该在公共交通站点的步行距离内，使得公共交通成为机动车的一个可行替代物。

7. 集中的市政、机构和商业活动应该置身于社区和城区内，不是在遥远的单一用途的建筑综合体内与世隔绝。学校的规模和位置应在孩童可以步行或使用自行车的范围内。

8. 通过明确的城市设计法规作为可以预见发展变化的指南，社区、城区和走廊的经济健康与和谐发展可以得到改进。

9. 一系列的公园、从小块绿地和村庄绿化带到球场和社区花园，应该分布于全社区内。受保护地和开敞土地应用于确定和连接不同的社区和城区。

> **链接：街区，街道和建筑**
>
> 1. 所有城市建筑和景观设计的最基本任务是在物质上定义街道和公共空间，多种用途的地方。
> 2. 单独的建筑项目应该完美地与它的周围相连接，这比独特风格更重要。
> 3. 城市地方的复苏依赖于安全保卫。街道和建筑的设计应加强安全的环境，但不能牺牲开放性和方便使用性。
> 4. 在当代的大都市，开发必须要充分地适应机动车交通。它只能以尊重步行和公共空间形态的方式完成。
> 5. 街道和广场应该对步行者安全、舒适和有吸引力。合理的布局鼓励步行并使邻居相识和保卫他们的社区。
> 6. 建筑和景观设计应植根于当地的气候、地形、历史和建筑实践。
> 7. 市政建筑和公共集散地要求重要的地点加强社区标志和民主文化。他们应得到与众不同的形式，因为它们对形成城市网络的作用与其他建筑和地点不同。
> 8. 所有建筑应该提供给它的居住者以清晰的地点、气候和时间感。自然方式的采暖通风比机械系统有更高的资源效率。
> 9. 历史建筑、城区和景观的保护和更新应保持城市社会的连续和演变。

4.3.3 建筑：风格古典，三段构图

西安华远·海蓝城在建筑风格上，重视城市风格与新亚洲风格等的多维度融合。其立面采用意大利新古典三段式构图，刚柔并济，气质典雅，端庄简洁；网格化构图，水平线

图4-14 海蓝系产品三段式结构示意图

条突出；米色打底，局部石材，实现品质感；住宅、商业和谐统一。精心的材料选择，沉稳大方的主调色彩，加上比例和谐的细节点缀，形成建筑整体丰富而强烈的视觉感受。立面在韵律、节奏中求变化，庄重新颖，细部上下呼应，协调统一（图4-14、图4-15）。

立面中，采用独立的端正门头，平挑雨篷，大气恢宏，细节丰富。双层门头设计，阵列式柱头，彰显雍容与端庄。逐渐复杂的线脚，以期渐进强调入口位置（图4-16）。

图4-15 西安华远·海蓝城园区效果图

另外，随着海蓝系产品的发展，在保持既有的西安华远·海蓝城建筑风格的基础上，于重庆·海蓝城、长沙·海蓝城等项目的建筑设置底层架空层。底层架空一方面可遮阳避雨，营造安全舒适的环境；另一方面又因无围护结构，视觉不受影响，可引入更多的室外自然光线和景观，例如：引入绿化、水体、小品及座椅、电话亭、灯柱、招牌等设施，使人仿佛漫步于室外的大自然中，既有室内宜人的气氛，又具有室外的自然亲切感。底层架空设计让居民，特别是老人和儿童等，享受更多接触地面的机会，有利于构建融洽和谐的邻里关系。

图4-16 西安华远·海蓝城门头设计图

4.3.4 户型：紧凑实用，功能考究

西安华远·海蓝城项目关注用户的需求，尤其是首置用户的需求，产品定位于刚需务实、首置型产品，主要通过户型设计来实现定位：户型紧凑实用，无过多辅助空间（交通空间等）浪费，以小面积、多功能三居为主；功能考究，动静分区、干湿分区明确；起居室面积适当、形状方正，光照、通风和视野良好，无太多洞口和门，能综合满足会客、团聚、视听、休闲及家具摆设和隐私保护等要求；厨房靠近大门，和餐厅相邻，方便用餐及垃圾处理等（图4-17~图4-19）。

4.3.5 园林：关注儿童，兼顾全龄

在园林空间布局方面，因为儿童往往为家庭的重心，西安华远·海蓝城所以特别关注儿童的需求，同时研究其他各年龄层客群的需求，打造覆盖儿童游戏、成年人运动、老年人健身等多功能、多层次的园林活动空间。例如：西安华远·海蓝城第五期项目，打造了以"Hi宝贝儿童主题乐园"活动场地为核心，成年人慢跑、老年人健身等为外围的园林活

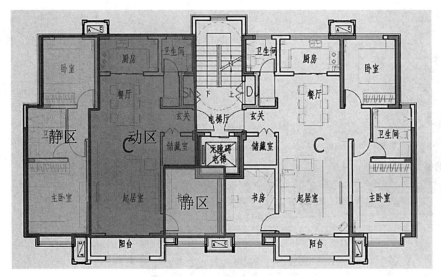

图4-17 户型动静分区示意图

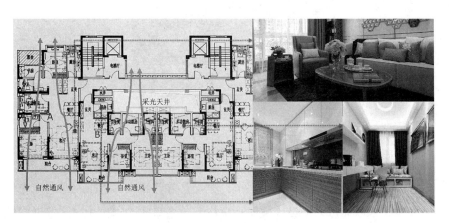

图4-18 户型通风采光图示意图

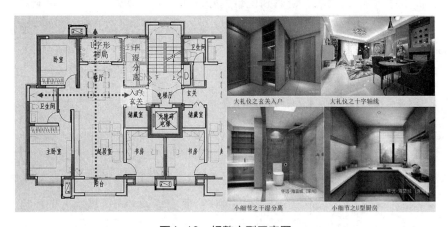

图4-19 规整户型示意图

动空间;"Hi宝贝儿童主题乐园"活动场地,按不同年龄段儿童活动特点对场地进行分龄设计(表4-1、图4-20)。

儿童分龄场地设计表 表4-1

儿童分龄	婴幼儿(0~3岁)	幼儿期(4~6岁)	儿童期(7~12岁)
分区目的	锻炼走、跑、跳、投、钻、爬、平衡能力等	思维训练、兴趣培养、安全的娱乐	兴趣培养,行为能力、动手能力、感官能力、智力开发等
主要活动	晒太阳,户外观察	结识同龄朋友,低年龄段活动器械	与朋友交往嬉戏,有一定体能的器械活动
场地需求	有阳光与通风的硬质场地、家长看护、植物感知	参与性活动平台,专业器械场地等,家长看护区	较大型的健体设施,专业场地器械,提供参与性活动平台

在景观种植方面,西安华远·海蓝城选择高适应功能性植物,于活动场地周围大量种植,并做到了夏有绿荫,冬有暖阳,四季如春(图4-21)。

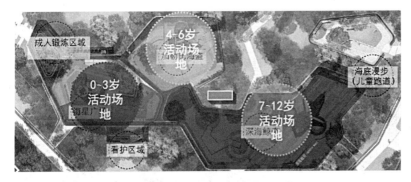

图4-20
儿童分龄场地设计平面图

图4-21
西安华远·海蓝城的园林植物

另外，华远海蓝系住宅产品在健康关怀方面，努力营造"全方位人性化设置，保障居者健康"的园林，例如：儿童区种植皆无毒、无刺、无浆果污染；儿童活动区预留清洁洗手设施、设置驱蚊灯；区内人车分流，通道无障碍；铺装杂色EPDM塑胶夜光跑道；健身器械丰富多样；园区路灯防眩光；休息区种植保证遮阳等（图4-22～图4-24）。

图4-22　儿童安全防护示意图

图4-23　看护区示意图

图4-24　夜光跑道图

4.3.6 配套：配套齐全，重点突出

好的居住条件取决于房子、环境、配套设施三个方面，其中，配套设施包括市政配套设施和生活配套设施。其中，市政配套设施包括水、暖、气、热等设施，生活配套包括教育配套、商业配套、医疗卫生配套等设施。西安华远·海蓝城为让业主享受、体验丰盈无忧的生活，倾心打造了体系化的美好居住生活配套设施。本文重点介绍西安华远·海蓝城的商业配套、教育配套、医疗卫生配套和共享空间配套等设施。

1．商业配套

商业配套，这里专指社区商业配套，是住宅周边具有商业性质的配套设施，即各类从事商业和为居民生活提供服务所用的房屋及附属设施。商业配套设施有综合食品百货商场、集贸市场、药店及其他第三产业设施。其中至少要有菜市场和超市，这是生活的基础需求，否则居住以后买菜、买生活用品还要坐车外出，生活就显得十分不方便。当然，如果在基础需求之外，还有百货商场、大型市场就更好了。但是，需要注意，若大型商场距离住宅太近，则会影响住户的休息。

西安华远·海蓝城以及其他海蓝系列产品，为了业主们的美好生活，每一个海蓝系城产品都积极地打造社区商业配套，并积极招商。西安海蓝城为了让业主在半径200m范围内满足全家人生活所需，社区自身配有邻里中心"华远好天地"，集餐饮、娱乐健身、购物、教育机构于一体的集中商业，使业主不出社区即可满足吃、喝、购、玩的丰富现代城市生活享受。

链接：社区商业

社区商业是城市基础生活的根本保障，是衡量城市环境、宜居生活和持续发展的先决条件。作为满足居民生活服务设施的消费场所，社区商业不仅能进行商品交易，还具有会友、休闲、娱乐等职能。

在消费升级带动消费模式升级的情况下，如何更好地满足人们个性化、多样化、定制化、品质化的消费需求，成为各行业共同思考的命题。在追求方便快捷、讲究时效的消费心理及消费行为习惯等因素影响下，购物中心发展开始趋向社区化。未来，随着城市商业副中心规划的逐步发展，社区型购物中心将成为商业地产的主流。

在宏观经济增速不断放缓、场地租金攀升、企业利润下降的大环境下，便利店、精品超市、社区型购物中心等社区商业将成为零售企业寻求转型升级的重要

方向，社区商业已经进入黄金发展期。

有数据显示，2020年国内社区服务市场规模将达13.5万亿元。目前，我国一线城市社区商业消费在社会消费品零售总额中的占比约为33%，而这一数字在发达国家可达60%以上。由此可见，我国社区商业存在巨大的发展空间。

有业内专家将社区商业总结为"51015"，即凡是步行5min可到的便利店，10min可到的超市、餐饮店，骑车15min可到的购物中心，均可归为社区商业的范畴，可见，社区商业的核心就是便民。

2．教育配套

"120万m²的西安城东知名教育大盘"，是人们对华远·海蓝城最初的认识，也为此受到了众多家长的青睐。社区内配建了名校后宰门海蓝城小学、两所"幼教慧才苑"等，吸引着无数置业者的目光。2017年，海蓝城六期打造年轻态社区，再次引入名校交大阳光海蓝城小学。

以西安华远·海蓝城为代表的"海蓝系"产品，通过研究各年龄层客群的需求，将"首置人群"最为关注的儿童需求作为倾力满足的重点。其中，儿童教育是儿童及其家长的最基本、不可或缺的需求。"海蓝系"产品，通过认真打造、改造教育空间，积极地引进品质教育资源和开展各种教育活动等，并以儿童教育为基础，拓展教育对象范围，例如：花漾学苑老年大学是华远Hi平台开办的社区中老年大学。教育配套的实践，成就了西安华远海蓝城"教育大城"之名（图4-25）。

（a）

（b）

图4-25 教育配套设施
（a）小学；（b）幼儿园

> **链接：教育配套对社区的意义**
>
> 　　房地产业内专家认为，关于教育配套的意义可以体现在三个方面，一是直接意义，即解决孩子的上学问题；二是间接意义，这主要体现在教育配套对整体社区商业、经济的带动作用；此外还有一个意义，就是教育配套对社区未来长远的影响，比如：社区人文影响。因此，从这些层面上看，教育配套的意义远不只解决孩子上学问题那么简单，教育配套不仅仅是给孩子的或是其父母的，同时，也是给周边商家和文化人士的。
>
> 　　目前，随着城市不断向外延拓展，房地产热衷于引入名校、城市综合体等形态，已经成为开发商解决问题的制胜法宝。教育资源的汇集，也成了区域房地产吸引市场的有力标签。有业内人士表示，通过名校与名盘的深度合作，不仅为区域做好了相应的配套，更带动了整个区域教育资源的优化和整合，全面提升整个区域的文化内涵和区域价值。

3．医疗卫生配套

我国大城市的医疗卫生一般分为市、区和基层三级，存在着医疗卫生资源分布不均衡、基层医疗卫生机构服务能力不足等问题，容易产生患者向大医院集中、跨区域就诊的现象。随着人们生活水平的提高，对于医疗卫生质量的要求越来越严格，无论是父母、老人，还是孩子，都需要一个良好的、便捷的医疗环境来保障健康的生活。所以，买房者在选择居所时，"附近一公里"是否有完备的医疗卫生配套也是其考虑的重点。

以西安华远·海蓝城为代表的"海蓝系"产品，充分地考虑到了业主的医疗卫生需求，用心打造、布局医疗卫生配套，积极引进医疗卫生资源。西安华远·海蓝城引进了强森社区医疗（图4-26）。强森医疗是以社区为目标，以家庭为单位，以儿童、妇女、老人为医疗服务重点的医疗机构，能为患者提供及时便捷、优质的社区诊疗和家庭医生服务。另外，为了更好地服务于社区和家庭，强森医疗与华远Hi平台一起，建立了业主健康档案、电子病历等，并借助于IT技术，实现了高效的、开

图4-26　强森医疗

图4-27 共享空间

放性的社区医疗连锁远程协同。

4. 共享空间配套

共享空间是指公众共同使用的空间。基本功能是满足人们对环境的不同要求，并促进人们彼此之间更多的交往。

对于生活压力越来越大的现代城市居民来说，无论是时间还是空间都处于一种无限萎缩的状态，这像黑洞一样吞食着人们的现在与未来。在此境遇下，许多人开始重新思考生活本身的意义、探索新的生活方式。近几年来，随着共享云盘、共享汽车、共享雨伞等新名词的不断涌现，"共享"一词日渐成为现代生活的热门词汇。"共享"意味着开放、扩张和自由，更意味着美好的现在和未来。

以西安华远·海蓝城为代表的"海蓝系"产品，为了便于业主沟通、缓解业主精神压力，创新和谐融洽的新型邻里关系，以公共空间，甚至牺牲自有商铺利益为基础，打造了若干的共享空间配套（图4-27）。

其中，比邻生活馆包含书画室、小礼堂、舞蹈室等功能空间，目前是华远Hi平台各兴趣爱好俱乐部的活动场所，也是华远社区老年大学"花漾学苑"的活动场所，也是华远社区一年一度业主春晚的海选比赛场地；Hi+共享美学空间，是咖啡阅读共享空间；有间比邻生活馆位于蓝海城六期，包括健身房、阅读房、儿童游乐等功能空间，2019年11月投入使用。以上所有的Hi平台共享空间，业主均可免费使用。

> **链接：共享理念与居民幸福感之间的关系**

幸福是物质和精神上的一种满足感，也是人的一种内心感受。改革开放40多年来，随着我国经济社会的快速发展，社会主义市场经济体制基本建立，人民生活水平日益提高。当人们解决温饱之后，会更多地去考虑如何追求幸福生活的问题。如今，人们对幸福生活的界定不仅限于物质上的满足感，还开始关注精神、文化等方面的获得感，对内心的幸福追求有了明确的目标。在物质生活水平不断提高的同时，我国经济社会发展也面临着贫富不均、区域发展失衡等一系列问题。"创新、协调、绿色、开放、共享"新发展理念成为我国经济社会发展的新要求，其中共享理念是全面建成小康社会的重要原则，有利于使更多人民群众共享经济社会的发展成果。

共享理念是在党的十八届五中全会上首次提出的，经过十九大的再次提及，成为我国未来经济社会发展的重要方向之一。共享理念是指在坚持以人为本的基础上，让全体人民共享改革带来的经济社会发展成果，让每个社会个体不仅在物质上，而且在精神、文化等方面均有获得感，进而提升每个社会成员的幸福指数。幸福感是人内心的一种主观感受，实际上就是居民对自身生活现状的满意度。联合国一直将居民幸福感指数作为评价一个国家综合实力的重要指标，近年来，我国各级政府也开始将居民幸福感作为政府决策的基本标准。由此看来，共享理念与居民幸福感之间有着十分密切的关系，两者是相互促进、相伴而生的。

共享理念是居民幸福感获得的基本前提和保障。共享说到底是对经济社会发展成果的共同分享，是让每个社会成员从经济社会发展中获得各方面的满足。共享理念与我们党提出的执政为民理念是一致的，也是执政为民理念最新的时代表达。在中国特色社会主义建设过程中所取得的各项成果，应该由全体人民共享，这是社会主义制度优越性的根本体现，也是我们党为人民服务宗旨的深刻表达。

共享理念是影响居民幸福感获得的基本要素。幸福感虽然是一种主观性的感受，但这种主观的感受是建立在客观环境基础上的，必须要以物质条件作为支撑。通常而言，每个个体对自身幸福感的认知基于对自身物质生活的满足，即日常的衣食住行能否满足自身的需求。按照马斯洛的需求层次理论，当人们获得了基本的物质满足之后，就会有更高层次的心理和精神需求，如追求情感、追求自我价值的实现等。受制于社会发展现状，我国依然有很多家庭特别是农村家庭在养老、医疗、住房等方面还没有获得基本的满足。因此，只有全面促进社会公平，建立城乡均等化的社会保障体系，才能够从根本上提升人民的幸福感。由此可见，共享理念的实现程度与居民幸福感是呈正比的。

提升居民幸福感是共享理念的最终目标。共享理念符合马克思主义群众观的基本要求。共享理念再次重申了经济社会发展成就的共享主体是广大人民群众，每个社会成员是经济社会发展成果的最终受益者。通过共享理念改革我国经济社会发展中的各项体制机制障碍，有利于建立健全相关制度法规，进而最大限度地促进社会公平，这样才能不断提升居民各个方面的获得感，提升居民的幸福指数。

4.3.7 物业管理：和谐社区，品质服务

西安华远·海蓝城的物管企业是一级物业管理资质的北京圣瑞物业。圣瑞物业始终遵循以客为尊的服务理念，尽心竭力、真诚地为客户提供服务。

圣瑞物业的业务目标是建立和谐社区，管理上以"一切因客户而改变"。为了实现和谐社区，在西安华远·海蓝城的管理上，圣瑞物业积极推行阳光服务，践行"业权分配"制度，并遵照客户实际需求，分专业编制、培训和严格执行统一的服务标准和管理标准，清晰划分每个岗位的职责和操作规程。

圣瑞物业应用巡逻车、小米平衡车、洗地机等大量的高新设备提高服务效率，并通过设备设施二维码系统、用电计量远程监控系统、人脸影像识别系统等平台，实现对物业设施设备、消防、安防系统等的自动控制和集中管理，实现规模化、智能化经营模式，提高整体运营效率。

圣瑞物业积极利用相关互联网技术，整合社区周边衣、食、住、行等商业资源，为小区业主提供便捷的生活增值服务。业主可足不出户，即可轻松获取吃喝玩乐、家居、购物、生活缴费等信息，即可享受家庭私宴、家政保洁、家居备品、有机蔬菜配送、宠物关爱、慈善公益、无忧家装、营养餐供应、社区便利店、旅游产品推介等生活服务。

圣瑞物业在确保服务品质的前提下，倡导绿色经营，注重学习和采纳行业节能降耗的有效经验，关注新设备、新技术发展与应用，利用新技术新设备对硬件设施进行改造，采用新技术新硬件提高物业设备设施的运行效率，为业主的日常生活工作提供安全高效的运营保障。

> **🔗 链接：业权分配**
>
> 业权是指在房地产领域内，权利主体在法律规定的范围内，直接支配一定的物业，并排除他人干涉的民事权利。通俗地说，就是指在房地产开发里面的权利分配问题。
>
> 业权分配是当业主购买某项目单元后，可按份额与其他业主共同享有社区可经营的公共场所、楼顶及电梯间广告、人防工程、地面公共停车位等公共部分的全部收益（按政策规定归政府或其他部门的权益除外），全体业主可以在政策允许前提下，按约定方式共同决定公用部分的使用方式，共享公用部分产生的收益。
>
> 华远地产在若干地产项目中推行业权分配制度，实际上是以一位行业自律的先行者身份，通过孜孜不倦的研究创新，以自身利润合理化为代价，求得公平交易，让购房者放心购房。

4.3.8 节能：设计标准，体系完备

西安华远·海蓝城项目在节能方面严格执行国家相关节能设计标准，并重点考量和安排针对用水、暖通、用电及地下车库和节能管理方面的节能措施。

1. 建筑设计节能

严格按《严寒和寒冷地区居住建筑节能设计标准》JGJ 26—2018中的规定进行设计。建筑布局朝向尽量采用南北朝向。在具体选址时充分考虑地形地貌、风势、日照等因素，尽量争取日照，为太阳能利用创造有利条件。采用新型节能型墙体材料，采用气密性好的门窗，屋面设计良好的保温隔热层，门窗要有遮阳措施。

2. 节水措施

采用节水型工艺和设备，所有用水器具应满足《节水型生活用水器具》CJ/T 164—2014及《节水型产品通用技术条件》GB/T 18870—2011的要求，节水率不低于8%。提高水资源利用率，降低水源无效消耗。从控制冲洗水量和选用节水配件方面达到节水目的，供水系统采取防渗防漏措施，应尽最大可能减少跑、冒、滴、漏水现象，杜绝水量流失。

根据小区所在区域地形地貌特点，本项目雨水经小区雨水管道收集后进入小区雨水收集系统，处理后雨水满足城市杂用水标准后用于景观用水、道路清扫等。

3. 暖通节能措施

本项目运营期实行分时、分区、分栋、分户供暖，实现节能。集中采暖系统采用分室（户、区）温度调节、控制装置及分户计量装置。

4. 节电措施

正确设计供配电系统，选用节能配电产品，科学地运行管理，实现供配电及用电设备的经济运行。

电力配电设备尽量设置在负荷中心，缩短配电线路，以节省材料，并减少电能损耗。

照明设备采用半导体照明光源（LED光源），用节能电感镇流器和电子镇流器取代传统的高能耗电感镇流器。随室外天然光的变化分区、分组自动调节人工照明照度，利用各种导光和反光装置将天然光引入室内进行照明。公共楼道照明、楼梯间照明和室外景观照明等均采用智能照明控制系统。

5. 地下车库节能措施

车库用电独立计量，采用节能灯具；分区、分路设置照明系统，合理控制照明时间。

6. 节能管理措施

住宅水、电、燃气分户、分类计量与收费。建立健全能源监测、统计系统，对节能进行表彰。建筑设备节能管理方面，建立智能化管理系统，便于设备的清洗、维修、改造、更换，使之高效运营。

住宅窗户等设有遮阳措施。

4.4 西安华远·海蓝城美好居住之品质支持系统

西安华远·海蓝城的优秀品质来源于企业一贯的品质理念，也直接来源于企业一整套的品质支持系统。华远地产产品的品质支持系统由产品标准、华远供方协同平台和华远工程保证担保等构成，其目的是帮助实现优质的产品品质。

在项目实践中，华远总结和发展出了有利于产品品质化的"产品标准"，例如："精装9S"，它是基于华远地产多年开发经验之下总结、凝练、升华而来的适用于不同产品品类的全装修价值体系（图4-28）。

同时，企业秉着"多元合作，共赢未来"的长远发展理念，选择与优势资源强强联合，例如：选择优秀的建材供应商、施工企业和物业管理企业等，优胜劣汰，逐渐地建立了有利于产品品质实现的"工程保证担保"、华远供方协同平台系统等。

图4-28 华远"精装9S"体系图

4.4.1 华远产品标准

随着日益发展的市场经济,市场上涌现出越来越多的产品类型,为了保证产品效果及品质,需要建立自己的标准化体系和规范,这种标准的存在是产品恒久品质发展的保证,是行业成熟和规范化的象征。

华远地产根据积累多年的开发经验,并根据市场发展、客户需求,总结拟订自身高于国家、行业标准的详细产品标准。

具体来说,华远产品标准是以建筑形式为载体,进而通过研究人的行为方式、心理特征、文化背景、宗教信仰等对建筑形式影响的规律性而制定的标准;是根据产品的不同类型、档次、使用功能,从人性化的角度,对产品所涉及的各方面进行了详细的研究与分析,进而形成的标准;是将随着时代的变迁、行业的发展、科学技术的进步而不断调整改进,不断优化的标准;是代表华远地产真正产品实力的品质标准。

4.4.2 华远工程保证担保

工程保证担保是控制工程建设履约风险的一种国际惯例,在国外已有一百多年的历史。华远地产秉承创新精神，结合国外先进经验与国内房地产项目开发现状，将担保作为工程管理科学化、系统化、法制化的重要组成部分，使担保成为控制项目质量、进度、造价，提高产品信誉度和服务质量的一个重要手段。

华远地产推行"工程保证担保"，旨在通过完整的担保制度体系建立"信誉机制"，通过各合作伙伴和华远的优良合作，达到产品信誉好、品质高、客户满意的最终目标，创造客户、开发商、承包商、材料供应商多方"共赢"的局面。此外，通过担保的实施，鼓励信誉良好的承包商、材料设备商更好地合作履约，同时为信誉良好的企业提供更多的机会，降低双方的建设成本，逐渐形成整个华远的战略发展联盟体。

华远地产是我国首家将工程保证担保全面引入房地产项目的开发企业，自2001年华远地产二次创业开始，在集团领导的倡导下，公司逐渐建立了一整套工程保证担保制度体系，设立了投标、材料质量、工程款、履约、支付、监理、精装修等各个环节、多个方面的工程保证担保品种。

4.4.3 华远地产供方协同平台

供方协同平台是在供应链运作中，面向核心企业及其供应商构建的供应业务协作平台。它是利用供应商协同平台的信息实时分享、业务数据传递的功能，实现供应与生产的高度配合，对企业管理供应商、提高企业与供应商的作业效率、降低成本等，都有明显的效果。同时，通过供应商与企业建立伙伴关系，针对生产和市场的变化，敏捷应对、随需而动，构建企业具有竞争力的供应链体系。

华远地产建立供方协同平台后，通过"招标公告""中标公告""招募公告"等形式选择供应商，然后通过定期的"合作伙伴评价"，确定"战略供应商"和"品牌库"，控制工程项目的质量、进度、造价等目标，并最终实现产品的品质化。

4.5 西安华远·海蓝城美好居住之品质升华——华远Hi平台

4.5.1 华远Hi平台简介

"Hi平台"是什么？华远地产董事总经理李然认为，就是"让美好发生"。"Hi平台"成立于2016年10月，是在物业公司之外，由开发商独立建设，具有创新性的，全国最早的

图4-29 融入"华远Hi平台"理念的华远地产标识

为业主服务的平台之一,旨在为业主创造美好社区生活,提升社区生活体验,拉近邻里关系,营造社区温暖氛围,完善最后100m的服务(图4-29)。

华远地产一直坚持产品与服务的双轮驱动,力求实现产品标准化与服务品牌化,"Hi平台"便是驱动之一。不断丰富社区服务内容,秉承"尊重、参与、共建、分享"价值观,持续提升社区服务及运营能力,持续提高产品品牌美誉度,是"Hi平台"成立的初衷。

华远地产在原有住宅产品"全寿命周期"触点服务基础上,再通过"Hi平台"实现社区服务与运营,持续提升华远地产服务能力,创建相识相知、睦邻友好的生活氛围,为广大业主"构建美好生活"。

链接:《华远Hi邻里公约》与《华远家·家训》

《华远Hi邻里公约》

邻居见面,主动问好,与邻相悦;

我们乐于参加社区的公共、公益活动;

在社区公共场合,我们放低谈话音量、手机音量;

清晨和夜晚,我们降低音响音量,照顾需要安静的邻居;

进行广场舞、篮球等文体活动时,我们不影响其他邻居的作息;

我们呵护孩子的自尊,公共场所避免责罚;

孩子之间发生冲突,我们首先教导自家孩子;

我们使用牵引带遛狗,自觉清理宠物粪便;

不带宠物进入公共室内场所,给攻击性宠物戴上口罩;

当邻居因房屋维修需要配合时,我们乐于支持和帮助;

拾获邻居丢失的物品,我们愿主动寻找失主并妥善归还;

我们不往窗外抛洒物品,晾晒防止掉落,浇灌防止滴水;

短途出行,我们使用自行车、公交车等绿色交通工具;

电动车停车后,我们将车辆防盗装置调整到静音状态;

社区内我们低速行车,主动礼让行人,夜晚不开远光灯;

开车进入社区，我们不按喇叭，开车窗时调低音响音量；

我们在指定位置停放车辆，不跨线压线，不妨碍正常交通；

婚丧乔迁等传统风俗不妨碍正常社区秩序；

逢年过节，我们在指定地点燃放烟花爆竹，平时燃放征得管理人员同意；

我们在乘车、购物时依次排队；

购物时，我们提倡使用环保袋；

家中的闲置物品，我们愿在社区跳蚤市场交易或慈善捐赠；

保持园区、运动场、广场等公共场所的环境整洁，人过地净。

《华远家·家训》如图4-30所示。

图4-30　华远家·家训

4.5.2　华远Hi平台的缘起

以"责任地产"为使命的华远人，誓不做"卖完房就消失"的开发商，始终在思考"责任"的内涵。他们逐渐认识到："使人住有所居是责任，使人住有所安、住有所乐也是责任，而且是当代地产人不可推卸的历史性责任。卖房前，地产人应该关心人；卖房后，地产人更应该关心人，与人打成一片。"于是，"华远Hi平台"概念萌芽了。

2016年，"自由落户"政策为西安这座城市注入了新的活力，但逐日上涨的房价，让越来越多有购房需求的西安人陷入买房焦虑，乃至于不断降低购房要求，放弃对于"品质生活"的追求，只为获得一个栖居之地。在这样的市场环境下，某些开发商甚至产生了"房子不愁卖""一切从简"的心理，并降低住宅的品质建设投入。与此同时，在"自由落户"政策背景下，不同地域、不同职业、不同文化、不同爱好、没有共同语言的人聚集在了一起，给城市化进程带来了新的问题：如何重塑美好的邻里关系？

华远地产始终坚持"责任地产，品质建筑"的初心，不仅为数十万西安华远业主提供了有品质的居住房屋，还努力为大家营造温馨美好、团结友爱的社区邻里关系。

在营造美好的社区邻里关系方面，华远地产这方面的工作是从"运营社群"开始的。"运营社群"是开发商为业主提供的，除了优质物业服务以外的"其他售后服务"。

追本溯源，最初的"运营社群"，通常依托于优美的自然环境，例如"阿那亚"房地产项目，蓝天、大海、沙滩背景

图4-31 "阿那亚"房地产项目的环境

下的礼堂，诗情画意（图4-31）。因此，早期"运营社群"通常是对得天独厚自然优势的开发利用。而对大城市中的大型房地产项目，"运营社群"依托的则是"人群"，更具人的优势和现实意义。从这个角度来看，华远Hi平台就是基于城市社群运营的早期实践案例。

2016年，西安华远海蓝城开始着手打造一支专注于社群运营的团队（H·O），并于2016年10月，在西安华远海蓝城项目成立了"西安华远客户服务平台"。通过社群运营不断提升服务质量，复兴城市文化，延伸家的温暖，为业主提供全方位关怀。其中海蓝城五期是"华远Hi宝贝理念"的最早实践基地，得到了业主及同行的认可。然而此时的华远地产，并未预知到这个服务平台的走向，会是朝着"美好"的方向一路前行。

"西安华远客户服务平台"就这样以"服务"的角色，开始进入华远业主们的生活，人们也渐渐对之有所耳闻。在该平台的引领和运营下，热爱生活、热爱文艺，有着较高文化艺术修养的业主积极主动地参与到了缤纷多彩的社群生活之中，于是平台社群逐渐地壮大与出名。

2017年3月，"西安华远客户服务平台"更名为"华远Hi平台"，华远Hi平台社群运营开始进入更加成熟体系化的阶段。其中，字母"H"代表华远，字母"i"代表我。"Hi"既是打招呼，亦代表邻里之间的友好，同时也是"嗨"起来的"Hi"，旨在让社区居民共同进入积极向上、健康和谐的生活状态，提升社区生活体验，拉近邻里关系，营造温馨的社区氛围，让每一位业主都能参与到社区建设与社区生活当中。

2018年9月，在西安实践成功之后，"华远Hi平台"正式升级并确定为华远地产的服务品牌，并向全国推广，正式开启了华远地产"产品与服务共进"的征程。

4.5.3 华远Hi平台子品牌

华远关注业主需求、真诚服务、敢于创新，最终形成了极具品牌效应的"华远Hi

平台"。2016年10月正式问世的"西安华远客户服务平台"是1.0版本的"华远Hi平台";2017年3月正式发布"华远Hi平台",则是2.0版本的"华远Hi平台"。正式发布"华远Hi平台"后,华远Hi平台的社群,根据用户的年龄段划分需求,形成了旗下3大子品牌——Hi爸妈、Hi青年、Hi宝贝。

不同年龄段有不同圈子和需求,匹配不同的资源和配套。如Hi宝贝品牌中,创立四点半学堂,与外部品牌合作,外联内生,更好地服务业主和孩子;Hi青年品牌中,洋溢青春的活力,追求自由,专注于运动、音乐、潮流等的文化活动的引导,为社群增加无穷的活力;Hi爸妈品牌中,根据老人需求,细化社群分类,花漾舞蹈艺术团、合唱团、上善太极社群等社群团体外,为中老年创造建立新邻里关系的平台与机会,为中老年创造更多走出社区表演的机会等。

4.5.4 华远Hi平台的"小助手"

"华远小金砖,哪里需要哪里搬",一句座右铭道出了"小助手"的日常,谁家的小狗走丢了;春晚节目开始报名了;明天又要限号了;社群即将招募了……琐碎的是生活,幸福也恰是这样的生活。"小助手"关注着身边优秀善良的邻里家人,邻里家人也在"小助手"的帮助之下感知生活的温度。

这个"小助手"就是"华远社区小助手",一个从未露过面,但在社区妇孺皆知,一个帮助无数社区居民找回了自己遗失的东西,用一己之力助力西安华远Hi平台推进新邻里关系共创的"神秘网红"(图4-32)。

华远Hi平台成立之初,希望通过最直接、快速、有效的方式了解业主生活需求,让华远家人们通过手机可一键寻求帮助,了解社区动态、解决生活大小事件。正是这种简单而真诚的出发点与操作途径,"华远Hi平台小助手"微信号上线之后,给予了华远邻里家人最细微的幸福体验,每天数百条信息的接收与回复,让"小助手"目不暇接却也硕果累累。

在华远地产与Hi平台美好理念的引领之下,一系列社群活动、社区建设、社会公益在社区以及城市内外铺展开来,"小助手"参与其中,不断汲取其中的成果与养分,衍生"Hi有真实生活"的社区运营观,进而将Hi平台对美好生活场景的勾勒

图4-32 华远Hi平台的价值观、内涵和子品牌

延伸至每个家庭、每个家人身边。

"小助手"在IP之路上砥砺耕耘,见证着华远Hi平台对美好人居的倾心付诸。2018年,Hi平台完成了从社区服务平台到企业服务品牌的进阶,"小助手"以及合唱团、花漾舞蹈团、悦跑团、中老年大学等一大批明星社群,帮助其吸引了大量忠实"粉丝",形成了客户黏性,在更为紧密地联系开发商与业主的同时,为华远地产建立了一个极具认可度和服务品牌的IP

图4-33 华远地产荣获诚信企业殊荣

形象,从而成功助力华远大品牌传播及发展。2019年,第四届"诚信北京"315晚会上,华远地产凭借长久以来的守信重诺与诚信经营,荣获诚信企业殊荣(图4-33)。5月20日,北京电视台黄金档栏目《诚信北京》在315晚会后,围绕"诚信经营"的策划栏目专题,以《说到做到的小助手》为主题,走进西安华远海蓝城社区进行实景拍摄,讲述诚信背后的故事。

4.5.5 华远Hi平台"共创中国新邻里关系"

1.邻里关系的相关概念和基本理论

(1)邻里

"邻里"一般指邻居、同乡或家庭居所。地理学中,是指城市社会的基本单位,是相同社会特征的人群的汇集,个人交往的大部分内容都在邻里内进行,这种交往只需步行即可完成,其形式以面对面接触为主。

邻里主要具有相互支持的功能和社会化的功能,有时邻里还具有社会控制的功能。相互支持功能,主要指在小范围区域内提供合理的相互保护和相互帮助,使邻里间有安全感和信任感,在生活中互通有无,共同解决生活难题等。社会化功能,指邻里提供一套价值观与规范体系,并以此教化邻里中的居民和儿童;邻里还为居民提供多方面的社会交往,是居民与外界社区交往的媒介。邻里的社会控制功能,通过有关活动与规范约束居民的行为,调整居民的关系,维持社区的一致性。

邻里的结构、规范与活动,受所在社区的制约。较大社区一般只把限制置于邻里群体可能接受的范围内。如限制超过接受范围,会引起邻里的反对。社区作为一个较大的体系,应对各方面的利益加以调节,理顺区内各邻里之间的关系。

邻里互动与亲戚、朋友之间的互动有显著差别。亲戚之间的互动，基于社会的亲属制度和相互认同的传统规范。朋友之间的互动，依靠个人之间相互确认的契约或承诺。邻里之间的互动，首先需要有左邻右舍的地缘条件，其次基于地方性的共同承认的文化规范。在农村的邻里互动，还带有血缘关系。随着工业化与都市化的发展，邻里的内涵、构成与互动、凝聚力等都在发生变化。例如，邻里内的人群可能关系不密切，而不住在近邻的人们，可借助通信与交通设施而加强联系。

邻里的行动体系由要素群体与夹缝群体相联系而构成。要素群体指家户或与家户相符的核心家庭。夹缝群体有如下两类：一是志愿群体，如儿童游戏群、主妇相约活动群等。二是形式化的群体，如中国居民委员会或村民委员会下属的居民小组与村民小组。

邻里行动的主要根据是认同的一套义务。个人自愿承担或占有邻居的角色。邻里关系超越了家庭关系。家庭是一个封闭的排他性群体。邻里则是一个目标明确，欢迎参与的开放型群体。

（2）邻里关系

邻里关系，即邻里间的人际关系。

人际关系就是人们在生产或生活活动过程中所建立的一种社会关系（社会学），是人们在交往中心理上的直接关系或距离，它反映了个人寻求满足其社会需求的心理状态（心理学）。

人际关系按性质，可分为好的人际关系和坏的人际关系。其中好的人际关系是指协调、友好、亲密等的人际关系；坏的人际关系是指不协调、紧张、对立等的人际关系。另外，人际关系按其倾向，可分为主动的人际关系和被动的人际关系。

人际关系的目标是追求和建立幸福人生、和谐组织、安定社会与世界大同等。人和环境相互互动，因环境改变，人际关系也会产生改变，因此人际关系的状况会受环境影响。

2．华远Hi平台"共创中国新邻里关系"

（1）时代背景下中国重塑邻里关系的需求

在中国几十年的城市化进程及房改政策的大环境下，城市中的小区，往往居住着来自五湖四海的不同地域的人群。从陌生人到有一定情感联系的邻里，这是人们在迁移的新环境下，落地生根的过程，也是邻里人际关系重塑的一个过程。如前所述，城市化进程中存在不足，我们急需重塑美好的邻里关系。

一般情况下，社区中的人们是通过相对被动的方式来结识彼此。例如：上下楼邻居因为渗漏问题而建立联系；通过共同使用公共空间而结识彼此等。这样被动形成的邻里关系，往往并不是好的邻里关系。

为了形成美好的邻里关系，通常采用主动的方式来建立人际关系。例如：依靠德行兼备的领袖人物，打破陌生的邻里关系；通过物业、社区等构建人际沟通空间、方式、渠道等，实现美好邻里关系等。

（2）华远Hi平台以"社群运营"共创中国新邻里关系

华远Hi平台以企业之力，以"趣、缘"发出邀请，创新采用"社群运营"方式，与业主、社会力量等一起，实践"共创中国新邻里关系"，实现了美好的邻里关系。

成立基于共同兴趣爱好的社群，是建立新邻里关系较好的方式。以华远悦跑团为例：加入悦跑团之前，业主之间互相并不认识，悦跑团成员通过每日晨跑打卡、周末桃花潭跑步打卡和共同参加马拉松（杨凌马拉松、厦门马拉松、兰州马拉松、郑州马拉松、北京马拉松等）等活动，逐渐相知相熟，并建立了良好的邻里关系和亲密的友谊（图4-34）。

华远Hi平台成立之时，由Hi平台通过各种方式，发起成立了合唱团、花漾舞蹈团、悦跑团、篮球俱乐部等第一批业主社群，参与人全部为业主，由Hi平台带领业主举行活动，给予支持，鼓励业主进行日

图4-34　华远悦跑团

图4-35　华远合唱团和华远足球俱乐部

常训练，积极参与外部活动与社区活动。业主通过社群活动，逐步建立起较好的邻里关系。在第一批社群取得较好的效果之后，Hi平台又发起成立了布衣书舍读书会、小视界摄影旅行社群、小食光美食社群、陪你长大亲子俱乐部、橘梅象棋社、足球俱乐部、乒乓球俱乐部、美好志愿者社群等第二批社群，并陆续有越来越多的业主加入。随着社群在邻里关系共创中起到越来越积极的推动作用，第三批社群，如骑者无疆骑行俱乐部、宠物社群、邻里趣游社群等，也陆续成立（图4-35）。

Hi平台自2016年成立以来，每年举办业主春晚。通过公众号宣传、楼宇海报、社群宣传等方式，号召业主报名参加节目海选，周边社区也有许多闻风前来报名参与的居民。演

图4-36 华远春晚

员业主通过节目准备、排练、海选、彩排、登台表演一系列过程，逐步培养了邻里感情。广大的业主观众，更通过参与春晚海选、观看春晚表演、参与入场券公益捐助等方式，加强了对于华远社区大家庭的认同感与凝聚力。春晚不仅为业主创造了展示的舞台，更为业主提供了邻里交流的平台（图4-36）。

2017年中秋节，Hi平台举办了第一届华远业主中秋邻里长街宴。宴会上，业主们带着自家做的拿手菜，一起观看业主们自编自演的晚会节目，邻里间其乐融融。宴会现场的服务由业主志愿者团队提供。秉承远亲不如近邻的"社区家文化"理念，中秋长街宴自2017年至今已举办三届，每届参与业主300余位，现场的菜品全部由业主自己烹制，节目也做到自导自演，完完全全是一场业主自治的盛会。

西安华远Hi平台还筹办了"花漾学苑"华远社区老年大学。老年大学的初衷，源于社区有一些老年业主，退休后有了空闲时间，想上老年大学。但是，因老年大学距离比较远，所以2018年Hi平台组织了一些有特长的业主，在海蓝城比邻生活馆成立了老年大学，课程有舞蹈、声乐、书法、绘画、瑜伽等。至今，老年业主学员逾200人次。"花漾学苑"为社区的老人提供了一个老有所乐的学习环境，也为邻里关系的打造创造了优质的环境与条件（图4-37）。

图4-37 "花漾学苑"

华远Hi平台通过定期的业主茶话会、业主恳谈会、公众号建言献策窗口，为业主创造共同交流的平台条件。业主也通过这些沟通交流方式，建立了新型的、美好的邻里关系（图4-38）。

4.5.6 华远Hi平台三大维度构筑业主美好生活

华远Hi平台最初是以"运营社群"一维的角度呈现于世，但自诞生发展至今，华远Hi平台已成为华远与业主共同构建的全新服务体系，在空间、资源、社群三大维度上同时进行精细化运营，逐渐深化和引导人们的社区观念、友邻观念以及美好生活观念，共同构筑业主美好生活。

1．空间维度：有限的空间，创造无限的美好

华远聚焦社区业主活动空间缺乏的痛点，在全国范围内，各房地产项目以Hi平台共享空间为载体，构建一整套配套服务体系。

房地产项目空间有限，表面来看确实是创造社群文化的一大阻碍，但华远Hi平台却没有为此退缩，而是选择倾其所有，在有限的空间里，为业主的社区生活创造无限美好。华远社群运营者根据华远地产自身的品牌气质与业主的需求，打造出一系列社群运营所需的硬件设施，例如：兼具先锋前卫艺术感的Hi+共享美学空间、散发着年轻时尚气息的Feeling篮球场、提升大家生活品质的比邻生活馆等。人们可

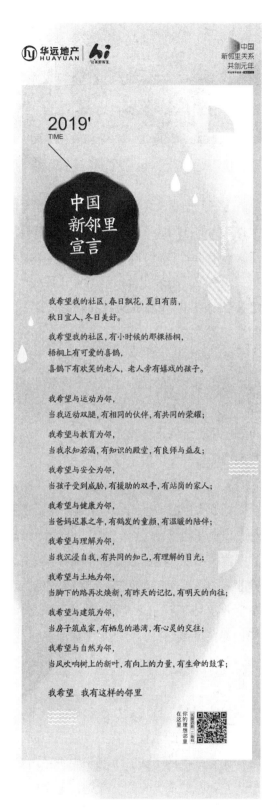

图4-38 华远Hi平台的"中国新邻里宣言"

图4-39　Hi+共享美学空间、比邻生活馆、篮球场

以在这些空间里快乐的学习、观影、体育运动等。一个个小而美、温暖的空间；一个个越来越壮大的社团队伍，为这个高压快节奏世界输送了无尽的人文关怀和美好，为更多的人送来一个和谐幸福、欢乐无限的家园（图4-39）。

2019年，华远在全国范围各项目启动"社群空间建设计划"，通过基础空间的打造，将社区中的业主真实地连接在一起，让华远邻里从陌生到熟悉，有温暖、有分享、有共同的美好生活。

2．资源维度：整合多元资源，提升生活品质

资源维度方面，华远充分发挥开发商的力量、展现Hi平台优势，汇聚并整合艺术、教育、商业等多方优质资源，打造了Hi宝贝、Hi青年、Hi爸妈三大子品牌，并通过引进共享单车停靠点、深夜食堂、共享办公空间等公建设施，不断提升业主的生活品质，让业主在社区内即可享受缤纷生活（图4-40）。

3．社群维度：平台灵魂，业主自治

社群维度方面，围绕业主缤纷生活所展开的社群运营则是Hi平台的灵魂所在。华远Hi平台以业主为活动主体，成立花漾舞蹈团、合唱团、篮球俱乐部、悦跑团、"陪你长大"亲子群、小视界摄影旅行群等60多个业主大社群，各类丰富社群活动的开展，也在不断提升业主的幸福度和满意度。特别是连续三年举办的西安最大规模社区春晚，已然成为西安华远业主每年不可或缺的重头戏。未来，华远将在更多城市，打造更多属于业主的舞台，形成属于华远Hi平台标志性的文化符号。

与此同时，自华远Hi平台成立以来，一直最大限度给予社群自由发展的空间，不拘泥它开展的形式，不赋予它神圣的概念。它存在的最大意义，就是让业主感受到社区生活的美好。Hi平台社群板块由业

图4-40　华远Hi平台主办首届重庆野草音乐节

主深度参与,并逐渐形成"业主自治"。如今,各社群组织相继进入了业主自主自治的"自运营"阶段,业主身份的"团长"们在其中发挥着巨大的作用。

华远Hi平台社群之所以能够快速地发展壮大,与业主的积极参与、积极配合有着非常重要的关系。社群积极分子不仅是社团成员,更是业主代表。因此,华远Hi平台社群的发展"融合了小家为大家",让业主从小家走进社团,再从社团走向社区,全面地提升了邻里关系。在这个发展过程中,各社团成员起到了非常关键的作用。他们除了参与自己的社团活动,还经常参与华远Hi平台举办的各类大小活动。大家的热情,是构建社区美好生活雏形的关键。

4.5.7 华远Hi平台走向全国

自2016年10月诞生以来,华远地产通过Hi平台突破社群、社区的局限,让社区和城市有效链接,让业主通过平台实践更多梦想,Hi平台也成为华远业主实现自我价值的外部催化剂。

2019年,华远Hi平台再次站上了新的起跑线(图4-41):

(1)在北京和涿州,华远Hi平台"链接城市美好";

(2)在天津,华远Hi平台"Hi哏儿都悦生活";

(3)在西安,华远Hi平台"Hi有真实生活";

(4)在长沙,华远Hi平台"潮玩生活,际享无限";

(5)在重庆,华远Hi平台"与城市共创";

(6)在广州和佛山,华远Hi平台"美好生活共同体";

(7)在银川,华远Hi平台"共鸣城市美好"……

未来,华远Hi平台还将完成Hi宝贝、Hi爸妈品牌的场景落地,实现社群品牌化,进一步深化邻里空间、打造精品社群,结合区域文化、产品特性为华远全国业主带来定制化的增值服务(图4-42)。

图4-41 华远Hi平台走向全国

截至2019年11月，华远地产已在全国范围内的10座城市、30余个华远社区进行了Hi平台的打造，已发展成熟社群100多个，社区特色空间14座，引入教育、商业、医疗、艺术、餐饮等多类资源百余家。

坚持凝聚力量，热爱带来温度。已经成为国内社区服务新品牌IP的华远Hi平台，将伴随华远地产永不停歇的奋进之路，为全国广大业主营造更加温馨有爱的生活，让美好持续发生。

图4-42 吉祥物"Hi宝"

4.6 案例总结

1. 美好居住的需要，包括住有所居、住有所安、住有所乐等构建的需求目标体系。"美好居住需求"是一种趋势，未来此类需求的新趋势可能主要体现在：绿色化环境的需求、智能化技术的需求、精品化需求、人文化的配套需求等方面。

2. 西安华远·海蓝城美好居住的实现，是复杂系统共同作用的结果。这个系统包括区位、规划、建筑、户型、园林、配套、物业管理、节能体系和华远Hi平台等9个方面的内容。

3. 西安华远·海蓝城的优秀品质来源于企业一贯的品质理念，也直接来源于企业一整套的品质支持系统。华远地产产品的品质支持系统由产品标准、华远供方协同平台和华远工程保证担保等构成，其目的是帮助实现优质的产品品质。

4. 华远Hi平台是在物业公司之外，由华远地产独立建设，具有创新性的，全国最早的为业主服务的平台之一，旨在为业主创造美好社区生活，通过空间、资源、社群三大维度精细化运营，提升社区生活体验，共创中国新邻里关系，营造社区温暖氛围，完善最后100m的服务。

思考题

1. 未来的"美好居住需求"可能有哪些？
2. 结合西安华远·海蓝城案例，一个住宅房地产项目的品质由哪些方面构成？
3. 新城市主义的主张和原则有哪些？
4. 结合西安华远·海蓝城案例，"华远Hi平台"有哪些作用？

- 第三篇 -
筑园

泰禾大院

旭辉铂悦·澜庭

不论是植根大院的中式文化

还是山水文化的经典融合

都是建立在对中国传统文化的深刻理解之上

创造性地从供给端发力驱动居住品质升维

打造一座座兼具居住、生活和梦想为一体的乐园、美园

5 泰禾大院系产品：
中国城市精品住宅的升维

设计梦想城市易，但构建一种生活需要想象力。

——简·雅各布斯

> **案例导读**
>
> 　　城市，是承载人们居住、生活和梦想的物质载体，一座有魅力的城市，不应该只有供人居住的简单建筑，还应该具备满足人们精神需求的精品住宅。通过规划设计、园林景观和室内精装等多维度产品因子，引发一系列持续催化过程，构筑超越于一般住宅之上的更高价值坐标，形成匹配个体生活场景、满足多维物质精神需求的城市精品住宅，是许多房地产企业努力追求的方向。
>
> 　　泰禾大院系产品，以其内在的产品品质和外在的文化气韵，构建了一条升维城市精品住宅的路线图。其系统整合住宅产品的先天价值、后天价值和附加价值，以得天独厚的地段、精心的规划设计、优质的选材与建造、厚重的文化底蕴以及全生命周期附加服务加持，从内在到外，从硬实体到软服务，形成了一个匹配中国家庭生活需求，回应中国人居住文化诉求的居住系统，其契合了我国当前以及未来精品住宅的演化趋向，是一个研究中国城市精品住宅的绝佳案例。

5.1 新时代中国城市精品住宅的发展现状与趋势

5.1.1 中国城市人居需求的演化

中华人民共和国成立后,我国经济快速发展,城市建设日新月异。短短70余年,我国城镇住房水平明显提高,城乡居民的住房需求与居住理念也随之发生了翻天覆地的变化,从黄土木板到钢筋水泥,从平房到楼房,从简单居住到品质居住需求,无不体现出人们对美好生活的向往。

伴随着城市发展的轨迹和经济社会的进步,我国城镇人居需求经历了从"无"到"忧",从"忧"到"有",从"有"到"优"的发展历程,基本可归纳为四个时期,分别是沉寂期(1949—1978年)、起步期(1978—1998年)、稳步发展期(1998—2003年)、快速发展期(2003年至今)(图5-1)。

习总书记明确指出:"中国特色社会主义进入新时代,我国社会主要矛盾已经转化为人民日益增长的美好生活需要和不平衡不充分的发展之间的矛盾"。新时代,随着人们物质生活的极大改善,美好生活需求的范围将进一步扩大,质量进一步提高,满足人们日益增长的居住需要成为美好生活不可或缺的重要组成部分。

过去人们购买住房是物质需求,随着消费者的收入水平不断提高,消费结构不断升级,消费者需求不断提高。从传统消费转向新兴消费,从商品消费转向服务消费,消费需求逐步由模仿型、同质化、单一化向差异化、个性化、多元化升级。为达到美好生活的需

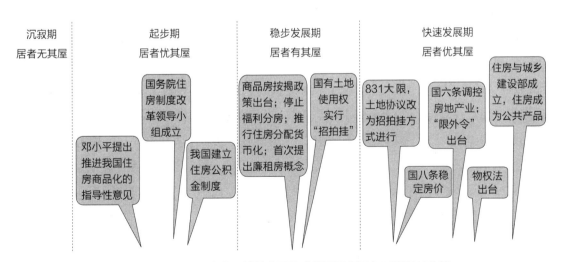

图5-1 1949年以来中国城镇人居需求发展历程及各时期相关政策

要，人们不断追求精神需要，更加倾向于购买文化底蕴高、智能化高和服务水平高的新型住宅，以达到对艺术、文化、科技、生态等多方面需求。

精神需求的最高层面便是文化需求，建筑物不应该仅仅只停留在钢筋混凝土建造阶段，只有对文化价值进行了深刻的挖掘并融入现代建筑中，消费者内心才能够真正得到解放和享受，现代建筑只有"以人为本"的进步，才能真正渗透未来消费者的心理，才能真正满足消费者的美好生活需要，才能在历史长河中长盛不衰（图5-2）。

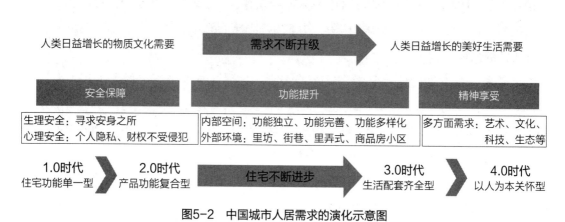

图5-2　中国城市人居需求的演化示意图

5.1.2　现阶段中国城市精品住宅产品的特征

随着住房消费者对于美好生活需求的日益增长，城市精品住宅产品应运而生，其特征主要体现在以下几个方面：

1. 规划与空间设计精细化

随着科技元素与纷繁多元文化的不断融入，住宅就不再仅仅是可置身其中的简单容器，它更承载了人们对物质生活和精神世界的不断追求，这种追求反映在实体层面就是住宅的空间形态。由于不同客户群体的需求侧重点和个体标准不相同，因此需要在住宅产品规划与空间设计过程中摆脱过去"千篇一律"的普适化模式，为目标人群打造专属产品、规划、户型和流线等，从而更贴合特定人群需求的生活方式。城市精品住宅规划与空间设计的精细化体现在"以人为本"的设计逻辑，即以目标人群自身的生活场景为基础，结合其文化品位等精神层面的诉求，系统整合各类资源，从而构建一个完整的建筑、景观、设施与人的交互状态，注重设计精细化、功能理智化和关怀细致化，真正做到回归居住和人文的本质。

2. 园林景观打造场景化

住宅不应只是一栋建筑，也是一方诗意栖息地，让居者沉浸其中，尽享美好生活，如今园林景观设计不再是简单的观赏和遮蔽功能，它已逐渐成为居住生活与心灵空间的重要延伸。作为城市精品住宅的重要支撑要素，园林景观的打造注重业主家庭的真实使用，通过合理分区设置不同年龄不同成员的园林活动空间，满足运动、娱乐、休闲、交流的多元化户外需求。同时在园林风格上更具有主题性，在核心景观上突出差异化和观赏性，让标志性奇景成为项目的独有"标签"。其对于园林景观的场景化打造便于客户的身份自我识别和定位，不同场景主题也能够较大程度增强体验感，使人们享受居住品质化，满足居住者独有的生活归属。

3. 室内精装摆陈艺术化

室内精装摆陈是与业主感官直接交互的住宅构成要素，城市精品住宅的精装风格不再纯粹化、绝对化。过去一味的欧式古典和国际极简装修风格逐渐减少，现代中式或新古典风格日渐增多。风格中艺术感逐渐渗透，文化要素，特别是本土文化要素大量浮现，而风格也不再是一味模仿复制，在很多精品住宅产品中体现了浓重的原创精神。另一方面，定制化、个性化也逐渐出现在一部分城市精品住宅的室内精装中，改变了过去住宅内装"归一化"的产品形态。为增强室内精装摆陈的品位，一些企业也引入相关的艺术机构实现"跨界"的合作，这些努力都旨在将匠心匠意和审美情趣融入城市精品住宅的室内精装之中，于细节处感受精致生活，用生活环境中的品质感提升陶冶居住者的审美情操。

4. 智能家居配置人性化

随着信息科技的发展，人居环境中有越来越多的场景能被科技"赋能"，逐渐发展为有着丰富功能的智能家居系统。相对于传统住宅的"散点式"应用，城市精品住宅智能家居的配置更加人性化和系统化，即城市精品住宅更加注重科技与生活场景的合理融入，通过智能家居的人性化配置，如离家一键实现灯光电器设备全部关闭、安防自动启动和居家办公等，真正做到智能家居的万物互联，节约时间和精力，能够使得业主更从容享受居家生活。

尽管在现行环境下，城市精品住宅具有以上四个特征，但对于不同企业开发的不同产品，应在某个或者某几个方面稍有侧重，才能凸显其独特的魅力。

5.1.3 房地产产品逻辑及城市精品住宅产品的价值体系

房地产企业在开发特定产品前，首先会充分考查市场状态和未来发展趋势，并调查客户需求和相应宗地的现有条件，将市场发展和客户需求与公司发展理念和战略相结合，准

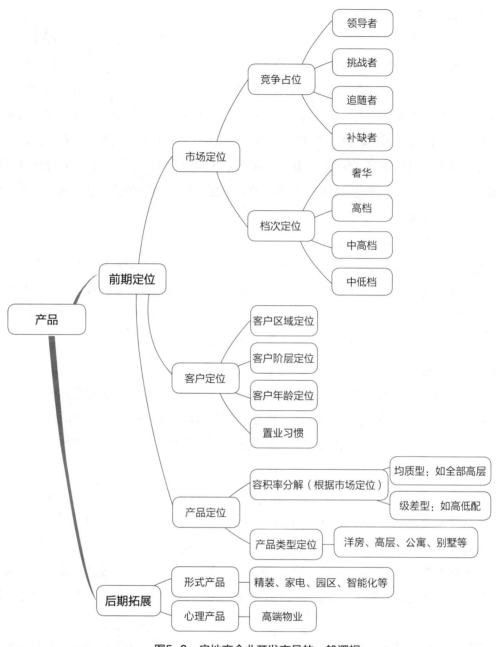

图5-3 房地产企业开发产品的一般逻辑

确定位后打造符合市场的产品线。企业产品通常的开发逻辑如图5-3所示。

可以看出,产品定位分为前期定位和后期拓展两个部分,前期通过市场分析、客户定位来确定产品类型定位,后期通过精装、家电、园林景观、智能化和物业等产品要素进一步加大企业竞争力。基于不同的开发策略,不同企业有相异的产品逻辑,进而在相应的产品定位方面也存在显著的差异。

通常而言目前存在两类迥异的产品逻辑,即"高周转模式"和"高价值模式"。前者通过快速地拿地、建房、销售,整个过程力求快捷,以低价的模式最快速地去化从而实现资金的快速周转,产品定位与打造,服务与项目运营;后者注重研究客户心理,最大程度地达到客户的精神需求,即对细节比较考究,注重产品品质和服务质量,围绕需求,项目运营围绕产品定位与打造,成本相对较高,附加值也相对较高。通常,这两种模式会同时存在于同一企业,甚至存在于同一项目中。而城市精品则属于"高价值模式"。

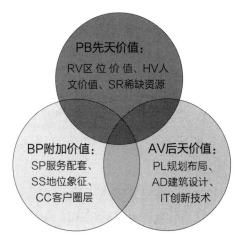

图5-4 精品住宅产品价值体系

城市精品住宅肩负着引领城市全新居住理念的重要责任,其不仅能满足更为舒适便捷的居住需求,还必须能为客户提供更多人文、圈层、个人感受上的软性服务,其产品品质不仅包括楼盘地理区位、周边配套、设计、建筑、环境配套、物业服务、持续的业主关怀,还包括社区文化建设等多方面。因此城市精品住宅产品价值由多种要素共同支撑,一个好的精品住宅项目依赖于一个完整的价值体系,如图5-4所示。城市精品住宅通常通过配备充足的资金,获取最优质的地段,使产品拥有不可替代的区位价值和各类稀缺资源以及一定的区域人文资源,以此形成产品的先天价值(PB)。在产品硬实力上,系统整合良好的规划布局与建筑设计,打造具有鲜明文化特色和良好功能布局的住宅产品,同时引入一定的创新技术,打造与生活场景紧密融合的智能家居应用场景,以此形成产品的后天价值(AV)。在运营管理阶段提供高品质的物业管理服务,提供完整且高质的生活配套体系,形成和谐向上的社区文化,构建匹配产品品质的客户圈层,进一步强化产品的品质依托,以此形成产品的附加价值(BP)。

5.2 泰禾"大院系"简介

5.2.1 泰禾集团对城市精品住宅的探索

泰禾集团(以下简称"泰禾")是一家在地产、金融、文化等领域多元发展的大型知名上市公司（股票代码000732），公司总部位于福建省福州市。泰禾始创于1996年，2003年将主战场从福州移往北京，2009年泰禾在北京的第一个TOP产品项目"运河岸上的院子"亮相，2010年成功上市，正式进军中国证券主板市场，实现多元经营。2016年合资设立泰禾影视，2017年，泰禾集结自身在地产、金融、教育、医养、文化、旅游等领域优势，推出"泰禾+"战略，以"高品质产品+配套+附加值服务"的全生命周期服务，赋予业主更多的权益附加值。目前泰禾地产已布局30城，拥有90+项目，形成了行业规模（图5-5）。

作为一家以"为当地创造作品，为时代奉献精品"为发展理念的房地产企业，泰禾在城市精品住宅领域进行了不断的探索。区别于普通的城市TOP类产品，泰禾对于住宅产品所蕴含的文化气质进行了深入研究，逐渐形成了"文化筑居中国"的品牌理念，将落脚点置于中式古典建筑之上，充分汲取了中国家族礼序的院落居住理念，融合传统街巷生活情趣，将新中式风格和精工品质深刻烙印于产品之中，最终形成了"院子系"这一产品IP，并将其内化成为泰禾品牌文化的符号与标签。以"中国院子"为代表，"院子系"产品目前已布局23个城市，形成了全国范围的影响力，"谈中式建筑必谈泰禾"已成为行业共识。

泰禾的"院子系"产品顺应了住宅产品消费升级的趋势，赢得了市场及客户的青睐。北京丽春湖院子以55.3亿元的成绩，成为2017年度中国别墅市场、北京别墅市场和北京商品住宅市场"三冠王"，并占据中国别墅市场历年销冠首位；泰禾福州院子认购金额达25亿元，问鼎2017年度福州别墅市场销冠；泰禾厦门院子热销35亿元，连续第三年问鼎厦门

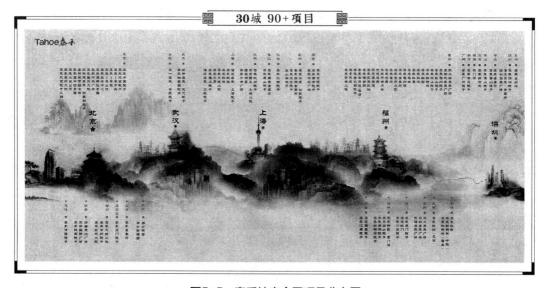

图5-5　泰禾地产全国项目分布图

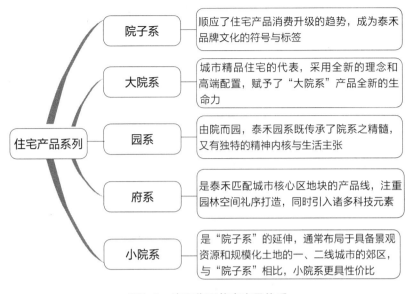

图5-6 泰禾集团住宅产品体系

别墅市场销冠,同时,其三年累计销售额破111亿元,问鼎福建省三年累计单盘销冠。此外,南昌院子、杭州院子、佛山院子等多个院子项目,均在当地创下多个销冠纪录。这都体现出"院子系"IP独特的价值内涵。

城市精品住宅并不是单一的市场格局,其也有较多的细分领域。面对不同的住宅需求谱系以及不同的消费群体,泰禾基于打造"院子系"产品所积累的丰富经验,针对不同的细分市场构建了以新中式为文化符号的产品体系,包含"大院系""园系""府系"及"小院系"等(图5-6)。

"大院系"是泰禾城市精品住宅产品的代表,其以"院子系"积累的经验为基石,从基址到规划,从园林到建筑,进行了创新与升华,并引入了先进的生态及智能化配置,以及完备而高端的的生活配套,从而赋予了"大院系"产品全新的生命力。

"园系"是一个以园林为载体的全新产品线,基于"院子系"所奠定的造园经验,由院而园,从国人的审美情趣、生活方式出发,将传统文化与诗情画境融会贯通,营制出人们心中"诗意的栖居地"。泰禾园系侧重于园林景观的打造,既传承了院系之精髓,又有独特的精神内核与生活主张。

"府系"是泰禾匹配城市核心区地块的产品线,其与"院子系"在园林景观、建筑形态等方面一脉相承,又有自身的创新与改变,其注重园林空间礼序打造,致力于筑造具有文化底蕴的中式高端住宅,同时也引入了诸多科技元素。

"小院系"是"院子系"的延伸,其通常布局于具备景观资源和规模化土地的一、二线城市郊区，在客群的选择上，"小院系"面向的是30~45岁的城市新中产人群。伴随二孩政策的开放，城市新中产人群普遍面临家庭升级的需求，面对这一庞大的改善浪潮，"小院系"做了诸多考量。在项目的整体规划上，大体量社区为业态细分提供了可能，打造出完备的社区配套。在产品的面积和尺度上，与"院子系"定位于高净值人群不同，"小院系"更具性价比，设计上更为紧凑，但齐备的功能足以满足新中产置业需求。

5.2.2 泰禾"大院系"产品的主要特点

在泰禾整个产品线中，2016年首次亮相的"大院系"产品具有重要的地位，泰禾"大院系"不仅是泰禾对城市精品住宅的新的探索，更是对中国生活方式新的定义。其吸纳了泰禾打造城市精品住宅的诸多经验，同时又面向未来、面向目标客群、面向建筑空间与生活空间的有机匹配，可以理解其是对城市精品住宅的升维，即城市精品住宅不再是"高端要素"的简单堆砌，而是将诸多要素合理、有序且完整地组合为一个匹配生活场景的系统，匹配业主从基本需求到精神享受的需求谱系。更难能可贵的是，大院系对于中国城市生活方式有着较好的回应，从业主生活的空间需求和场景需求出发，用空间、景观、设施等一一回应，为中国式的家庭生活提供了良好的空间载体。

泰禾"大院系"产品通常布局于城市核心地段，但其并非在"先天价值"基础上坐吃山空，而是更加重视挖掘"后天价值"和"附加价值"的巨大潜能，其特点主要体现在以下几个方面：

1．先天价值（PB）

位于城市核心地段，匹配良好的城市配套资源。作为典型的城市精品住宅，其不仅有小区内部良好的支撑要素，也基于其区位的便利性获得优质的城市稀缺资源。正如北京泰禾·金府大院位于北京市丰台区西红门，紧邻南四环，周边医疗、教育、商业资源丰富，且在大兴机场运营后其区位优势进一步凸显；泰禾·西府大院位于北京西三环，紧邻丽泽商务区，周边的商业、商务、医疗、教育资源不仅良多，而且质优。

2．后天价值（AV）

产品拥有高质量的品质，且品质支撑体系完整。"大院系"产品在支撑住宅品质的诸多要素方面没有短板，从规划、空间到内装、设备，从建筑材质到建筑形态，从园林景观到生活场景，每种要素的品质都经过仔细推敲，拥有较高的品质。这些要素不是简单堆砌，而是形成了基于业主生活轴线和新中式文化轴线两个维度串联起的，既有内在功能，又有外在形态，既满足物质需求，又享有文化浸润的高品质住宅。

3. 附加价值（BP）

产品拥有高质量全生命周期服务的加持。基于泰禾集团多领域的产业布局，产品能够匹配泰禾独有的"泰禾+"生命全周期服务，从医疗、教育等七大方面为"大院系"精品产品提供加持。

"大院系"产品价值体系如图5-7所示。

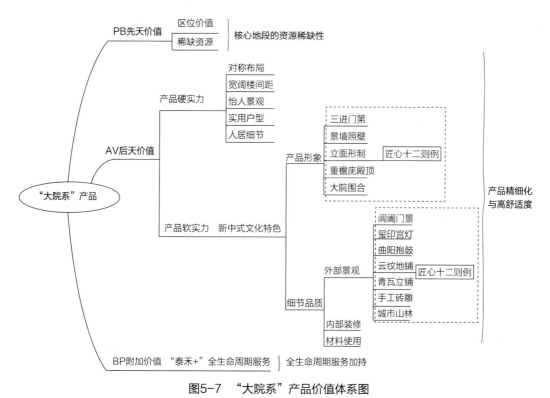

图5-7　"大院系"产品价值体系图

5.3　泰禾"大院系"产品体系剖析

泰禾在"大院系"产品打造过程中，充分考虑城市精品住宅的价值体系，构建出一套属于泰禾的产品价值体系。"大院系"产品择址均位于核心地段，占据稀缺性资源，充分彰显产品的先天价值；在后天价值打造之上，沿袭泰禾院系产品精髓，通过对称布局以及宽阔的楼间距打造良好景观，合理的布局、功能考究的户型营造各类生活化场景，提升了居住质量。同时，泰禾注重自身产品的文化底蕴，其独有的新中式文化升华了产品的后天价值；另外全生命周期服务的加持，也进一步突显出了产品的附加价值。

5.3.1　项目地段：城央都心，人文地脉

每个城市都会有自己的高端住宅，通常认为高端住宅应该满足如下三个特征：高价、高质、高净值。2019年《中高净值人群保险保障需求调研蓝皮书》中指出："中高净值人群最为关注的财富目标为实现高质量的生活"，他们要求住宅的特性能够匹配自身对高质量的生活追求，这就要求住宅在资源、地段、品质等方面均能契合其生活需求。这样一来，大多数人都会由"高价"和"高质"联想到城市郊区别墅及城市中心占据绝佳资源的住宅。

别墅大多分布在郊区，一方面是因其消费者多为美好生活的追求者，他们喜爱郊区舒适、优美的环境，郊区拥有城市没有的青山绿水，大部分人更愿意在起床之后呼吸一口山间的晨雾。另一方面是因郊区的地价相较于城市中心更低，并且容积率要求也较低，开发商会有更多打磨空间的机会，打造出的产品往往具备大面积、低密度、环境好这三个共同点。然而，近郊别墅在其配套方面却难尽如人意，这使得消费者出行不如在市区方便、快捷。此外，近郊别墅对美好生活品质的定位在一定程度上满足了部分消费者的追求，也在一定程度上背离了在城市中心拼搏奋斗的新兴中产的需求，于是，城市中心的高品质住宅在近年来备受新贵阶级的欢迎，这类住宅主要位于城市核心地段，拥有国际化高端生活匹配的核心区域，具备繁华的商业配套和超硬的产品力。

中国大部分的新富阶层都曾购买过郊区别墅，但最终选择的住所仍然是位于城市中心的住宅，包括大平层、城中心的别墅等。主要原因有两大点：第一是地段，地段是消费者在购房时首要考虑的因素，相比于近郊的别墅，城市中心的精品住宅周边的基础设施完善、配套齐全，交通便捷，住户出行方便，生活更加便利，能够节省外出和通勤时间，在寸土寸金的大城市里，能够在中心区拥有一套大面积、低密度、环境好的住宅，对消费者来说也是身份的象征。第二是在城市中心的精品住宅多为城市大平层和叠拼别墅，楼层相较于郊区别墅较高，其视野更加开阔，可将城市的繁华尽收眼底。郊区别墅一般只有2～3层，视野容易被遮挡，如果要其视野开阔，只能选择半山别墅，但这类别墅却地理位置偏远，出行不便，如同世外桃源。此外，城市中心的住宅还拥有安全性高、可达性广等特点，若是其自身品质经得起打磨，则将成为众多购房者追求的目标。

而泰禾"大院系"产品就是瞄准了购房者对美好生活的追求，在拥有城市核心区便捷度的条件下尽可能提升其居住品质。其在选择产品落位上奉行"非城央都心不选，非人文地脉不筑"的原则，目前面世的大院系几个项目，均遵循"城市核心、战略板块、高端居住区"的三大逻辑。所谓城市核心即在城市中拥有良好区位条件与配套条件的地段；战略板块即项目所在区域是城市发展与建设中具有战略意义的地段，其通常会有城市级乃至更

高级别的资源存在；高端居住区即项目所在区域是城市传统或新兴的高端居住区，拥有良好的居住氛围和社会圈层（图5-8、图5-9）。

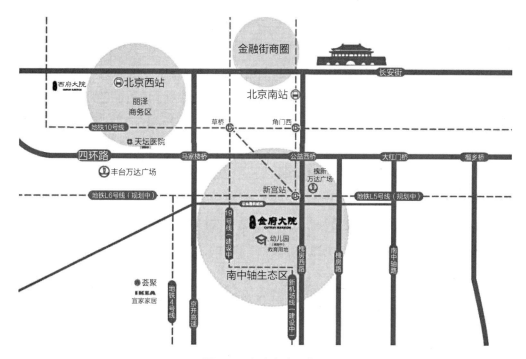

图5-8　金府大院区位图

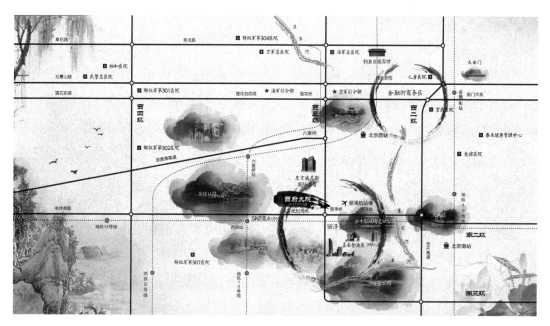

图5-9　西府大院区位图

5.3.2 住区环境：布局中正，气韵舒朗

1. 对称布局，仪式美感

现今，在房地产产品打造过程中，单体建筑的布局与园林的关系往往被很多开发商所忽视：不少开发商将两者独立开来，建筑单体布局和园林布局各成一套体系，给人强烈的分割感，无法实现统一融合的布局目的。建筑与园林景观并不是孰轻孰重、孰先孰后的简单判断，而是要把两者相结合，树立建筑与园林景观相互依托的观念，给予它们应有的统一。

在园林景观之中，建筑自身的体量和所占的空间尺度相对较小，园林景观对其是一种包容的关系，此时的建筑提供给购房者的不应该是普通的居住需求，而是应该匹配园林景观的风格，给人提供可观赏性；在单体建筑之中，建筑不能是一座仅仅满足人居住需求的孤岛，园林景观在其中起到的作用不可替代，这就要求园林景观匹配周围建筑的设计风格，与建筑的外观形象、内在文化等形成统一。建筑与园林景观的布局融合是一个好的产品成功吸引人的法宝，两者在设计手法上面可有一定的交叉，例如均采用对称元素、将建筑文化的意向运用到园林布局之中。

就对称元素而言，从古至今，中国人一直追求造物中的对称美，在许多的传统文化中，都能看到对称元素的摄入，其中建筑对对称的应用尤为广泛。明代北京城便是一个极好的例子，以皇城为中心，沿着一条长达7.5km的中轴，从南端的永定门为起点，地安门北面的钟鼓楼为终点，中间布置城阙、牌坊等各种建筑，辅以两边的殿堂，东面太庙，西面建设祭坛，城外四面有天、地、日、月四坛，有机而成，共同构筑出重叠的空间序列。园林和建筑在对称手法上的双重应用，可使两者交相呼应，提升布局的紧凑感与序列感；而一些文化内涵的互通互用，例如建筑部分外立面采用石材，园林设计中也铺设同类石材步道；建筑部分可在檐角使用腾龙的意向，亭台轩榭的牌匾上自然也能使用。这些细节均能够拉近建筑与园林布局的关系，实现两者的完美融合。

泰禾在大院系产品中，不仅从细节之处展示对称之美，更是在整体布局上注重造物里的对称美。从府院大门到户型设置，从楼栋布局到园林穿插，大院系再现了中国古建筑的对称思想（图5-10）。

2. 景观为重，通达韵朗

楼间距指两相邻楼的外墙面距离，通常情况下泛指同一个小区两栋相邻的楼与楼之间的距离，主要分为前后间距和左右间距两类。按照国家规定，以冬至日照时间不低于1h为标准，房屋前后两楼间距不小于前楼高度的1.2倍，左右间距多层与多层建筑间距为6m，多层与高层为9m，高层与高层之间为13m。

楼间距的大小会对家居生活产生较大的影响，具体表现在：采光、通风、防噪、隐私

图5-10 泰禾大院产品大门对称布局

等多个方面。就采光而言,对于北半球的中国来说,冬天中低层采光效果较差,有时候不得不整天开灯来维持室内光线,若是楼间距不足,更会影响住宅天然采光,使这种现象更加严重,大大降低住宅品质;其次,楼距小会干扰正常的通风,让住宅南北通透的效果大打折扣;此外,若是楼间距过小,行人或多或少会产生一些噪声,会影响购房者的居住舒适度,相邻住户间的隐私也得不到保障。

因此,除去户型、楼层以及住宅配套等因素以外,楼间距也逐渐成为购房者不容忽视的一点,不少开发商在楼间距上,从细节出发,让整个产品的私密性、空间感、阳光感以及舒适感等方面都有了很大的提升。

泰禾的地块容积率不高,具备打造宽阔楼间距的条件,因此大院系的产品都注重拉开楼间距。阔绰的楼间距让购房者享受更完整的景观,减少相邻两家的横向干扰,使得居住环境更为安静;最大程度保证了居家的私密性;保证了日照时间,利于楼宇间的自然通风,营造宜居的生活环境。楼栋布局也尽可能错开,预留空间以确保每家住户都能享受绝佳视野,让住户将院内园林尽收眼底。

宽阔的楼间距为景观设计提供了条件,泰禾利用充足的空间打造官式景观和坊巷格局,从"院子系"衍生至"大院系",产品借鉴"传统坊巷"的规划布局,通过建筑单体的有机组合,形成空间丰富的院落生活,充分展现"街、坊、巷、院"的建筑空间体系,演绎中式大院"高、深、致、美"的人文居住空间。空间适当留白,宽阔处采用景观园林来探索中国古典园林所包含的精神情韵,并在其中赋予了中国古典园林的文化内涵,实现思想的交融,加以使居住者对日常生活的功能需求得到满足感。产品沿袭中国古典园林对门洞、漏窗、景墙等所营造出的静态意境,引入流水等动态元素,搭配亭台、轩榭、名贵山石等,在阔绰的空间之中构筑多样景观文化(图5-11)。

5.3.3 户型设置：郎阔空间，功能考究

购房者在选择产品时，环境与配套纵然是其考虑的要点，不过更为重要的是产品本身的功能，而户型对于产品功能的实现则具有至关重要的作用。户型的设置需要贴合市场需求，若目标客群为四代同堂，那么就应关注入户电梯的位置、卫生间的个数，甚至是考虑家中的过道是否方便轮椅运动；若目标客群家中有学生，则在动静分区以及卧室的采光方面应尤为重视。不同的购房者在户型上是存在个性化需求的，但是良好的户型一定具备如下几点共性：形状方正、分区合理、南北通透、尺寸合理。

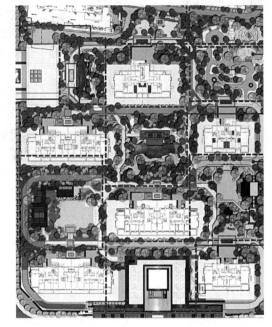

图5-11 泰禾大院景观布局

泰禾集团在大院系户型设计上也尽显精细，注重空间的打造和功能的丰富，以求达到产品"升维"的目标。在空间层面，注重室内生活化场景的营造，也注重室内外空间的交融。

1．功能空间

精品住宅的功能空间包括两方面：基本功能空间以及舒适性功能空间。基本功能空间为住宅中满足使用者基本生理、心理需求的功能空间。包括起居室、卧室、厨房、就餐区、卫生间、阳台。舒适性功能空间是为满足使用者对于舒适度、个性化、归属感等需求而设置的功能空间。一般包括：玄关、早餐厅、交通空间、独立衣帽间、展示空间、家庭厅、多功能房、书房、大尺度阳台等。

泰禾大院系产品宽裕的面积为舒适性功能空间的增加提供了便利。从而使得丰富的舒适性功能空间成为泰禾大院的典型特征。具体体现在下面几点：

（1）功能空间类别丰富，舒适性功能空间完善

除了基本功能空间外，独立玄关、衣帽间、书房、多功能房、中西厨、家政房成为大院产品的标准配置。值得一提的是，由于泰禾准确洞悉目标客户多为社交需求丰富的高收入居住人群，泰禾大院中的舒适性空间还包括社交空间，其中以西府大院的三面客厅为典型代表。

另外，大院的玄关设置极具仪式感，使房主在进入玄关之时就有家的归属感。多功能

房的设置则较为自由，可由使用者自行决定其具体功能，满足了在家学习研究或是娱乐消遣的需要。

这些辅助的功能空间的增加有效满足了使用者的多方面的需求，提升了使用者在工作、生活、烹饪、休息各方面的便利度。同时，也提升了使用者的视觉感受。

（2）主卧和次卧功能得到了丰富

次卧设置卫生间，提升了次卧使用者的使用舒适度，也保护了隐私。主卧均设有就寝区、大面积卫生间、独立衣帽间，进行了细分分区，提升了主卧的体验感。

（3）厨房分纯中厨式和中西厨结合式

传统的厨房尺度比较小、操作空间比较狭窄，大院的纯中厨式厨房则尺度较大，且直连会客厅，其对中厨的重视提升了文化体验。

而中西厨则把厨房的功能进行了细分，烹饪之外的操作放置到了西厨，提升了烹饪的舒适度。

2．空间序列

空间序列包括空间的功能组织以及不同功能组织之间的关系。它由空间节点串联组成。对于户型设计，优质的空间序列可以为居住行为提供良好的氛围，也可以提升空间体验以及保证合理的交通流线。同时，可避免居住行为的相互干扰和交通流线的穿插。空间序列是影响大院居住品质、居住舒适度最重要的因素之一。泰禾大院在空间序列上的优点具体体现在下面几点：

（1）空间序列结构清晰

大院的户型明确呈现出清晰的三种序列：公共活动序列（含餐厨序列）、交通序列、私密活动序列，各序列以交通序列为界限，明确的分区避免了家庭行为的互相干扰，同时保护了主人的隐私。

（2）交通序列的连接作用强

交通序列得到了强化，成为独立序列，使得各空间的过渡变得正式，各空间比较完整、独立，避免了不同功能空间的影响。

（3）私密空间序列比较集中

主卧节点较丰富，一般由主卧玄关、卫生间、衣帽间、就寝区组成。以主卧玄关作为交通节点。

3．空间尺度

空间尺度指空间的大小、长度、宽度、高度等具体尺寸。空间功能决定了空间尺度，空间尺度的确定需要以空间功能为依据。在住宅设计中，空间尺度是衡量空间利用率最直接的标准。

某一个特定的功能空间，其功能的实现，需要以下3个要素：人自身、人的活动以及空间中的家具。以餐厅为例，人自身、就餐行为和桌椅便可实现餐厅的功能。由此可知人体尺度、家具尺度、人的行为是空间尺度的基础。其中，家具尺度又是以人体尺度作为基准。因此，归根结底，人体尺度、人的行为是空间尺度的基础此外，空间尺度也影响了使用者的视觉感受。狭长、高耸的空间会让人感觉恐惧，低矮的空间会让人感觉压抑，由此可知，良好的空间尺度缘于对人体尺度、人类行为以及人的视觉感受的深刻理解和准确把握。大院的空间尺度有以下几个特征：

（1）功能空间尺度比较大

所有功能空间尺度较普通住宅都有所增加。尺度的增加扩大了使用者的活动空间，有利于更多功能的实现，如主卧室尺度的增加，可以从容摆放梳妆台或者书桌。起居室尺度的增加，可以摆放大尺寸的沙发或者添加椅子茶几组合。餐厅尺寸的增加，可以摆放8人桌。总之，尺度的增加满足了更多的功能需求。

（2）不同空间面积配比均衡

大院的起居室、卧室、厨房、卫生间等不同空间的面积配比是基于同样的标准的，以使得各空间都有较好的舒适度。

（3）尺度视觉效果好

从使用者的视觉感受以及具体功能来确定起居室的尺寸。大院的客厅都设置了较大的整体面宽，方便各类功能的灵活布局，同时为了将外部景观最大化，利用多种形态的窗设置了较佳的观景带（图5-12）。其他空间，如卧室、厨房等也出于景观面的考虑，最大限度地设置了观景窗和阳台飘窗。

图5-12 泰禾大院产品客厅布局

5.3.4 文化底蕴：中式风格，历久弥新

除去规划布局、户型设置等产品"硬实力"方面的高质量，城市精品住宅还应该具备鲜明的文化特色以彰显产品后天价值。试想，当巴洛克建筑风格展现出其自由的外观和富丽的装饰时，我们会想到西方文艺复兴时期，当文艺复兴被人所讲述时，我们自然联想到巴洛克风格的神秘大教堂；同样，在历史悠久的中国，"榫卯""徽派建筑"等字眼的出现，又会让人感受到中式传统文化的魅力，品味中华文化的源远流长。

从古至今，建筑与文化就是密不可分的，建筑以凝固的美来诠释一座城市的文化，文化的渗透与滋养使得建筑在不同的时空里焕发着无限生机与活力。无论古今中外，建筑与文化的联系总是割舍不断，这种联系也应该延续并发展。

但改革开放以来，建筑领域开始崇尚西方审美价值，逐渐忘却了中华传统建筑美学；随着城市化进程的日益推进，大大小小的城市迅速崛起，建筑拔地而起，城市高楼林立，置身在繁华的街道，人们常常不知自己处于哪座城市，因为每一座城市的建筑都惊人的相似：现代主义风格、欧式风格、巴洛克洛可可等，让每一座建筑都成为了复制品。建筑与建筑之间，只是一座座复制粘贴，缺失灵魂与文化，这些建筑无需考虑这座城市所处的时代，更不用理会这座城市沉淀千百年的文化底蕴，只是水泥钢筋的符号而已，供人们无差别地居住使用。此外，建筑内部的园林也是千篇一律，不管是北方的大气，还是南方的婉约，在设计布局时也只是模板的交替使用，在园林体系中，人们只能感受到四季的分明，感受不到与众不同与匠心独具。究其原因，一是缺失文化自信；二是缺乏匠心精神。

党的十九大报告中提出："中国有坚定的道路自信、理论自信、制度自信，其本质是建立在5000多年文明传承基础上的文化自信。没有高度的文化自信，没有文化的繁荣昌盛，就没有中华民族的伟大复兴。"自古以来，文化与建筑是不可分割，互相融合与统一的，文化自信，落实到建筑之上，应该是对中国文化在建筑领域之中应用的自信，是开发商对其产品内涵的文化自信。

泰禾集团从自身的文化情怀和行业的持续发展出发，将传统文化融入现代住宅，形成了三进门第、景墙照壁、立面形制、重檐庑殿顶、大院围合、阊阖门景、玺印宫灯、曲阳抱鼓、云纹地铺、青瓦立铺、手工砖雕以及城市山林这独有的"匠心十二则例"，从整体规划到园林设计，每一处细节都展现了泰禾对"文化筑居中国"理念的完美诠释。在产品形象之上，外从大门设置，内至屋顶立面，都彰显了中式建筑文化的底蕴，细节的打造，更是引领了行业发展理念的转变。

5.3.5 产品形象：中式传承，华冠至尊

1. 三进门第

泰禾大院独运中式门头体系，"宅门""院门""入户大门"三进门第（图5-13），层层递进，演绎中国世家望族之门风礼赞。材料与设计也是较为考究，入口大门，门扇厚重，气势恢宏又不乏精雕细刻，锻造工艺纯铜雕刻、宫灯、纯实木大门以及厚重的纯石材外立面充分展现出住户的社会地位。

图5-13 三进门第

2. 景墙照壁

三进门第之后，映入眼帘的是大院系产品的景墙照壁（图5-14）。照壁是中国传统建筑中用于遮挡视线的墙壁，这种形式源自中国传统院落中常设置于大门处的影壁，又称"萧墙"，旧时意在驱走鬼怪邪灵，在功能上也有阻隔视线的作用，既隔又透，似阻实通。泰禾大院系产品在设计景墙照壁时尤其注意细节部分的雕刻和灯光的映射，且把景墙照壁设置在入院大道上，充满世家门第的礼序感，也是对中国传统文化的景象回应。

3. 立面形制

"大院系"产品立面上采用三段式构图，北宋著名匠师喻皓在其所著《木经》一书上，

图5-14 景墙照壁

图5-15　立面形制

图5-16　重檐庑殿顶

就有"凡屋有三分",明确道出了中国古典建筑千年以来不变的构图方式——屋顶、屋身、台基,泰禾大院遵循千年古制,立面都采用"中而不古、新而不洋"的设计理念,运用石材、铜条等不同的元素搭配打造新中式的厚重感。建筑形象端正大气,又用乳白和黄铜色对建筑的硬度进行柔化,整体上恰到好处,呈现出轮廓层次丰富的建筑表情,尽现中式建筑特有的度量和比例美学(图5-15)。

4. 重檐庑殿顶

屋顶形制也是外立面很重要的组成部分,更有甚者直接把屋顶设计作为提价要素。"大院系"产品采用的重檐庑殿顶是古代中国宫殿建筑的一种屋顶样式,是明清代所有殿顶中最高等级,外观气势宏伟、秩序井然,并且使用官帽式的大挑檐,营造肃穆庄重的氛围,彰显皇家气概(图5-16)。

5. 大院围合

围合,是中国建筑"天人合一"理念的表达方式。中式院落,围合的是家族亲情。泰禾早在"院子系"产品中就已经运用"围合"的概念,从中国千年院居文化的本源形态出发,以一家一院为围合对象。在后续的产品探索中,泰禾通过对围合形制的开创性运用营造出"大院系"作品,于高墙围合中打造"坊街巷"的格局(图5-17),将国人对于"亲仁善邻"的美好向往诗意地铺落在坊巷中。以泰禾西府大院为例,作为一座基址在北京内城三环的平层大宅社区,西府

图5-17　大院围合

大院引入"围合"的理念，大院以约3m高的青砖院墙，构造更为私密的院落空间，院墙建造工艺讲究，采用"磨砖对缝"古法砖作技艺：青砖之间的缝隙精确到2～4mm，铺设完成后还要抹上一层薄薄的灰条，难度大、耗时长，但效果可以达到砖墙浑然一体，严丝合缝，相融相生，营造出高墙围合的深宅大院意境。

5.3.6 细节品质：匠心独具，极致品质

汉语中关于"匠心"二字的最早记载是唐代张祐的"精华在笔端，咫尺匠心难。"在工业化、标准化普及的今天，"匠心"被提炼和赋予了更多的内涵，它代表了对传统手工艺的技艺传承，以及一种对每个环节、每道工序、每个细节都精工细作的雕琢精神。如今消费者已越来越不满足单纯的居住空间，文化空间和情感空间也逐渐变为住宅刚需，地产类产品也开始把目光放在细节上，从细节之处构造品质。泰禾所提出的"匠心十二则例"不仅在产品形象打造之上发挥了作用，更是在细节层面增添文化魅力，从外部景观、内部装修、材料使用等方面展现鲜明文化特色，彰显产品后天价值。

在外部景观层面，泰禾"大院系"产品将九天阊阖大门、十大专利营造工法等造院理念融入，引入"玺印宫灯""曲阳抱鼓"等则例，在主入口及步行小道上铺设手工砖雕、云纹地铺等，于细节处打造产品品质。

1. 阊阖门景

泰禾大院采用纯柚木双开大门，三进门第的门上配有铜灯、横梁、壁灯、抱鼓石、门钹、浮雕、匾额等元素，与汉白玉门套组合成门头体系，构筑厚重的中式文化。在门第之上还绘制中国传统吉祥样纹的宝莲花式样，绘制寿桃图案以体现"长寿"的美好祝愿，并且雕刻万字纹、卷草纹、芙蓉图等图案，契合中式文化对于吉祥、如意、富贵等的不懈追求。

2. 玺印宫灯

大院系产品把新中式文化融入玺印宫灯（图5-18）之中，其形似玺印，造型方正敦厚。八盏玺印工程分列御道两侧，象征八方财源滚滚，并极具入园归家仪式感。

3. 曲阳抱鼓

古代社会，抱鼓石是家族功名的标志，尚有"无功名，不立厢鼓"的说法。泰禾大院采用皇家御用的上等汉白玉，邀请曲阳石雕大师将武立鼓、文立厢的传统鼓形加以创新，设计下为方、上为圆，寓意"文武双全"。每一座院子门前的抱鼓石图案均为独家定制，样式繁多且精美别致，例如三狮戏球（三世戏酒）、四狮同堂（四世同堂）、五狮护栏（五世福禄）。鼓顶上面一般也雕成狮形，有站狮、蹲狮或卧狮（图5-19）。

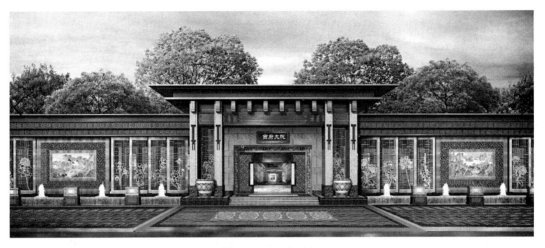

图5-18　玺印宫灯

图5-19　曲阳抱鼓

图5-20　云纹地铺

4. 云纹地铺

泰禾大院则选择在主入口铺设大幅汉白玉纹地铺（图5-20），玉石采取整体雕刻的手法，不用拼接或者石材代替，充分体现泰禾大院的"拙"和"诚"。纹饰富丽堂皇、雍容华贵，形成了和谐优美的地铺曲线，寓意吉祥美满、阖家安康，这是大院装饰理念的一处体现。

5. 青瓦立铺

在步行小道之上，采用青瓦立铺的手法（图5-21），用几千片青瓦进行组合，每片瓦片都需要"听音辨转"，严格遵守"逢五进一"工法，即每五片瓦中，只保留一片厚度、高度、弯曲程度契合的一片，由此铺设的备料至少要高出三分之一，并且青砖之间的缝隙精确到2~4mm，铺设完成后还要抹上一层薄薄的灰条，难度大、耗时长，堪比紫禁城太和殿的青砖墁地标准。

6. 手工砖雕

路面不间断采用青砖雕刻，在青砖之上雕出山水、花卉、人物等图案，砖雕远近均可

图5-21 青瓦立铺

图5-22 手工砖雕

观赏，具有完整的效果，龙凤呈祥、荷花、鲤鱼等图案寓意生活吉祥。泰禾大院的路面砖雕、院内石雕均由老匠人手工打造（图5-22），历时数月雕刻方成，图案精致细腻、气韵生动，具有鲜明生动的艺术特色。

7. 城市山林

以"文化筑居中国"的泰禾是新中式园林的引领者和佼佼者，其中"大院系"在城市之中再造出了宜人的山林景观，集"五朝""五景""五坊""五进制"于园内，引入"九州""国画"等传统文化意境，并且以叠石理水、栽花植木等中式造园精湛技法巧妙，营造了"舒可跑马、密不透风"的城市山林之美，彰显新中式文化传统魅力。

8. 内装细节

除去以上外部景观层面的打造，"大院系"产品在内部装修之上也极为注重细节。业主入户门采取铜制，拥有古老纹路，纹路构制为"泰禾"的"泰"字，契合企业文化的同时也符合中国传统文化"国泰民安"的意象，部分门运用汉白玉和金镶玉，使其重量远重于普通门，体现尊贵的品质；消防器械运用屏风进行遮挡，以实现美观。对于精装修项目而言，浴厨用品采用德国当代等知名品牌，匹配客户高端需求。此外，内部门窗三层中空，镀金色膜，外面行人看不见房门之内的景象，隐私性好，且门窗材质可抵抗紫外线，尽可能避免紫外线损伤室内家具。

9. 材料运用

在材料使用之上，"大院系"产品广泛采用金、玉、铜等装饰元素，与"磨玉局"形象相呼应的同时，高度契合古代传统皇家造院理念，在细节之处的特色打造，从整体构造产品的极致品质，彰显城市精品住宅产品文化内涵。泰禾大院在门第配有铜灯，采用铜质雕花门铰、铜灯、铜匾，与汉白玉门套共同构筑门头体系，体现中式简洁风格，并且安全系数高。在立面打造之上，采用黄金麻质，搭配铜质线条，类似于古代皇帝的流苏，有"皇权尊贵"的寓意，结合纯铜竖向廊柱形制基座，优质的石材楼身，以及镂空铜条结构的细节装饰，塑造了新中式立面沉稳恢宏的形态美学。立面楼窗的格栅之中放置空调外机，具有隐蔽、美观的作用（图5-23）。

5.3.7 物管服务：高端品质，附加升维

核心地段的稀缺资源、合理的规划布局与户型设置以及鲜明的文化特色提升了"大院系"产品的价值，实现了"质"的升维。然而升维并不是一个定格，产品应该拥有高品质的全生命周期，随着时间的推移逐步加深自身价值。作为高品质住宅代表的"大院系"产品，泰禾依赖的是"泰禾+"全生命周期服务体系，为每一位业主构建"中国式美好生活"，彰显产品后天价值（详见5.5）。

图5-23 "大院系"产品形象

5.4 经典案例——北京西府大院

泰禾大院系截至2019年12月共有4个项目产品，分别是北京的金府大院和西府大院、郑州的东府大院以及福州的金府大院。其中北京的西府大院最为经典，自推出后便广受关注。在该项目中，泰禾将塔尖级产品打造的理念与新中式文化的落位深入细化，从地段、布局、户型、园林等多方面来加以诠释。

5.4.1 产品地段

秉承泰禾项目选址遵循"城市中心"的理念，西府大院地处北京西三环，有着历史积淀下的日常繁华，更受益于"国家金融城"丽泽商务区的利好。项目周边有诸多优势的城市稀缺资源，如SKP商业综合体、国家大剧院、解放军307医院等，同时地块周边坐拥玉璞公园，远眺西山，毗邻庄怡公园和丰益公园，并紧邻环城绿化景观带，景观资源得天独厚。

5.4.2 空间布局

北京西府大院的产品灵感来源于北京传统的大院，在布局上考虑楼间距、建筑与园林布局关系等多方因素，整体风格尺度朗阔、景观紧致。项目总占地面积32000m^2，总体只规划了六栋大平层，楼间距达80m，总体容积率只有2.0，绿化率达45%。

六栋大平层对称分布，穿插在园林布局之间，确保相对住户能够共享单面大面积园林主题，并且拥有自己位置的独特视野，相邻住户间因宽阔的楼间距也互不影响，平行观赏院内园林。移步易景，在高低错落的景色间，享受楼栋、园林的布局之美（图5-24）。

图5-24　泰禾西府大院实景

5.4.3 户型设置

泰禾大院系没有户型库一说，每个项目户型均是为项目本身量身打造的。就西府大院来说，其有172m^2与197m^2两个面积段，其中172m^2还细分为两种略有差别的户型。其功能布局、流线区分、景观设置各不相同。

1. 平层172m^2户型

（1）功能空间（图5-25、图5-26）

瑶华户型为三室两厅两厨三卫一电梯，清风户型为四室两厅两厨三卫一电梯。172m^2两个户型的舒适性功能空间包括：玄关、过厅、书房、主卧衣帽间、次卧卫生间等。

瑶华户型对起居室功能进行了丰富，主卧衣帽间面积是清风户型的6倍，满足了使用者对于生活的追求，提升了品味。同时使得起居室的尺度得到了增加，提升了视觉体验。另外瑶华户型还增设了家政间，让房屋的多功能性更上了一层楼。并且三卫中有一卫为了公共卫生间，方便来客使用。此户型适合对房屋的空间感和待客舒适度有所要求的客户。

清风户型则减少了主卧更衣间的面积，取消了家政间，进而增设了书房带阳台。在这个层面上而言，清风更为实用经济，在有限的空间里实现了空间的最大价值化。此户型适合有社交需求并且追求放松感和实用性的客户。

另外，可以看出厨房在整个家居空间中的作用越来越大，随着高端客户的年轻化趋势，厨房的功能并不像传统认为的那样被削弱了，而是被添加了很多面对面的社交功能：

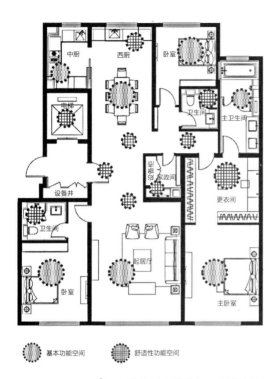

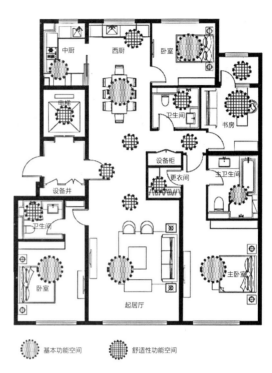

图5-25 172m² 瑶华分户型功能空间设置分析图

图5-26 172m² 清风分户型功能空间设置分析图

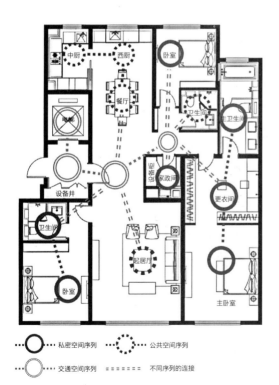

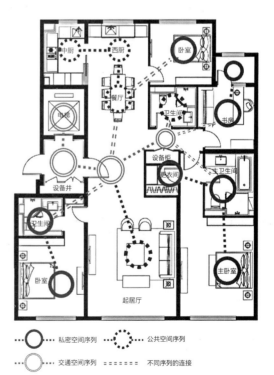

图5-27 172m² 瑶华分户型空间序列分析图

图5-28 172m² 清风分户型空间序列分析图

与家人,与朋友,与亲密的访客。也因此泰禾大院的厨房分别设置了中厨和西厨。

(2)空间序列(图5-27、图5-28)

两种户型都呈现出清晰的三种序列:公共活动序列(含餐厨序列)、交通序列、私密活动序列。并以交通序列为界限。

其中公共活动序列被交通序列隔断,分为卫生间-起居室序列和餐厨序列。明确的分区避免了家庭行为的互相干扰,也使空间功能区分明确。

交通序列位于户型中间,通过交通序列的节点连接其他序列,交通序列在横向或竖向中轴线上,通过交通序列的节点连接其他序列。

餐厨序列组织餐厨序列得到了加强,增加了中西厨及餐厅等节点。

私密空间序列较集中。主卧节点丰富,由主卧玄关、卫生间、衣帽间、就寝区组成,以主卧玄关作为交通节点。三个卧室排布分离,如果是三代人居住的话,也能保障很好的私密性。

(3)空间尺度(表5-1、表5-2)

172m² 瑶华分户型空间构成表　　　　　表5-1

空间名称	家具/洁具/设备
起居室(不含过道)	大尺寸沙发组合或大尺寸沙发、电视组合、椅子茶几组合
主卧室(含主卫和更衣间)	衣柜、床、电视;洗手台、马桶、淋浴、浴缸;衣柜、梳妆台
次卧室(含次卫)	衣柜、床、电视;洗手台、马桶、淋浴
客卧(含客卫)	衣柜、床、电视;洗手台、马桶、淋浴
餐厅(含过道和西厨)	餐桌组合、厨具、橱柜、料理台
厨房(中厨)	厨具、橱柜、料理台、双开门冰箱
家政间	清洗台、橱柜
电梯和电梯厅	电梯

172m² 清风分户型空间构成表　　　　　表5-2

空间名称	家具/洁具/设备
起居室(不含过道)	大尺寸沙发组合或大尺寸沙发、电视组合、椅子茶几组合
主卧室(含主卫和更衣间)	衣柜、床、电视;洗手台、马桶、淋浴、浴缸;衣柜、梳妆台
次卧室(含次卫)	衣柜、床、电视;洗手台、马桶、淋浴
客卧	衣柜、床、电视
书房(含阳台)	书架、书桌
餐厅(含过道和西厨)	餐桌组合、厨具、橱柜、料理台
厨房(中厨)	厨具、橱柜、料理台、双开门冰箱
公共卫生间	洗手台、马桶、淋浴
电梯和电梯厅	电梯

主卧卫生间为主人所用卫生间，定位高，且使用人数为2人，功能较多，因此两个户型中主卧（含主卫和更衣间）的尺寸分别为13.1m×4.0m、8.2m×4.0m。次卧卫生间，功能仅盥洗和如厕，尺寸均为6.2m×3.6m。

两个户型的起居室尺寸都接近6.0m×5.0m。这个尺度可布置大尺度沙发组合（3.9m×24m）和椅子茶几组合（2.0m×1.0m）。大于这个尺寸的起居室，会给人比较空旷的感受。这也体现了大院在不同空间的面积配比上，是基于同样的标准的，以使得各空间都有较好的舒适度。

且主卫生间、厨房、餐厅、书房、家政间等辅助空间均得到了较大幅度的提升。以主卧卫生间为例，两个户型中主卧卫生间的面积都约为主卧休息区的一半。

较大的尺寸，可以满足使用者较丰富的需求。同时，视觉体验得到提升，并最终提升了居住舒适度。

2. 平层197m²户型

（1）功能空间（图5-29）

兰台户型为四室两厅一厨三卫一电梯。197m²这个户型的舒适性功能空间包括：玄关、过厅、多功能厅、主卧衣帽间、次卧卫生间、家政间等。

兰台没有设置书房，但相应地增设了多功能房，其用途可以由住户自行决定，更具个性化和定制化。另外，中厨、餐厅和起居室形成一体化格局，且中厨的面积约等于172m²户型中中西厨的总体面积，虽然取消了西厨设置，但尺度更大，社交意义更高，舒适感更强。餐厅与客厅的整体面宽约9.25m，从入户门走到客厅，有一种豁然开朗的感觉。

另外，为了将外部景观最大化，197m²户型客厅设计了"L"形的观景带，采用270°环景端厅的设计，可以三面观景，让室内成为自然风光的观景台。眼前是一院九园的项目内部园林景观，近望玉璞公园的四时俱胜，远眺缥缈西山临海苍茫。且使用了高品质材质的玻璃型材，实现了大尺度开窗，充分使社区中的园林观赏价值最大化。最好的景观面留给了客餐厅等社交空间，能一举提高住户的观景感受，满足住户的社交需求。

并且同样设置有家政间，满足日常清洁需求和储物需求。

整体上来说，基本功能空间和舒适性空间的面积都有所增加，尺度感、空间视觉和居住体验都更上了一层楼。

（2）空间序列（图5-30）

同样呈现出清晰的三种序列：公共活动序列（含餐厨序列）、交通序列、私密活动序列，以交通序列为界限。

其中私密活动序列被交通序列隔断，分为主卧-次卧序列和客卧-多功能房-家政间序列。相应地，公共活动序列成为一个整体，即餐厨-起居室序列。卧室设置在入门走廊两

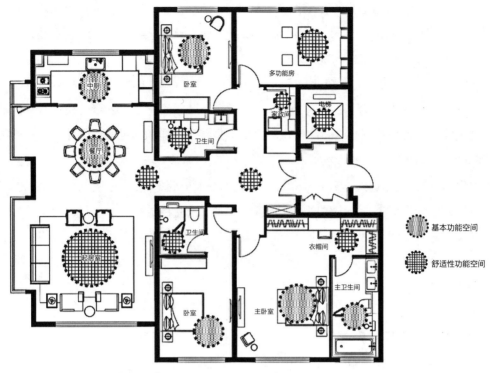

图5-29 197m²兰台分户型功能空间设置分析图

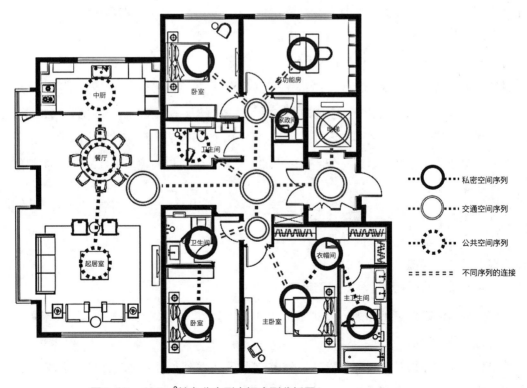

图5-30 197m²兰台分户型空间序列分析图

侧，客餐厅则需穿过入门走廊到达。南向有两间卧室，北向为一间卧室和多功能房。这样的布置可以让外来宾客忽略掉卧室，动静分开，从而具有极强的隐私感。

可以看出，兰台户型更重视公共活动空间和休闲空间的打造。适合享受社交空间和业余生活的客户。

（3）空间尺度（表5-3）

197m² 兰台分户型空间构成表　　　　　　　　　　　　　　表5-3

空间名称	家具/洁具/设备
起居室（不含过道）	大尺寸沙发组合或大尺寸沙发、电视组合、椅子茶几组合
餐厅（含过道）	餐桌组合、厨具、橱柜、料理台
厨房（中厨）	厨具、橱柜、料理台、双开门冰箱
主卧室（含主卫和更衣间）	衣柜、床、电视；洗手台、马桶、淋浴、浴缸；衣柜、梳妆台
次卧室（含次卫）	衣柜、床、电视；洗手台、马桶、淋浴
客卧	衣柜、床、电视
多功能房	大尺寸桌椅组合
家政间	清洗台、橱柜
公共卫生间	洗手台、马桶、淋浴
电梯和电梯厅	电梯

各功能空间的尺寸均大于172m²的两个户型，更方便用户按需使用，也可提高视觉观感。

南向主卧实现了4.2m超大面宽，可摆放2m×2.3m大床，配备步入式衣帽间及纯南向主卫，且主卫采用双面盆（考虑两人居主卧）、干湿分离设计，使得主卧的使用感更为舒适，更为人性化。客厅兼具会客功能，因此设置有整面落地窗，面向玉璞公园和小区内园林九景，将会带来光线的通透和宽阔的观感。步入式厨房尺度更大，方便操作，也便于协作料理，兼具料理和社交功能。

另外，在入户门的设计上，西府大院打造了3.3m层高，1.5m宽的对开式入户门，彰显了大宅格局，给业主带来尊崇感和仪式感。

西府大院户型实景如图5-31所示。

图5-31 泰禾西府大院户型实景图

5.4.4 建筑形象

北京西府大院采用石材加黄铜的设计风格,显示出一种中式宫殿的简约大气。主体与上部采用的三段式立面设计,富有层次感,并且色彩搭配低调深沉,有一股沉淀质感。除了石材有不同的中式雕花纹理外,大院的窗户也用了不同颜色的铸铜设计,铜条还被打造成了各种有寓意的纹饰风格,显得内敛细致。不只是每家每户有这样的设计,消防梯的窗户及空调箱也采用铜条进行网格化装饰。

铜条下面的窗户则使用镀金low-e膜进行贴膜装饰,这种窗膜主要有两个特点。一是防晒防紫外线,由于客厅三面采光,木质家具很容易受到阳光的照射,减少使用寿命,镀金low-e膜不光不会阻挡阳光的照射,还可以阻隔大部分的紫外线,在保障客厅采光的同时保护家具和地面。二是具有反窥视功能,贴上镀金low-e膜的窗户可以阻挡来自建筑之外的视线,且不影响建筑内的人观赏窗外的风景。镀金low-e膜的颜色也与整体的建筑立面相协调,为暗金色,与铜条形成立面上的金属色彩体系。

另外,大院的立面采用三段式干挂石材,且采用的石材经久耐用、颜色古朴、质感厚重。若是采用现代化的石材则与大院内的园林景观格格不入,可以说大院的石材,包括种种细节,均是在考虑了整体形象之后才运用在产品之上的。

建筑顶端则以古代建筑营造则例为典范，打造重檐庑殿顶，如北京西府大院的屋顶仿照太和殿的风格制作，造型方正端庄，整体如一枚小巧的印章，分布在各个园林周围（图5-32）。

图5-32　泰禾西府大院外立面

5.4.5　园林体系

北京西府大院集"五朝""五景""五坊""五进制"于园内，"五坊"以五个朝代的国花及国树为主题精巧嵌入，社区主入口采用"五进制"的礼序规制，依循故宫进制礼序。"五景"为跨越唐、宋、元、明、清五个朝代的风华景致，分别为瑶台天香、千步珠帘、弈博云天、沧浪濯缨、别有洞天。其中，沉淀宋朝古韵的千步珠帘，载厚重历史文脉，在园林五景中，格外悠然典雅。千步珠帘借景扬州瘦西湖风貌，源自诗句"二十四桥千步柳，春风十里上珠帘"。闲步金府园落，清风拂来，四周翠柳轻摆慢动，放眼园景，仿佛一挂挂的绿色珠帘，徐徐起舞，曼妙生姿，让人怦然心动。千步珠帘两侧设有玉带桥和春波桥，水中遍植莲花，夏天时节，映日碧叶，清爽宜人。古桥水境，在城内豪宅居所中，实为稀贵难得，这也给中国园林设计注入了新的活力。

在产品打造中，建筑均为景观留白，使其有足够空间容纳"九州盛景"。既有北方园林的气势磅礴，又有江南园林的婉约秀美，集九天闾阖、弈博云天、东湖云海、西岭烟霞、沧浪亭等九大园林景观于一园之中，分别取法盛唐丹凤门、南京莫愁湖胜棋楼、无锡寄畅园、颐和园涵远堂、苏州沧浪亭等，命名为"九州盛景"，一招一式间蕴含从容，大开大合间彰显风范，呈现出园林大家应有的自如与气度。且大院系产品间的"九州盛景"不尽相同，颇有仅此一地的限定之趣（图5-33）。

此外，园林以叠山理水造园手法，随形就势，削低垫高，引水成池，筑土为山，使得景致山美如画，水秀如诗，廊亭山水相映成趣，于城市中再现山林美景。并以传统国画的"绘画"方式来"绘景"，巧妙运用到布景造园之中，形成"疏可跑马，密不通风"国画般的水墨山水意境。运用"掘池""挖湖""用泉""作瀑"等众多造园技法，并将汉白玉、黄铜、青砖、抱鼓石等经典构造，一一植入叠山理水的园林建筑之中，形成"天人合一"的自然人文境界。

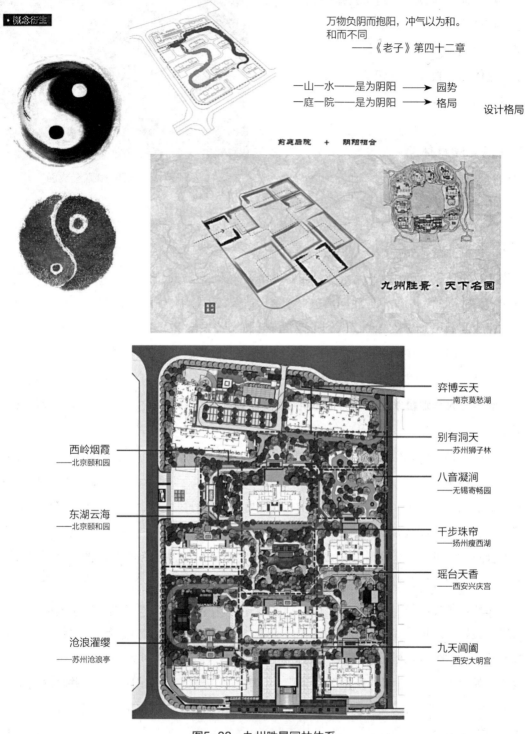

图5-33 九州胜景园林体系

5.5 泰禾品质：双重产品支撑体系

5.5.1 客户端产品支撑体系："泰禾+"全生命周期服务

"好房子是能够打动人的，但给人带来持续感动的一定是生活。"

作为高品质住宅代表的"大院系"产品，自然也匹配有完整且高品质的全生命周期服务。泰禾"大院系"产品依赖的是"泰禾+"全生命周期服务体系，为每一位业主构建"中国式美好生活"（图5-34）。

1．物管服务

泰禾物业是泰禾品牌的核心竞争力之一，秉承"一生极致服务，缔造院落生活"的服务理念，更是收获了业主与市场的高度评价。

泰禾物业引入空乘、三军仪仗队、酒店"金钥匙"等高端服务人员，从仪容仪表、职业规范、泰禾文化等方面进行系统化培训，让准业主提前感受到项目交付后的高品质服务。在助力营销、提升溢价、打造标杆的同时，泰禾高端案场服务在行业内也获得广泛好评。

在已交付项目中，泰禾物业一方面持续提升服务品质，为业主提供"暖心、放心、安心、舒心"的基础服务；另一方面依托泰禾+优势资源，探索多元化服务业态新模式，为业主提供全生命周期的尊享服务。

在打造"文化建筑"的同时，泰禾物业一直坚持将原汁原味的中国传统文化注入现代

图5-34　泰禾+全生命周期服务

社区管理中，融合现代西方高端酒店管理理念和传统中式服务仪式感，缔造有独特气质的泰禾院落物业服务，通过促进人与人之间的深度互动和彼此信赖，打造"有文化、有温度"的文化生态社区，成就居住者的"院子梦"和"中国梦"（图5-35）。

2．医疗服务

社区医疗配套是城市高品质住宅的"加分项"，在这一领域，"大院系"产品拥有独具泰禾特色的"保障、呵护、建立"三大层次健康服务。泰禾医疗设置四级诊疗体系，包括国际医院、专科医院、健康管理中心门诊部以及家庭医生服务站社区诊所，构建了泰禾医疗服务新生态。社区医疗作为泰禾医疗的特色组成部分，以人性化关怀设计，打造温馨、私密的就医环境，以患者为中心，成为社区居民的健康"守门人"。家庭医生为居民提供全过程、全生命周期的综合性服务，为固定群体提供长期健康保障，可以提供日常检查、康复指导、双向转诊、上门医疗、云端医疗等医疗卫生服务。2019年11月，泰禾医疗实现医生上门服务183次，"送医到家"服务咨询电话近1000个，月增长率突破20%，为业主及家庭提供了全方位的定制健康服务。此外，泰禾对于云家庭医生服务平台的探索，成为基层"医疗+互联网"的一次有力尝试，进一步提升了泰禾医疗服务水平（图5-36）。

3．教育服务

教育配套也是城市高端住宅的重要依托，泰禾的教育配套形成了国际学校、K12双语学校、国际幼儿园、双语幼儿园、课后托管中心及泰禾学苑等差异化的教育体系。

泰禾还联合了欧美Daycare品牌，针对0~3岁婴幼儿开设国际标准科学养育指导及日间托管服务，提供全方位看护及早教服务。在儿童教育方面，秉持"尊重个性、守护天性、释放自主性"的教育理念，发展儿童"发现、研究、探索"的天性。

图5-35　西府大院物业实景图

图5-36　泰禾医疗服务

图5-37 泰禾学苑效果图

图5-38 泰禾商业

而落位北京的泰禾首个社区教育书院——泰禾学苑（图5-37），围绕"共享、童趣、场景"的设计理念增加孩子和家长的共同体验感，围绕教育主题的教学区及开放空间，营造业主家庭多样化的学习文化生活。

另外，泰禾创办的国际学校，为我国境内中外籍学生提供包括幼儿园、小学、初中及高中四个阶段的K12国际化教育。同时还研发了自己的园本特色课程，运用UbD教学设计方法，采用国际幼儿教育评估体系，打造0~6岁一贯制婴幼儿教育幼儿园。

4. 商业配套

在商业地产领域，泰禾集团形成独具特色的"泰禾模式"，涵盖开发、设计、招商、营运、酒店管理、智能支付等领域。目前，泰禾集团已在北京、福建拥有了8个大型城市综合体，并在北京、上海开发了多个写字楼、酒店式公寓、商业步行街等业态的商业地产项目。在泰禾集团的项目内部均匹配相应的商业设施，为业主提供了从基本消费到高端消费的成体系的商业服务（图5-38）。

5. 文化配套

作为"泰禾+"战略的重要一环，泰禾影视是泰禾集团在电影行业的专业投资平台，以"院线+剧场"为突破口，将"泰禾影城"打造成一流星级影城，以此推动泰禾文化产业链的延伸和多元化发展，形成集电影制作、发行、经纪、广告等全产业链条，成为全国最具个性电影文化运营平台。"泰禾影城"进社区、进项目，为业主提供了家门口的文化生活盛宴。目前，大部分的"大院系"产品都有泰禾影城的配套，实现业主不出小区门就能看到最新的院线影片（图5-39、图5-40）。

6. 酒店文旅配套

目前，泰禾已经在全国布局了近20家国际品牌酒店及自有品牌酒店。其中，福州泰禾凯宾斯基酒店等已成为福建酒店行业的新标杆。泰禾旗下的酒店，无论在装修设计上，还是服务内容上，都注入了泰禾倡导的"中式元素"，形成独特的核心竞争力（图5-41）。

图5-39 泰禾影院

图5-40 泰禾会所

图5-41 泰禾酒店

5.5.2　企业端产品支撑体系：专业管理保障

1．研发设计体系

在新中式文化的探索之上，泰禾有着自己独特的研发设计体系，其独有的三大造院体系、三重庭院设计，户户有天有地的院落居住生活，使其成为新中式传统文化在建筑中得以具体应用的领跑者。泰禾以院子系为基础，衍生出大院系、府系、园系，形成以"新中式"产品为主导的各类高端产品系。此外，泰禾还把新中式风格从院子系拓展到了商业、公寓、酒店等其他业务板块，以传承并延续"中国品味"。

2．园林设计体系

泰禾拥有具备近二十年设计经验的园林设计师团队，同时汇聚我国内地（大陆）及港台地区知名园林设计大师、园林艺术大师构建东方园林大美。比如，为找到名贵的树种，泰禾甚至可以成立单独的部门，到全国各地，翻山越岭，花重金淘树，然后整棵买下，采取全冠移植的方式运到项目，所以泰禾的楼盘一入住，就能感受到林木成荫的园林效果，在泰禾的园林里可以找到许多树龄50年以上的树。

泰禾园林设计团队还将皇家园林气象与中式造园工艺工法，通过大树与四季主题树种的运用，使建筑融于蔽日浓荫，屋角飞檐、砖瓦有灵、叠石成山、碧水深流等，中式园林之下的山水胜境，围绕着一处处家宅铺展而来，与楼栋之间、与漫天阳光相互呼应，形成全方位的观景效果，完美营造出移步易景、园中有园的山水园林意境。

3．工程施工体系

泰禾做到每个院落从设计、施工、栽植，到品质把控，都集合了数十个专业团队、上百名资深园匠的经验智慧。在施工过程之中，泰禾的团队明确相关人员职责，完善建立施工管理制度，搭建科学合理的施工体系。

4．全球采买体系

泰禾具备完善而高效的原料采买体系，大到石料、原生木，小到地砖、花种，坚持原产地进货。如泰禾金府大院选石，将中国四大名石——太湖石、灵璧石、黄蜡石、英德石集于一园；项目团队远赴湖南西洞庭、安徽渔沟镇、浙江新昌县、广东英德市等地求石溯源。

5．质量把控体系

泰禾制定缜密的施工监管制度，工程师现场巡视检查、重点环节亲自督导，同时实行质量一票否决权，严禁不合格产品带入下一道工序。

首先，质量意识来源于教育。泰禾集团就与现场施工密切相关的问题，如防止外墙渗水、室外排水、道路、景观的施工质量把控等，进行专题讨论与培训；集团要求每一位员工站在客户的立场上，从客户的角度，换位思考，关注客户投诉的质量问题，进行逐项检查，发现问题立即整改，以此增强每一位员工的质量意识。

其次，质量意识在实践中确立。通过培训建立起来的质量意识，需要在工作中不断总结、实践，从而树立正确的质量意识观，并建立质量管理体系，并有效运行，从而将质量意识落到实处。泰禾集团组织相关培训之后，要求每一位员工严格按照讨论得出的结论，照章执行。如在项目打桩过程中，做到桩基定人、定位、定桩机号，并由专人监控，从而保证全部桩基一次性测试合格。

6．种植养护体系

为了给业主营造出理想的园林景观与生活环境，泰禾营建了自有的苗圃基地，为泰禾造园提供了充足的"原料"选择与保障。

好的园林需要匹配细致的养护，泰禾集团提出"四季重点分明的专业养护体系"，根据庭院特点与季节属性，提供专人养护服务。

而关于"移植"，泰禾更有一套严苛的标准。造园所用乔木均为成树，并采用全冠移植。在移栽过程中，保留枝叶和树冠，将整棵苗木原封不动地从原生地运回，在泰禾自有苗圃养育成活，再移植进项目。这种做法比去冠移植的成本高4倍，但树木的成活率可提高3倍，并能做到立时观景。

同时，泰禾的园林工程师和园艺师们都会定期进行园区巡查，照顾到每一株植物的生长状况。夏天燥热，会装上"花洒"给树木淋浴，避免水分过多蒸发；冬日风雪，名贵树木必做专门防护。遇树木健康问题及天气突发状况，会在第一时间诊治和防护。

5.6 案例总结

随着经济的发展和消费的升级，人民日益增长的物质文化需要已经转化为美好生活的需要，对住宅的要求由"居者有其屋"转向"居者优其屋"，城市精品住宅应运而生。泰禾集团从2003年推出中国院子这一开篇之作，此后从未停止对精品住宅的探索脚步，现已推出"院子系、大院系、园系、府系、小院系"等众多产品系列。其中，泰禾大院系产品的成功，不仅是泰禾对城市精品的新的探索，更是对中国生活方式新的定义，泰禾对城市精品住宅进行升维，延续院子系"新中式文化"的理念，以精工品质打造出让人难以抗拒的极致产品力，从择址到规划，从园林到建筑，大院系产品在精品住宅的坚守与传承中不断创新与发展。

具体而言，泰禾"大院系"产品有以下值得关注的特点：

一是选取城市核心地段，获得良好的城市资源。如北京西府大院位于北京西三环附近，为项目提供了教育、医疗、商业服务等一系列优质配套，同时周边的公园及远景的景观资源也为项目提供了城市核心稀缺的优质资源。

二是打造至臻品质，坚守项目品味。"大院系"产品追求低密度、大楼间距，在空间上形成融合统一的园林与建筑布局；在建筑及户型设计上关注生活，融合文化，可以匹配不同人群的多样生活场景。

三是融入中式内涵，唤起文化认同。大院系产品将中式传统文化融入园林与建筑细部，在园林体系中打造"九州盛景"，引入十二则例。在建筑细部的打磨上，更是将匠心发挥到了极致，运用中式雕花纹理、重檐庑殿顶等，形成了自己的独特文化内涵。

四是完善服务支撑，实现全生命周期服务。泰禾拥有企业端及客户端双重产品支撑体系，提供"泰禾+"全生命周期服务，涵盖物管、医疗、教育、商业、文化、酒店文旅等服务；形成了研发设计、园林设计、工程施工、全球采买、质量把控、种植养护等专业管理体系，成为泰禾在城市精品住宅领域持续发力的基石。

未来消费者对于住宅的要求不再仅仅局限于最基础的居住需求，其会更加偏向于个性化和差异化。同时随着消费者对于所居环境文化品位要求的提升，未来住宅也将承载人们的精神层面的寄托。过去很多的高端住宅都是简单堆砌高端要素，脱离了中国家庭的日常生活场景，也脱离了中国文化在宅邸方面的映射。而泰禾"大院系"是一个内在要素完整、外在形态朗隽、服务体系完备的优秀住宅产品，而且从内到外，从硬实体到软服务，形成了一个匹配中国家庭生活需求，回应中国人居住文化诉求的居住系统，其契合了我国当前以及未来精品住宅的演化趋向，回应了房地产企业的社会责任，为众多开发商提供可借鉴的思路，同时也为满足人民群众日益增长的美好生活需要提供了一个绝佳范例。

思考题

1. 泰禾的"大院系"产品与"院子系"产品相比，在新中式文化院落打造上有哪些传承与发展？
2. 泰禾在"大院系"产品打造过程中，是如何实现"先天价值、后天价值、附加价值"升维的？
3. 你认为泰禾对城市精品住宅探索的经验，对房地产企业有何启示？
4. 基于本案例提出的城市精品住宅的概念，请你畅想一下未来的住宅特征是什么？

6 旭辉铂悦·澜庭：
高端住宅产品与重庆山水人文的融合之作

人要塑造建筑，建筑也要塑造人。

——丘吉尔

案例导读

随着我国住宅市场从供给时代进入需求时代，从"黄金时代"进入"白银时代"，从供给端发力驱动居住品质升级成为住宅市场的发展趋势。2015年，旭辉推出其高端住宅产品线——铂悦系，开启了产品线管理的转型升级之路。2017年，旭辉在重庆布局首个铂悦系产品——铂悦·澜庭，融合山城地势、长江、长江大桥、巴渝文化等重庆特色，成为重庆高端住宅市场上的一颗明珠，成为南滨路上的一道风景线，助推重庆两江四岸景观提升。本章重点剖析旭辉CIFI产品系，以及项目的资源、环境条件与铂悦系产品有机融合的设计特色，为感兴趣的同行、学者及学生提供案例参考。

6.1 我国住宅产品转型升级

6.1.1 住宅市场的变化

1. 从供给时代进入需求时代

1998年7月,国务院发布《关于进一步深化城镇住房制度改革加快住房建设的通知》,将商品化与市场经济引入中国的住房建设与分配领域。根据国务院发展研究中心分析,2010年中国城镇居民家庭住房户均套数为1.02套,意味着中国房地产市场供求基本平衡。根据国家统计局数据显示,2018年我国城镇居民人均住房建筑面积已经达到39m^2,相比于住房制度改革之初的18.7m^2已经翻了一番,住房总量供不应求的矛盾已经得到了明显缓解。

党的十九大报告提出,中国特色社会主义进入新时代,我国社会主要矛盾已经转化为人民日益增长的美好生活需要和不平衡不充分发展之间的矛盾。人民对美好生活的需求包含更舒适的居住条件和更优美的居住环境。面对新时代、新特点、新要求,面对住房领域发展不平衡不充分问题,必须转变过去供不应求阶段的住房发展理念,坚持房子是用来住的、不是用来炒的定位,让住房回归居住本质属性,真正形成以人为本的住房发展理念,针对不同收入群体、不同区域的异质性,按照分城施策原则,精准界定不同类型住房产品的属性。

2. 从"黄金时代"进入"白银时代"

我国房地产行业的"黄金时代"自1998年住房制度改革开始,进入快速发展阶段。"黄金时代"的发展模式主要表现为,通过土地的持续快速升值实现房地产企业的盈利,通过宽松的信贷环境降低房地产企业资金成本,同时,房地产企业财务杠杆比较高,利润率也比较高。2014年对于房地产行业是重要拐点,据国家统计局数据,自2012年4月到2014年10月,全国商品房库存连续31个月上涨,与最低点时相比,全国商品房整体库存上涨接近9成。学者和业界普遍认为,从盈利角度看,我国楼市从2014年起开始进入了"白银时代",房地产市场增速逐渐放缓。

在"白银时代",房地产市场体现出需求增速较为平稳、更加差异化的市场特征,同时,人们对于居住品质的要求越来越高。中国房地产市场依然有潜力,但是行业整体快速扩张的时代已经结束,传统的小型房地产企业逐渐被洗牌出局,大型房地产企业之间的竞争将更加激烈。对于供给端的房企来讲,过去很容易通过高周转、管理创新、品牌化策略跑赢市场,也容易获得土地增值及房价上涨的收益;但是在"白银时代",由于市场增速下降，房企单纯依靠高周转实现快速增长的策略将失灵。同时，现在房地产行业资本外流，不断开发其他版块业务。由此可见，把握市场需求，提供符合市场需求甚至超出市场预期的"品质地产"，从供给端发力驱动居住品质升级成为"白银时代"房地产市场的发展趋势。

6.1.2 高端住宅市场

1．高端住宅市场发展趋势

近年来政府对房地产市场实施严格调控政策，普通住宅类投资受到抑制，而基于购房者置业与投资的双重需求，高端住宅类投资与日俱增。根据2019年7月云房数据与和讯房产联合发布的《中国房地产投资回报率调查报告》显示，全国高端住宅价格和租金的走势，从2011年上半年开始上涨，2014年底至2016年增长迅猛，2016年上半年达到峰值后开始下滑，但是从2017年下半年开始又出现了新一轮上涨。

住宅市场高端化趋势主要来自供需两方面的作用。从供给看，土地供给不断收缩导致地价上涨，促使开发商建造高端住宅；从需求看，随着住房自有化率的提升，消费者开始追求从量到质的提升，同时改善型需求占比持续增加，大量的改善性需求以及高端人群对优质资产保值增值功能的需求促使高端住宅成交加快。

随着一线、部分二线及沿海城市限购令的出台，很多投资者逐渐将目光投向重庆。重庆作为新一线城市，经济稳步增长，宽松的政策要求以及中新项目带来的发展前景，吸引投资者到重庆核心片区购房。在供给与需求的共同作用下，2016年全年重庆高端住宅市场销售套数达10200套，销售率上升至86%，同比上涨24.1%。近两年重庆主城区严控土地的开发强度和建筑高度及密度，建筑容积率不断降低，也带来住宅产品结构的不断调整。2019年90m^2以下住宅产品成交占比仅16%，较2018年收缩了7.7%，住宅销售面积主要集中在90~140m^2，销售占比为70%。

2．高端住宅市场特征

一方面，近年来政府对房地产市场实施严格调控政策，另一方面，人们对住房要求不断提升，房地产开发商顺势而为，相继开发高端住宅产品，我国高端住宅市场呈现出以下特征：

（1）市场需求多样化

从20世纪90年代至今，从住宅产业化发展以及中国居民可支配收入来看，城市住宅类型大致经历了四个阶段：简单功能型、功能改善型、综合配套型、人本生态型。随着住宅需求不断升级，高端住宅市场的需求更加多样化。

在居住需求多样化方面，主要表现在产品套型面积、空间尺度、设备标准、服务标准、配套标准等，比如，高端住宅一般采用智能化设备，提升居住的舒适度，配套专业的物业管理，提升居住的便利度。在精神需求方面，高端住宅需要鲜明的主题特色和丰富的文化元素，通过营造优雅舒适的社区环境，为业主提供健康生活、愉快社交的场所。高端住宅不只是大房子、好房子、贵房子的概念，更是物理上和心理上营造的生活概念，是具有延展性的"家"。

（2）产品价值多元化

在市场需求多样化的引导下，高端住宅产品价值也更加多元化，其价值体系可以用一个多维度的住宅价值模型来表示：高端住宅价值体系包括城市价值、地段、产品、配套、圈层、品牌、文化、升值、延展性、珍藏性等。

高端住宅与城市的关系紧密，城市发展孕育了高端住宅市场的成长，高端住宅市场竞争反哺于城市发展，人们选择高端住宅，也是选择了住宅所处的城市。地段是房地产产品的命脉，决定房地产价值的核心要素是地段。房地产开发商开发房地产项目，主要根据地段开发出与之相符的房地产产品，将地段的价值最大化。相较于普通住宅，高端住宅产品价值源于更加丰富完善的外部资源和内部资源，外部资源包含交通资源、教育资源、自然环境资源、历史资源、城市战略等，内部资源则涵盖了产品品质资源、配套资源、服务资源等，这些资源保障了业主对于美好生活的追求，也保证了高端住宅产品投资价值与升值空间。

（3）楼盘竞争品牌化

品牌对于产品具有非常重要的意义，高端住宅作为价值不菲的产品，亦是如此。在如今竞争激烈的房地产市场中，房地产开发商为了在房地产市场获得一席之地，必须拥有自己的特色产品，打造属于自己的品牌，而高端住宅产品是房地产开发商关注的重要方面。

一般而言，知名的房地产开发商具有三个显著特点：①用心注入，追求极致；②追崇体系价值，创建宜居生活；③品牌集优，品质上乘，品味优雅。在高端住宅市场上，各大房地产开发商纷纷推出了精心打造的高端住宅产品，比如旭辉·铂悦系、万科·翡翠系、绿城·桃花源系、龙湖·原著系、融创·壹号院系、泰禾·院子系、星河湾系、金茂·金茂府、金辉·铭著系、绿地·海珀系、当代·万国系等。这些来自不同区域的品牌开发商在推出各自高端住宅产品的同时，也带来了不同高端住宅开发理念和迥异的高端住宅城市地标。

6.2 旭辉CIFI产品体系解析

6.2.1 旭辉的"二五"战略

旭辉于2000年成立于上海,是一家以房地产开发为主营业务的综合性大型企业集团,发展业务包括物业管理、长租公寓、教育、养老、建筑产业化、基金管理、工程建设、装修软装服务等。旭辉定位于"美好生活服务商"和"城市综合运营商",通过整合资源、平台扩展、业务创新为客户提供多元化的服务,为城市创造无限可能。

当其他消费体验不断提升时,人们的居住体验提升甚小。住、限、租成为年度的关键词,表明房子的属性逐渐从交易属性转向产品属性。2014年,旭辉集团在上海总部耗资数千万元,建立4000多m²的产品研发中心,作为重点产品的孵化基地。研发中心包含企业品牌展示、标准样板房、标准功能模块展示、集中采购部品部件展示、工艺工法展示、户型空间研究等多个功能模块,负责集团产品研究、人员培训等,为推动集团发展战略提供保障。

2017年,旭辉开启第二个五年发展战略("二五"战略),以房地产为主航道,同时拓展"房地产+"及房地产金融化,以"一体两翼"的方式去实现新阶段下持续、稳定、有质量的增长。依托房地产主业优势,整合产业链上下游以及跨产业链间的资源,深化在长租公寓、商业运营、装配式建筑、教育、社区服务等多个方向的"房地产+"战略布局,构筑良性发展的房地产生态圈。秉承"用心构筑美好生活"的宗旨,旭辉"二五"战略的产品使命是真诚对待每一块获取的土地,强化产品追求、贴近客户生活、不断创新产品、保持产品领先、确保产品竞争力、成为品质生活缔造者和产品风尚引领者。"二五"战略要求旭辉实现产品能级提升,从中低档刚需产品形象提升到中高端品质改善的产品形象,满足一、二线城市未来新房以改善为主的市场需求变化,从高性价比产品转变为优质优价的产品理念,打造客户买得起的好房子。

6.2.2 CIFI产品设计理念

CIFI产品经过多年发展和沉淀,第五代产品——CIFI-5,基于对生命的思考,以时间、空间、城市、时代四个维度,对居住本质和美好生活需求提出了自己的理解。CIFI-5提出了"销售体验好、交付体验好、入住3～5年以后体验好"的"三好"承诺,以"科技智能化、精细品质化、时尚经典化、人性关怀化"为核心的"四化"设计导向,以"全精装、全绿色生态、全科技智能、全龄全景、全人车分流"为核心的"五全"标准的客户体验，将"三好、四化、五全"融入旭辉产品基因，同时将技术与艺术深度结合，让设计回归功能与性能，营造有温度的生活，诠释每一个项目不仅是商品更是作品的理念，打造"CIFI-5"TGHL全产品线品质改善体系。

6.2.3 CIFI-5住宅产品系

旭辉对每一个城市、区域、地块进行深入研究，洞察客户心理，将地脉与人脉深度结合，针对不同区域定位不同产品，实现对每一块土地精工雕琢，逐步形成了T、G、H、L四个产品系，为不同需求的客户打造有温度的家（图6-1）。

1. T系列

T线住宅产品定位于高档品质再改，设计概念是顶级高端（Top）、时代传承（Times）、创意时尚（Trailblazer）和专业工艺（Technical），演绎现代经典，回归生活本质，追求价值延续。其单价标准为1.75倍的城市均价，目标客户为收入能级位于城市85~95分位的高净值人群，目标客群是都市精英，比如高学历社会精英、海归人士及中大型企业主等，他们对稀缺资源、经典建筑风格和住宅品牌都有很高的追求，同时注重住宅价值的延续性。T系列现有产品为铂悦系，如南京的铂悦·金陵和上海的铂悦·西郊、铂悦·滨江等。

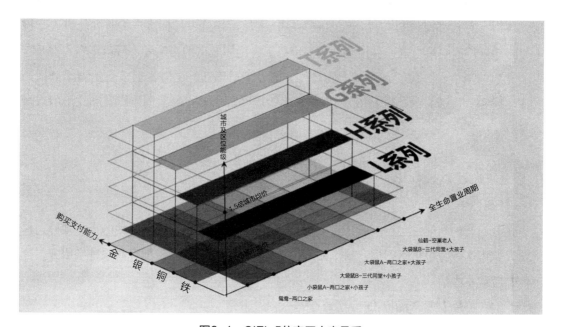

图6-1　CIFI-5住宅四大产品系

2．G系列

G线住宅产品定位于中高档品质改善，为旭辉产品中"轻奢豪宅"系列，设计概念是典雅品质（Grace）、艺术品位（Gallery）、舒适乐居（Geniality）和花园意境（Garden），产品特征是经典、时尚、艺术与个性。其单价标准为1.5倍的城市均价，目标客户为收入能级位于城市78～85分位的中高端人群，目标客群是都市新贵，比如城市中产精英、成功创业者及企业中层管理者，他们对住宅有自己的品味，追求新贵轻奢的风格，同时更加注重住宅的品质和体验，对房屋溢价也有一定的要求。G系列现有产品为赋系、府系和江山系，如长沙的湖山赋、青岛的正阳府、宁波的铂宸府、合肥的江山·庐州印和成都的江山和鸣等。

3．H系列

H线住宅产品定位于中档品质刚需及首改，设计概念是以人为本（Humanize）、舒适便捷（Handy）、乐享健康（Health）和温馨归家（Home），产品追求不过时的经典、不经意的惊喜和不淡漠的都市。其单价标准为1.25倍的城市均价，目标客户为收入能级位于城市70～78分位的中端人群，目标客群是都市中产，比如城市新晋中产、年轻高潜白领及中高级知识分子，他们追求健康舒适的居住环境和精细化的社区管理，也更加注重成熟便利的配套设施条件以满足生活需要。H系列现有产品为公元系，如佛山的旭辉公元等。

4．L系列

L线住宅产品定位于中低档刚需及首次置业，设计概念是自然休闲（Leisure）、活力生态（Livingness）、运动健康（Locomotive）和轻松愉悦（Lightly），追逐朴实经典、享受现代生活、寻找都市记忆。其单价标准为1.0倍的城市均价，目标客户为收入能级位于城市65～70分位的中端人群，目标客群是都市白领，比如城市的奋斗者、城市年轻人群及有生活理想的新市民，他们首先考虑的是住宅的经济适用性，同时也追求自然温馨舒适的居住环境和具有活力的社区。L系列现有产品为城系，如上海的首创旭辉城和沈阳的东樾城等。

6.2.4 旭辉高端住宅产品——铂悦系

作为旭辉的高端住宅产品，铂悦系的品牌愿景是充分尊重每一块土地的人文地脉，深入研究城市区域客群生活习惯，对产品细节始终如一的匠心要求，配合高端精细服务，全方位护航业主生活。

1．铂悦系十大产品标准

在四大产品系的基础上，旭辉建立了产品标准化体系，精心缔造产品核心十大标准：

图6-2 产品核心十大标准

规划标准、形象标准、户型标准、景观标准、精装标准、地库标准、体验标准、服务标准、配置标准和智能标准（图6-2）。T系列中的铂悦系作为高端品质改善体系的代表，涵盖77项产品体系，被称为"铂悦三星"认证。

（1）规划标准

规划标准涵盖10项产品体系：全区均好型规划、全区人车分流系统、酒店式小区入户大堂空间、全区六重礼遇空间、人性化全区居住体系、双大堂归家系统、风雨连廊落客系统、尊贵私家围界系统、全龄生活配套健康会所和人性化管网综合系统。

（2）形象标准

形象标准涵盖7项产品体系：时尚经典立面风格、尊贵新颖材料体系、和谐适宜中性色彩体系、大气典雅仪式门户系统、中空LOW-E自遮阳门窗系统、块面结合泛光照明系统和全方位生活痕迹百叶遮蔽系统。

（3）户型标准

户型标准涵盖6项产品体系：全屋通风采光系统、双开间通常南景阳台、一梯一户独立入户系统、秩序十字轴线布局、双维度分区体系和全屋集中设备平台。

（4）景观标准

景观标准涵盖10项产品体系：0～12岁儿童分段活动场地、健康自训步道体系、多功能草坪系统、宠物乐园、景观会客厅泛会所、长者活动系统、成人健身系统、四季景致绿植系统、单元入口独立庭院空间和自动喷灌系统。

（5）精装标准

精装标准涵盖6项产品体系：全方位收纳系统、德国精工厨房系统、人性化卫浴系统、精细化设计系统、智能屋系统和健康舒适环保系统。

（6）地库标准

地库标准涵盖8项产品体系：人性化标示划线系统、自然采光通风地库设计、数据集成管线综合系统、智能识别系统、智能照明系统、尊贵感全装修材料系统、舒适感车位尺度标准和非干扰式行车流线设计。

（7）体验标准

体验标准涵盖6项产品体系：全龄景观功能展示、营销活动区、礼仪迎宾大道、入口广场、尊贵行车体验和工艺工法展示体系。

（8）服务标准

服务标准涵盖7项产品体系：全时段全龄会所、体验会所、生活会所、便捷生活服务链、智能物流接收系统、社区智能健康中心和社区关照服务体系。

（9）配置标准

配置标准涵盖8项产品体系：充电桩系统、集中中央空调系统、旋流静音排水系统、中央净水系统、多联式地辐热采暖系统、贴心USB插座、粉碎系统和绿色户内垃圾。

（10）智能标准

智能标准涵盖9项产品体系：智能电力系统、智慧养老系统、智能安防体系、场景式智能家居系统、掌上社区系统、智能呼梯、小区无线WIFI覆盖、智能无人快递箱和温馨背景音系统。

2．铂悦系产品发展历程

2015年，旭辉发布高端产品线铂悦系，定位"像汽车行业一样去做高端产品线"。铂悦系的首个落地产品是苏州的铂悦府项目，该地块位于苏州工业园区现代大道与星塘街交汇处，与白塘生态植物园一路之隔。2014年11月，旭辉竞拍获得该地块，楼面地价高达10949元/m^2，溢价56.41%，成为苏州工业园区的新地王。因为先天条件优越，这块地王成为旭辉首个高端产品线铂悦系的"试验田"，定名为铂悦府，项目集"亚洲四大人文园林""五大奢装系统""八大智能系统"于一身。2015年10月，苏州铂悦府首次开盘推出小高层、洋房与叠加别墅共计164套精装房源，均价28000元/m^2，最高单价突破30000元/m²。2018年，苏州铂悦府获得了"中国土木工程詹天佑奖优秀住宅小区金奖"。

2015年10月，上海陆家嘴豪宅铂悦·滨江上市，精装住宅均价突破8万元/m²，别墅均价12万/m²，最高达16万/m²。旭辉铂悦系产品在苏州、上海销售良好，表明旭辉的高端产品线铂悦系初步获得了市场认可。随后，南京铂悦·秦淮、铂悦·金陵、济南铂悦·凤犀台、青岛铂悦·灵犀湾、合肥铂悦·庐州府和重庆铂悦·澜庭等新项目相继问世，铂悦系成为了旭辉精工品质与高端产品的标签。

6.2.5　CIFI-6：多维人生

旭辉紧跟消费潮流，不断更新迭代住宅产品，2019年CIFI-5优化升级为CIFI-6。CIFI-6秉持"爱自由、有激情、敢梦想"的生活理念，带来超出预期的"多维人生"。

快节奏的现代都市生活，让亲情和友情都成了奢侈品。CIFI-6打造了"自由'巨'厅"，通过厅内厅外有机结合延展，形成了满足不同家庭成员需求，同时容纳好友欢聚的LDKG一体化空间。旭辉还提出了"5+X收纳体系"，以"玄关收纳、厨房收纳、卫浴收纳、家政收纳、衣帽间收纳"为主体打造全屋无忧收纳系统，针对日常收纳存在的156个痛点，逐一提出解决方案。厨房和卫生间最容易成为收纳重灾区，在厨房模块中，CIFI-6设置了可延展台面，满足临时性扩大台面空间的需求，一秒变成"U"形操作台，利用侧面收纳刀具避免水槽区域空间的浪费，还利用小家电隔板抽屉等设计，最大限度地留出更多的厨房台面操作空间；在卫浴间，开放柜的设计秉承有"藏"又有"露"的原则，常用的随手可取，不常用的则有序收纳，巧妙在柜体侧边设置物品收纳格、台盆下柜等，让每个物品都有单独的存放区域且互不打扰。以毫米、厘米为尺度的精心设计，在极大拓展收纳空间的同时，解决二胎、三代家庭的生活痛点，让空间得到释放，与家共同成长，以更多空间解锁更多生活可能。

房子是居住的建筑，更是生活方式的舞台。CIFI-6将智能化与社区生活深度融合。首先，CIFI-6对归家动线进行了优化升级，把归家动线纳入生活体验区，设置集市、书吧、艺术馆、茶室等12个主题模块，把社区打造成一个激情聚合的能量场，为业主提供更多社交碰撞机遇。其次，CIFI-6独家打造的缤纷盒子，以单门别户为单位，打造健身空间、亲子空间、美食空间等，在可组合的、灵活的盒子空间里，享受缤纷生活和社交乐趣。CIFI-6打造了"旭慧生活APP"智能化生活平台，包含人脸识别、自动呼梯等"五感通行"，用科技带来温馨便捷的居家体验。

6.3 铂悦系与重庆——铂悦·澜庭

6.3.1 项目地块分析

1. 地区规划

项目所在的弹子石地区位于长江与嘉陵江交汇处，滨江岸线长约20km，背靠南山风景区。回顾弹子石的历史，作为重庆最早的开埠之地和近现代工业重镇，2003年弹子石与解放碑、江北嘴被确定为重庆三大中央商务区。其中，江北嘴主要承载金融功能，解放碑主要承载商贸、金融功能，弹子石则承载配套服务功能，包括住宅、公寓、酒店和文化设施等。过去十年，相较解放碑和江北嘴的飞速发展，弹子石则相对沉寂。

2013年，重庆出台《关于加快中央商务区建设的意见》，明确将弹子石CBD由功能配套区提升为核心区，新的弹子石CBD规划范围西起南滨路，东至外环，南起钟楼广场，北至大佛寺长江大桥，规划面积约11km^2，核心面积3km^2，同时将周边的鸡冠石镇、涂山镇，约9km^{2}纳入了CBD拓展区规划范畴。弹子石CBD共分为A、B、C、D、E、F、G（局部）七个分区，各分区各具特色。A区处于大佛寺大桥到寸滩大桥之间，B区为鸡冠石镇白沙沱片区。A、B分区规划占地面积约4500亩，总规划建筑面积约280万m^2，主要以高档居住、娱乐休闲健身功能为主。C区位于朝天门长江大桥和大佛寺大桥之间，D区是重庆市监狱、黄桷湾立交一片。C、D分区是弹子石CBD的核心区，即总部经济区，两区规划占地面积约4500亩，将重点建设商业写字楼、商务综合体，打造以办公、商务、文化、娱乐、居住功能为主的总部经济区和高档住宅配套区，变成可供市民逛街的场所。E区为机场快速路和内环快速路沿线，F区为鸡冠石一片。E、F分区规划占地面积约7000亩，总规划建筑面积约310万m^2，以居住、市政、体育功能为主。

自弹子石CBD规划升级后，弹子石板块成为重庆市区内可开发建设用地最多、发展潜能最大的CBD区域。根据重庆锐理数据机构分析，弹子石板块从2012年开始集中推出居住用地，2012至2017年共成交土地976.8亩，可开发体量222.87万m^2。弹子石板块吸引了旭辉、金地、蓝光、华润、中海、龙湖、天誉等多家品牌房企入驻，布局了铂悦·澜庭、天誉·智慧城、融侨·首玺、金地首创·两岸风华、长嘉汇、国际社区、凯旋天地、龙湖·郦江、帕提欧等住宅产品。近五年内弹子石的变化非常显著，区域人口结构趋向高端人群，临江洋房的改善产品升级，这些不同维度的变化叠加在一起，有利提升了弹子石地块的价值。

2. 交通条件

弹子石CBD是一个背靠南山三面临江的"半岛"，拥有12km长的江岸线和独特的江景

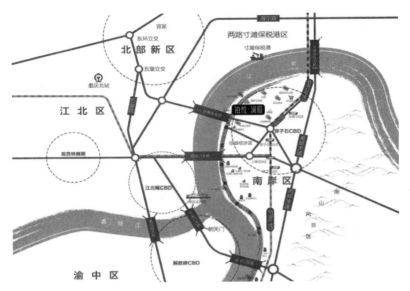

图6-3 弹子石CBD区位交通图

资源，交通条件好，距江北国际机场13km，距火车北站5km，距解放碑10min车程。弹子石CBD交通规划四通八达，拥有"四四三二"的立体交通网络，"四桥"为大佛寺大桥、朝天门长江大桥、寸滩大桥、黄桷沱大桥，"四路"为腾龙大道、沿江南滨路、机场快速路、内环快速路，"三隧道"为南山隧道、慈母山隧道、两江隧道，"两轻轨"为轨道环线、11号线，将弹子石CBD与解放碑、江北嘴CBD连为一体，形成"黄金三角区"（图6-3）。

6.3.2 项目定位分析

1. 配套资源

项目位于弹子石中央商务区A分区，地处南滨路北段滨江带，大佛寺大桥南桥头下。项目3km内有轻轨4号线保税港站、头塘站和寸滩站。附近还有大佛寺、洋人街码头、福民路等公交站。在商业配套方面，周边有华润弹子石万象汇、新世纪百货、重庆普泰广场等综合商场。在医疗配套方面，周围有武警重庆市总队医院、重庆康华众联心血管病医院、重庆盛景医院等医院。在教育方面，有益心幼儿园、国际社区爱绿幼儿园、重庆市第三十八中学等学校可满足孩子的上学需求。总体来看，项目周边配套设施较完善，可满足日常生活需求。

项目位于长江景观资源带，江岸线开阔，背靠南山风景区，植被生态好，是两江四岸兼得城市繁华和亲水生态的地块。美心洋人街已启动搬迁，国际马戏城及相邻的万象汇购物中心已营业，珊瑚实验小学及市政公园也在规划中。整体上来看，项目地块资源丰富，

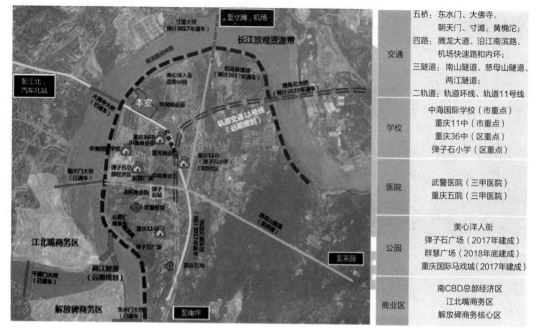

图6-4 铂悦·澜庭项目配套资源图

区位优势明显,交通规划较便捷,具有较大的升值空间(图6-4)。

2. 产品系选择

项目拿地时间为2016年7月,由南岸区弹子石A分区A8-1/03、A8-3/03、A8-5/03、A17-1/04号宗地组成,以226亩商兼住用地拍卖成交,参与拍卖的企业有东原、旭辉、华宇,三者皆为全国百强房企。最终东原以成交价117000万元拍得,项目开发由旭辉、东原、华宇三大地产企业携手完成。

地块楼面价为2636元/m^2,溢价率为0.37%,容积率为2.9,建筑体量约44万m^2。在这样的成本空间和容积率指标下,旭辉选择将该项目打造为在重庆的首个T系住宅产品——铂悦·澜庭,定位为面向城市中产的改善级亲奢住宅,目标客群为中产阶级、薪富一族和都市新贵,他们属于社会较富裕的人群,有一定的社会地位,见识广博,有国际化的观念与文化认同感,追求温馨优美的生活环境、健康鲜氧的生活方式和静谧优雅的生活形态,有住房改善升级的需求,也有相应的消费能力。

产品的品质感和舒适度承载着项目的产品竞争力,合理的定价是提升项目竞争力的关键。铂悦·澜庭项目一期洋房产品首开均价约14000元/m^2,项目将高端住宅的价值与社会经济文化的发展脉络融合起来,优渥的地段、面向城市中产的改善级亲奢盘定位和较高的性价比,铂悦·澜庭项目引起了广泛关注,2017年底至2018年期间,销售金额达到34亿元,为重庆高端住宅市场增添了新的色彩。

图6-5
铂悦·澜庭项目全期
规划图

6.3.3 项目建设规划

项目整体建筑面积约44万m^2，其中商业14.7万m^2，住宅29.3万m^2。住宅以高层、洋房产品为主，高层享江景资源；依靠地形，采用行列式布局，三公园环绕，内部各楼栋穿插景观步道。

项目整体分为三期，一期及二期为商住用地，三期为商业用地。一期项目包括5栋高层和17栋洋房组团，建设周期为3年，预计2020年12月30日完成全期精装交付；二期项目包括7栋高层，建设周期为3年，预计2020年底交付；三期暂时未启动。项目预计引入珊瑚实验小学，并按照用地规划修建配套公园（图6-5）。

6.4 铂悦·澜庭的设计初心

6.4.1 设计理念

铂悦·澜庭项目属于坡地项目，整个项目高差近70m。结合重庆作为山城的特点，项目整体以"空中山水园林"为设计理念，以"人在画中游，云端瞰世界"的设计思路为引领，利用邻江地势形成观江视野，沿地形起伏绵延而上，四层观景平台循序渐进，从不同的高度感受山城重庆的独特风景。缩千里江水于方寸，揽绵延山色于眼帘，营造喧闹城市

图6-6 铂悦·澜庭项目实景图

中的曲径通幽之处,为业主带来至高的礼遇与舒心的体验(图6-6)。

滨江大道旁,源于儒家的礼制建筑——汉朝高台明堂巍然而立。山城临江,雾霭沉沉恰似林栖谷隐,看似自由的山体中隐藏着规矩与方圆,大道至简、曲径通幽,景观轴线将景观节点串联统一,在起伏不定的山体中打造出一片幽静山林。景观与建筑精妙结合,营造空灵梦幻与礼序雄浑并存的体验感。

第二层台地,剔透的琉璃灯绽于水面之上,镜面水景使城市芳华尽显倒映。碧水在前,群山在后,浓缩山城符号的地标以画卷形式在身后景墙徐徐铺陈,西式摩登与东方现代,让人有身在山城之实心却宛在别处之感。

三层台地,建筑厚重恢宏,却又好似漂浮在水面之上。水池与台阶1.5m的高差处理,让万千视线都有绝佳观景——俯视即瞰城市景象;仰视即观水天相接,再配以两旁琉璎水榭与汩汩活泉,山城的噪与静、人生的放与隐皆收于此,自成一景。

再上层楼,以江枫渔火为概念来源的建筑物之上,藏着一处别有洞天的屋顶花园,倚山观水,所有景致一览无遗,大有江山在手的王之霸气,管它曲径通幽还是大道坦途,认得清来时路,更看得见归时途。

在建筑风格上,铂悦·澜庭项目选择的是新中式风格与现代风格。洋房采用新中式建筑风格,新中式风格以浓厚地域特色的传统文化为根基,融入西方文化。把中国元素植入现代建筑语系,将传统意境和现代风格对称运用,用现代设计来隐喻中国的传统。在关注现代生活舒适性的同时,让中国传统文化得以传承和发扬。高层采用现代主义风格,追求

图6-7 铂悦·澜庭一期项目总平面图

01.主入口景 10.林下坐
02.礼仪水景 11.溪岸坐
03.静谧疏林 12.花间坐
04.景观客厅 13.午后花园
05.儿童天地 14.茶田坐
06.泳池会所 15.石上坐
07.浪漫天台 16.次入口
08.电梯庭院 17.消防入口
09.观江平台 18.商业街

时尚与潮流,强调突破旧传统,创造新建筑,重视功能和空间组织,注意发挥结构本身的形式美,造型简洁,反对多余装饰,讲究材料自身的质地和色彩的配置效果,简洁实用,结构布局合理。

6.4.2 景观设计

1. 三轴线主题景观

在旭辉的T系产品中,景观部分一般采用主次双轴的设计,强调主轴与次轴空间,打造十字景观轴线。在主要轴线上预留景观廊架空间(景观泛会所)、轴线式水景空间、规模式树阵空间、阳光草坪等,结合组团花园、局部主轴空间节点打造次级景观走廊,形成次级轴线。一期项目在T系标准设计基础上,结合项目实际情况采用了三轴线的主题景观设计,景观主轴与两条景观次轴分别命名为"云廊""绿谷"和"林幽",借势山水场景,以精美的设计语言传承东方美学意境,提升项目调性。以不同种类植物分区尽显宅间四季之美,创造优美尊贵的户外生活场景(图6-7)。

景观主轴"云廊"位于高层住宅与洋房花园之间,结合了项目绝佳的观江视野,以50棵国槐作为景观主线,亦有栾树、合欢、日本晚樱、丛生垂丝海棠等分布其间,打造出静谧疏林,以流畅大气的道路组织场地。业主漫步林间,观江赏林,可以感受到行云流水般的空间体验。

图6-8 铂悦·澜庭一期项目两条景观次轴:"绿谷"和"林幽"

景观次轴"绿谷"垂直于主轴"云廊",位于洋房花园之中,丰富植栽结合台地地势,打造"绿色峡谷",改善场地小气候。洋房花园6号～16号分别为高差3.5m的3层台地、2.5m和1m的台地,栽植了丛生栾树和春鹃、五角枫、丛生紫薇、红梅和蓝花楹树阵,命名为"林下坐""溪岸坐""花间坐"和"午后花园",随着园区高低起伏的地形,可以看到不同树阵的不同形态。拾阶而上,花期按照春秋夏冬变化,形成了四季花园。洋房花园17号～21号高差较小,为高差0.75m的四层台地,宅间平坦区域栽植了美人梅和紫玉兰、丛生乌桕和山玉兰两处树阵,命名为"茶田坐"和"石上坐",可作为休闲娱乐的邻里花园。

景观次轴"林幽"位于项目的西南边缘处,这里是一条贯穿整个小区首尾的水杉大道,伴随着水杉大道的是旁边山体上已经栽满的爬山虎和蔷薇花,以及道路旁交相呼应的栀子花群。走在这条悠长的水杉大道上,既能感受到水杉带来的古朴典雅和肃穆端正,又能闻到香甜的栀子花香(图6-8)。

2. 忠于生活体验

铂悦·澜庭项目的绿化景观成熟度是出类拔萃的。除了注重景观设计的美感,项目还坚持为业主提供舒心的体验和贴心的保护。

首先,项目在景观主轴"云廊"和景观次轴"绿谷"的基础上增加第三条景观轴"林幽",一是因为小区外有一条内环快速路,水杉等高大植被可以形成一道天然屏障,在此达到隔声降噪除尘功效,营造"独坐幽篁里"的静谧感;二是在小区边缘增加一条这样种满高大植被的小径,也可作为业主饭后闲暇散步之用,增加业主的休闲活动空间。

图6-9 铂悦·澜庭项目主轴大面积坡地无障碍通道

其次，项目在景观次轴"绿谷"上设计了大幅坡地无障碍通道，为了推着婴儿车的妈妈、买菜回来的老年人亦或小朋友，都能在这个宽敞的通道上享受舒适与美感。很多小区使用无障碍通道会觉得非常不便，而铂悦·澜庭项目的大面积坡地无障碍通道非常阔畅，提升了项目形象，体现了人文关怀，方便了业主出行（图6-9）。

6.4.3 交通设计

1. 双大堂归家系统

铂悦·澜庭项目设广场式主入口、岗亭式次入口及地库出入口。主入口兼顾车行和人行，设置水景强化入口氛围，展示项目气派尊贵的对外形象，次入口以人行为主，三个地库出入口方便了日常行车。除此之外，项目还配置了双大堂归家系统，地上归家路线包括六重序列空间：社区外围、社区入口、过渡引导区、中央花园、组团花园和单元入户大堂；地下归家路线包括七重序列空间：社区外围、地库出入口、地库坡道、入库玄关（欢迎墙）、地下停车空间、地下大堂过渡区和地下大堂。双大堂归家系统保证了业主出行的便利性，让业主感受到多重礼遇。

2. 车库设计

房子不是冰冷堆砌的建筑，而是注入温度的居家场所，有更高的品质追求，铂悦·澜庭项目切身考虑到业主车行动线的舒适度和品质感，邀请专业公司单独为地下车库进行设计。地下车库的出入口位于社区外部，以实现社区出入口人车分流；地库出入口设置缓冲

图6-10　地下车库出入口实景图　　　　图6-11　地下车库实景图

绿化道路，车行口设置智能车牌识别系统，增加出入安全性与便捷性。在车库入口及每栋楼入口处，都配置了入户光厅结构，这是较为少见的。整个光厅和门头采用一体化设计，以穿孔铝板从墙边到顶棚设计为弧形样式并雕刻镂空花纹，兼具观赏性和实用性。业主经过地下车库时，置身于柔和且明朗的光亮中，不仅有视觉上的美感享受，更能体会到归家的浪漫温馨与仪式感。同时，项目配置了小区车库入口的风雨玻璃厅，升级业主的出行体验与小区品质（图6-10）。

在车库地面材料的选择上，全部采用全环氧地坪漆。全环氧地坪漆具有耐强酸碱、耐磨、耐压、耐冲击、防霉、防水、防尘、止滑以及防静电、电磁波等特性，提升了车库的耐久性和实用性，从根本上保证了地下行车安全。在车库配色选择上，选用了红与灰的色调搭配：在车库尽头墙面运用了红色并绘制了显眼的掉头标识；在每个单元的出入口，铺装了非常显眼的酒红色块，并印有"铂悦•澜庭"字样专属LOGO，明显的色调反差可以提醒驾驶者减速，提升了地下车库的安全性与美观性（图6-11）。

6.4.4　户型设计

1．大堂装修设计

铂悦•澜庭项目的外立面是仿石漆，仿石漆是一种装饰效果酷似大理石、花岗石的厚质外墙装饰涂料，仿石漆装修后的建筑物，具有天然真实的自然色泽，给人以高雅、和谐、庄重之美感。整个建筑中每一根线条的贴面都做了防流挂处理，使得外墙的耐久性更强。此外，消防通道采取全贴砖的装修方式，保证楼道的美观性，提升了项目品质。

铂悦•澜庭项目洋房部分的入户大堂较为精致且有仪式感，两侧墙壁全部贴装石材，中间铺装小块石材并做了雕花。背景墙选用了具有重庆山水特色的图案，加上两侧挂画等

图6-12　铂悦·澜庭项目洋房入户大堂

搭配,既有东方山水之美又透露着时尚现代感。大堂地面正中的石材块,采用了水雕拼花工艺,打磨出"铂悦·澜庭"字样的石材刻痕,让业主产生专属尊崇的感受(图6-12)。

2. 户型分析

铂悦·澜庭一期项目包括5栋高层和16栋洋房,二期项目包括7栋高层。一期高层为2梯2户(两个单元),主力面积为118~140m²,一期洋房为1梯2户,主力面积为88~124m²。项目通过适当增加成本、优化建筑平面结构来提升户型的通透性,获得较高的精装配置。本章主要选取一期项目的三个典型高层户型进行分析。

D-3户型建筑面积为180.89m²,套内面积为140.01m²,为铂悦·澜庭高层项目中面积最大的户型。主卧面积约42m²,拥有270°环幕飘窗,可享起居室、独立衣橱、独立卫浴全套豪华配置。除主卧以外,次卧也拥有约2m宽观赏江景的视野,更有约11m宽的天幕阳台,可以180°视角观赏江景。厨房可做中西双厨设计,兼具储物、酒柜、早餐台等复合功能,让业主自由享受烹饪乐趣。约7.2m开间尺度的家族横厅为家人欢聚、宴客聚友提供了宽敞舒适的空间(图6-13)。

D-1户型建筑面积为154.61m²,套内面积为119.67m²,为铂悦·澜庭一期高层项目中套数最多的户型。主卧面积约24m²,同样拥有270°览景飘窗,也可配置独立卫浴。两个次卧也拥有约2m宽的阳光视野,约7.4m宽的江景阳台也可180°俯瞰江景。L型厨房更具实用性,客房也可观赏江景,不会怠慢客人。D-1户型基本上拥有D-3户型的优点,拥有四个卧室,同时面积减少了约25m²,空间的利用率更高,适合大家庭居住(图6-14)。

图6-13　高层D-3户型：4室2厅2卫

图6-14　高层D-1户型：4室2厅2卫

图6-15　高层F-1户型：2.5室2厅2卫

　　F-1户型建筑面积为102.86m², 套内面积为84.52m², 为铂悦·澜庭高层项目中面积最小的户型。麻雀虽小，五脏俱全。除了主卧和次卧之外，还有一个多功能可变空间，可改造为宾客卧房、儿童成长卧房、长者卧房或文墨书房等，约3.8m宽的阔景阳台可作为休憩谈话、放松心情的场所，拥有L型厨房及卫浴干湿分离。整体户型紧凑，降低了业主改善置房的预算，也是性价比较高的户型（图6-15）。

6.4.5 全龄人居系统

1. 六项功能模块

根据作业网的"亲子陪伴"调研数据显示，64%的父母认为自己对孩子的陪伴不够，73%的孩子认为父母对自己的陪伴不够。旭辉打造全龄人居系统，包含了六种陪伴模型：婴儿认知模型、幼儿释放模型、少儿对抗模型、健康运动模型、成年社交模型和长者关怀模型，为家庭提供不同功能、不同情境的陪伴平台，同时通过标准化设计在有效利用空间基础上保证了功能使用。

婴儿认知模型场景服务于0~3岁婴幼儿及妈妈，这个年龄段的孩子正处于身体成长、感官提升且需要人看护的阶段，在室外配置母婴连廊、学步装置、爬爬台、摇摇椅和安全围网等，打造婴幼儿启蒙区，满足婴幼儿爬行、学步、娱乐及看护的居住需求，社区里的妈妈们有了相互交流育婴经验的场所。

幼儿释放模型场景服务于4~6岁的幼儿及其看护者，这个年龄段的孩子正处于身体强化、社会认知同时需要看护的阶段，快乐成长区配置了亲子蹦床、彩虹桥、滑梯、攀爬网、互动秋千、休憩座椅等休闲娱乐设施，为幼儿攀爬玩耍提供活动场所，有助于增强孩子肢体协调性和平衡性，也为孩子们提供了自己的社交场所，让他们能够独立成长。

少儿对抗模型场景是为7~12岁的少儿量身打造的，在这个年龄段他们已经开始探寻世界的规律，也开始学习社会的规则，运动成长区配置了足球门、篮球架、看台和安全围网，让孩子们在运动中锻炼身体、释放能量、快乐成长，同时父亲也可以通过与孩子一起运动参与孩子的成长。

这三种功能区主要是为了儿童成长配置的，可以根据实际情况采用集中式或分离式布置，在铺装上也可根据项目情况选择线性铺装或圆弧铺装（图6-16）。

健康运动模型场景服务于13岁以上爱运动的人群，这是一个运动社交平台，配置了标识性廊架、镂空耐候钢板、专业健身设施、地面多功能训练图案、休憩座椅及直饮水器（仅T系列有），同时场所的功能性划分给使用者提供了多种选择：有氧跑步、健身练操、趣味运动、休憩娱乐。

成年社交模型场景主要服务于18岁以上的成年人，在室外打造半开放式景观会客厅，设洽谈区和瑜伽活动区，根据项目情况配置一些会所功能设施，为业主们会客提供了家以外的新场所和新环境，同时提供了除运动社交平台以外的休闲娱乐会所，彰显居住品质（图6-17）。

长者关怀系统场景则是专门为年龄较大的长辈们打造的长者室外休憩空间，有残障人士休息处、书法铺装地面、休憩座椅、水洗槽、棋牌桌椅组合、活动设施等，为长辈们康复健身、以棋会友、休闲娱乐及邻里交往提供了专门的场所，使他们更能安度晚年（图6-18）。

图6-16 儿童综合场地线性铺装示意图

图6-17 景观会客厅

图6-18 长者休憩空间

2. 三项选配综合模块

升级之后的全龄人居系统2.0在以上六项专项功能模块的基础上，增加了三项选配综合模块：综合运动场地、宠物乐园和植物科普系统，形成了6+3全龄人居系统。

综合运动场地为标准篮球场，占地面积420m²，设置场地入口、安全围网、观看台、紧急急救箱、直饮水器（仅T系列有）、篮球架和羽毛球场，标准的场地设计为竞技提供了条件，为社区群体活动、专业篮球运动、羽毛球、运动社交提供了专门场所。

宠物乐园是宠物娱乐和社区安全的场所设计，配置的场地标识牌、警示牌、入口小门和安全围挡保证了场所的安全性，宠物赛道、宠物钻环、宠物穿杆、宠物跳圈和宠物平衡木为宠物娱乐提供了专门活动设施，对于养宠物的业主来说，提升了宠物和主人的情感联系和生活体验。

植物科普系统是在景观设计的基础上为儿童学习植物知识而设计的，通过在社区景观旁设置植物标识牌，可以让孩子了解植物的品种，社区还举办植物课堂或植树活动，让孩子参与美丽家园建设，寓教于乐，一方面增长知识，另一方面培养孩子爱护自然的意识和习惯。

3. 铂悦·澜庭全龄人居系统设计

铂悦·澜庭二期采用了全龄人居系统，通过"物理陪伴"帮助业主拥有更高质量的家庭时光。项目融入人本思想，打造集高端品质、艺术魅力、人文情怀、家庭归属感于一体的轻奢派景观，以多种活动场地满足不同人群的活动需求，使社区生活充满活力，为业主带来优雅、生态、全方位关怀的居住体验（图6-19）。

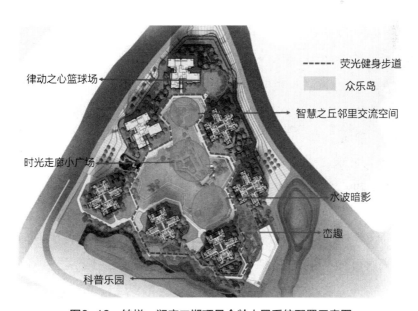

图6-19　铂悦·澜庭二期项目全龄人居系统配置示意图

恋趣是为大龄儿童设计的活动场地，面积约440m²。采用山体形状作为设计语言，以增加童玩空间的趣味性及冒险性，同时周边形成的看护区，也为家长提供休息交流的机会。科普乐园将宠物乐园和植物科普系统融合成一体，樱花、海棠、石榴等观花乔木交相辉映，营造四季时时花开的景观效果，全龄化的宠物乐园让宠物们也有了专属的户外休闲时光。律动之心篮球场面积约300m²，业主们可以享受球场的酣畅淋漓。健身步道隐形化于社区道路中，全长500m，最宽处近5m，最窄处约2.5m，在适当距离标注边线，并在局部刷荧光材料，使其白天和黑夜呈现不一样的景观效果。

时光走廊小广场位于约7500m²中央大草坪"众乐岛"的中心，面积约1200m²，是各年龄段业主的活动场地，全龄化的模块融入，舒适的功能空间，使得儿童、青少年、中年和长者都能在这里休憩娱乐。主题性功能架空层提供多种活动空间，开辟了业主们集体生活的"第二客厅"，让邻里情长有了空间载体，拉近邻里关系，有助于创建和谐社区。智慧之丘邻里交流空间采用阶梯绿化结合主景骨架树种蓝花楹，面积约600m²，打造可参可观的景观。水波暗影休息区面积约430m²，是专门打造的静谧水景区域，也是居民休闲交流之地。

6.4.6　智慧社区

随着科技发展水平不断提高，人们的日常生活已离不开智能化设备。旭辉将智能化系统引入智慧社区建设，构建了慧出行、慧居家、慧安心、慧健康、慧养老和慧服务六大功能板块。铂悦·澜庭项目选配了慧出行、慧安心和慧服务板块中的8个功能，为业主打造有温度的智能社区。

1. 慧出行

铂悦·澜庭项目配置了人脸识别、出入口管理和访客预约三个功能模块。小区人行出入口和各单元的楼栋大堂出入口都配备了人脸识别系统，自动识别进出人员，并控制通道闸、住宅楼电控门启闭，住户可无需刷卡进出小区及住宅楼。小区车行出入口配备了车牌自动识别系统，住户可登记访客的车辆车牌信息，实现不停车出入，访客在授权时间段内也可通过车牌识别和二维码识别进出小区及授权者所在的住宅楼及楼层。此外，铂悦·澜庭项目的部分楼栋配备了左右双开门的智能化电梯，经预先设定，业主回家时，只需在电梯间按下自己的楼层户数按钮，电梯即可到达该楼层并开启对应方向的电梯门。如遇客人到访，主人可通过可视对讲机与客人沟通，对电梯下达指令，不出家门即可迎接客人入户。智能化设备仿佛一张过滤网，对到访的陌生人进行多层筛选，又保护了业主的家庭隐私。

2. 慧安心

铂悦·澜庭项目在慧安心方面配置了智能门锁功能模块，在社区的入户防盗门上安装了智能电子门锁，业主们可以通过读卡、密码、指纹或APP远程遥控等多种方式开门，同时智能门锁还具有反胁迫密码功能。避免了传统小区入户时忘带钥匙或门禁卡的尴尬境遇，在减轻负担的同时节省时间，轻松实现智慧生活（图6-20）。

3. 慧服务

铂悦·澜庭项目配置了智慧社区平台、互动信息发布、智能投递/自助贩卖和移动网络信号覆盖四个功能模块。

智慧社区平台通过软硬件连接了管理端、客户端和移动端APP，在社区场景服

图6-20 配置智能门锁的入户门

务的销售、入户、装修、居住及离开等5个服务阶段，向住户提供物业基础服务及用户运营服务等功能。在社区信息传播方面，在小区室外主出入口、户内可视对讲屏幕、住宅楼地下层、首层门厅、电梯厅、户外凉亭或连廊等有遮雨设施处安装全彩LED屏和液晶显示屏，建立物业与住户间有效的信息发布及交互方式，向住户发布物业通知、社区服务信息、商品广告信息等，同时住户也可随时查询相关物业规定、社区服务、商品广告等信息。

在住宅楼首层门厅和小区出入口分别配备智能信报箱、智能快递柜和智能蔬菜柜，实现信、报、快递及奶制品、生鲜食材等有序投递管理，可采用亮灯、手机短信、社区平台APP等多种方式向住户发送收件通知。为了保证小区内移动网络信号的全面覆盖，主要引入铁塔公司等运营商投资建设，在地下车库、电梯轿厢等处实现移动通信信号、4G网络信号无盲区覆盖；在小区户外集中活动场所自建运行户外无线网络，覆盖室外主要活动场所，便于居民使用网络。

6.5 案例总结

随着经济的发展和生活水平的提高，人们对居住品质的追求越来越高，从供需角度来

看,我国住宅市场从供给时代逐渐进入需求时代,从盈利模式上看,我国住宅市场从"黄金时代"进入"白银时代"。在住宅需求不断升级的背景下,很多开发商打造自己的高端住宅品牌,我国高端住宅市场逐渐呈现市场需求多样化、产品价值多元化和楼盘竞争品牌化的特征。

高端住宅的价值体系包括城市、区位、板块、景观、物业、建筑、圈层、文化、升值等,旭辉铂悦·澜庭项目的成功,除了项目良好的配套资源和区位优势外,离不开对市场需求的预判、对项目的精准定位和忠于生活体验的设计初心。铂悦·澜庭项目依靠项目自身地势特点,结合重庆山城的特色,以"空中山水园林"为设计思路,在景观上采用三轴主题景观设计,在交通上采用双大堂归家系统,在户型设计上尽可能多地提升户型通透性与观景平台面积,打造全龄人居系统与智慧社区,营造出喧闹城市中曲径通幽的意境,为业主带来典雅和时尚的居住体验。

铂悦系产品在不同城市相继落地,体现了旭辉产品线管理的转型升级之路。旭辉的"二五"战略提出打造CIFI5全产品线品质改善体系,将"三好、四化、五全"融入旭辉产品基因,精心缔造产品核心十大标准,CIFI6又提出了"多维人生"的产品理念。从CIFI-5到CIFI-6,基于对时代演变和用户需求的理解,旭辉不断为用户提供产品升级与创新,以期为业主带来有"温度"的社区和有延展性的家。

思考题

1. 旭辉CIFI产品系有何创新点?
2. 请简述旭辉"全龄人居系统"的特点。
3. 随着我国高端住宅市场需求多样化、产品价值多元化和楼盘竞争品牌化,我国知名房地产开发企业实施产品线发展战略,请进一步思考从哪些方面可以实现高端住宅产品创新?

- 第四篇 -

构城

万科·冰雪小镇
重庆龙湖光年

他们能够以旅游作为先头，相继引入房地产、培训和酒店等产业
赢在雪上产业的起跑线上，最终形成具备特色体育小镇的创新产业
也能够勇于尝试、勇于创新，以独特的开发理念，智慧的设计
匠心打造"站城一体化"国家级新地标样本
独辟蹊径，为中国地产的未来探索光明之新路

7 万科·冰雪小镇：
特色体育小镇的创新产业

从容不迫地谈理论是一件事，把思想付诸实行尤其在需要当机立断的时候，又是一件事。

——罗曼·罗兰

案例导读

北京申办冬奥会成功，我国冰雪产业和体育旅游业步入高速发展阶段。万科抓住了国家大力发展冰雪、体育旅游事业之契机，以国家提出的加快培育特色小镇为出发点，融合冰雪、体育、旅游、地产、文化、教育等多种产业元素，深刻理解产业链价值，具有前瞻性地涉足特色体育小镇的创新产业——万科·冰雪小镇。在原松花湖滑雪场基础上，万科引入奥地利、意大利等国际一流品牌先进滑雪设备和现代设计理念，结合雪场赛道和原始景观打造世界级雪场，引入冰雪主题乐园、特色酒店和度假地产等配套开发，打造度假旅游目的地。万科紧抓时代机遇、市场机遇和产业链机遇，聚焦主航道和优势资源，以服务和科技决胜未来，赢在冰雪产业的起跑线上。

面对日趋激烈的地产竞争格局，万科是如何搭乘国家冰雪、体育旅游、小镇建设事业迅速发展的快车？如何把握机遇领航冰雪事业？又是如何将冰雪、体育、旅游、地产、文化、教育等多元素有机结合不断提升项目价值？案例将为我们一一呈现。

7.1 万科地产的"冰雪之旅"

7.1.1 国家支持：冰雪事业大发展

2016年国家体育总局会同国家发展改革委、教育部、国家旅游局共同编制起草的《冰雪运动发展规划（2016—2025年）》指出：近年来，我国冰雪运动快速发展，特别是2022年北京冬奥会的成功申办，为冰雪运动的繁荣发展带来了重大机遇。当前，我国正处在全面建成小康社会的决胜阶段，发展冰雪运动有利于满足群众多样化体育文化需求、推动全民健身和全民健康深度融合，对于建设健康中国和体育强国、促进经济社会发展、实现中华民族伟大复兴的中国梦具有重要意义。国家大力支持进一步巩固和发展东北地区冰雪运动事业，并指出应加快推动冰雪健身休闲业、积极培育冰雪竞赛和加大场地设施供给等方案。

2019年3月，中共中央办公厅、国务院办公厅印发了《关于以2022年北京冬奥会为契机大力发展冰雪运动的意见》，提出推动冰雪旅游产业发展，促进冰雪产业与相关产业深度融合的指导意见。除此之外，国务院办公厅《关于促进全民健身和体育消费推动体育产业高质量发展的意见》（国办发〔2019〕43号）提出支持新疆、内蒙古、东北三省等地区大力发展寒地冰雪经济。2020年全国文化和旅游厅局长会议明确提出推动冰雪旅游、邮轮旅游、自驾游发展。在中央和各部委推动下，冰雪旅游发展合力正在形成。

中国旅游研究院战略所发布的《中国冰雪旅游发展报告（2020）》中指出：2018—2019冰雪季我国冰雪旅游人数为2.24亿人次，冰雪旅游收入约为3860亿元，分别比2017—2018冰雪季增长13.7%、17.1%，冰雪旅游维持快速增长势头。可以看出，冰雪旅游正在成为老百姓一种时尚的生活方式和常态化的消费选项；根据中国旅游研究院市场调查显示，国内每年参与冰雪旅游的人数不断上涨，61.5%的人有参与冰雪旅游的经历。2018—2019冰雪季，我国冰雪旅游人均消费为1734元，而同期我国国内人均旅游消费为926元，冰雪旅游是国内旅游人均消费的1.87倍，冰雪旅游的内需拉动能力突出。预计到"十四五"规划末期的2025年，我国冰雪旅游人数将超过5亿人次，冰雪旅游收入超过1.1万亿元；冰雪旅游将成为我国冬季旅游和冰雪经济的核心引擎。

在申冬奥成功和国家政策支持下，中国冰雪事业蓬勃发展，迎来了高速发展的黄金时期，2018年全国滑雪人次达到1970万（图7-1）。

《中国冰雪旅游发展报告（2020）》同时指出：在奥运冰雪热带动下，北方的冰天雪地观光和专业滑雪休闲度假优势明显，南方娱雪休闲优势逐渐建立；北方依靠冰雪传统资

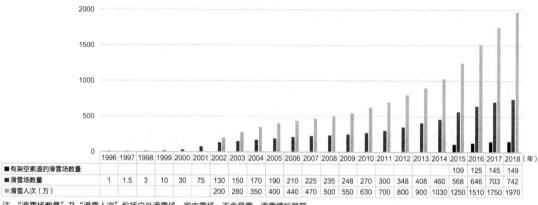

图7-1 中国滑雪产业白皮书（2018年度报告）滑雪场数量及滑雪人数统计

源旅游不断提升影响力，南方则依靠本地市场强大的消费能力和游客区域消费的规律，通过修建大型冰雪商业综合体和山地滑雪设施等吸引了很大一部分南方的近程体验冰雪的游客，南方冰雪热逐渐崛起。各地区冰雪旅游人数增长呈现"两高、三快、N平"的增长态势，"两高"是指新疆、河北冰雪休闲旅游人数实现30%左右高速增长；"三快"是指黑龙江、吉林、辽宁冰雪休闲旅游人数实现年均15%左右的快速增长，"N平"是指内蒙古、青海、贵州、湖北、浙江等地实现年均10%左右的平稳增长。

7.1.2 雪上运动：体育旅游大时代

在经济社会快速发展、人们物质生活水平日渐提升的情况下，体育旅游已成为国内人民度假和休闲的一种新风尚和新形态。

1. 体育旅游发展潜力巨大

从2018年体育旅游产业的占比来看，中国体育旅游占旅游市场比重仅约5%，而世界平均水平达15%，发达国家比重甚至高达25%（图7-2）；可见中国体育旅游的发展水平相对落后于世界平均水平，预测中国未来体育旅游的需求空间还将持续扩大①。

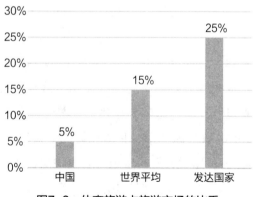

图7-2 体育旅游占旅游市场的比重

---

① 前瞻产业研究院——《2019年中国体育旅游产业全景图谱》。

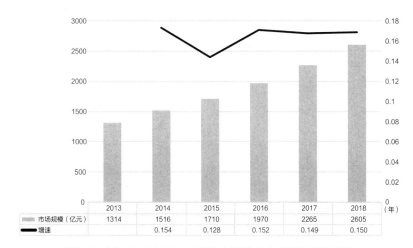

图7-3　2013—2018年中国体育旅游产业市场规模及增长

2. 体育旅游大时代稳步发展

根据2019年中国体育旅游产业全景图谱的研究，随着居民收入水平的提高，消费升级趋势的确立，体育旅游由于具备了赛事活动观看、明星粉丝经济、社群活动参与以及休闲体验等多种高黏性及强目的性的出行因素，被旅游业界认定为是未来一片广阔的蓝海，并且发展迅速。从中国的情况来看，在冬奥会、消费需求和国家政策的多重推动之下，中国体育旅游不断受到重视并得到快速发展，2018年，体育旅游行业市场规模达2605亿元（图7-3）。

3. 北京冬奥会进一步促进体育旅游的发展

大型体育赛事对东道主国家的国际形象进行了宣传，赛事举办后，东道主国家将依然享受赛事带来的入境游利好。以2002年日韩世界杯为例，当年入境游客流分别同比增加9.79%和3.89%，后两年复合增速分别为13.62%和12.57%。南非和英国入境游的数据也体现了类似的发展规律[①]（表7-1）。

4. 冰雪运动进入黄金时代

体育运动发展促进体育旅游和冰雪事业相互融合。自2015年7月31日，北京携手张家口获得了2022年第24届冬季奥林匹克运动会举办权起，中国冰雪产业和体育旅游进入快速发展的高速道。

利好政策发布进一步促进体育旅游与冰雪事业融合。2019年3月31日，中共中央办公厅、国务院办公厅印发《关于以2022年北京冬奥会为契机大力发展冰雪运动的意见》，之后全国各地区各部门结合实际相继颁发政策法规，持续发力，为实现三亿人上冰雪做努力

---

① 智研咨询——《2018—2024年中国观赛游行业市场竞争现状及发展未来趋势研究报告》。

奥运会、世界杯对东道国入境旅游影响情况　　　　表7-1

国家	类别	时间	前两年复合增速	当年同比增速	后两年复合增速
澳大利亚	奥运会	2000年	1.62%	10.59%	-1.14%
日本	世界杯	2002年	3.69%	9.79%	13.62%
韩国	世界杯	2002年	5.10%	3.89%	12.57%
德国	世界杯	2006年	8.10%	9.62%	0.41%
南非	世界杯	2010年	-8.39%	17.55%	10.56%
英国	奥运会	2012年	1.94%	-0.08%	5.29%
巴西	世界杯	2014年	3.44%	10.61%	2.22%

和贡献。

中国冰雪运动进入黄金时代，市场庞大。中国体育产业发展平稳，2018年体育产业总规模增速为9%，2018年滑雪人次为1970万，同比增加13%。在人民日益增长的美好生活需要下，作为新兴热门健身体育项目之一，滑雪运动的市场仍有较大拓展空间。

7.1.3　企业战略：成立冰雪事业部

《冰雪运动发展规划（2016—2025年）》中提到鼓励各地结合住宅开发和商业设施规划建设一批室内冰雪场地。按照现行体育场馆房产税和城镇土地使用税优惠政策，冰雪场地的房产、土地符合体育场馆减免税条件的，可以享受房产税、城镇土地使用税优惠。对符合土地利用总体规划、城乡规划、环境保护规划等相关规划的重点冰雪场地设施建设项目，各地应本着应保尽保的原则，合理安排建设用地计划指标，加快办理用地审批手续，积极组织实施土地供应。

随着中国冰雪产业蓬勃发展，冬奥申奥成功，势必会将行业带入新一轮的高速发展。万科抓住时机，时任万科集团董事会主席王石先生在2017年1月11日，宣布万科集团冰雪事业部成立，万科冰雪事业部的正式成立标志着冰雪产业正式纳入万科事业部制经营体制，标志着万科全面进军冰雪产业的战略拓展方向。冰雪事业部是万科拓展物业、商业地产、物流地产、养老地产、长租公寓、教育和冰雪度假等几大板块中的一个重要多元化战略（图7-4）。

万科敏锐地判断出冰雪事业在未来无限发展的可能。战略上冰雪事业部将对旗下滑雪

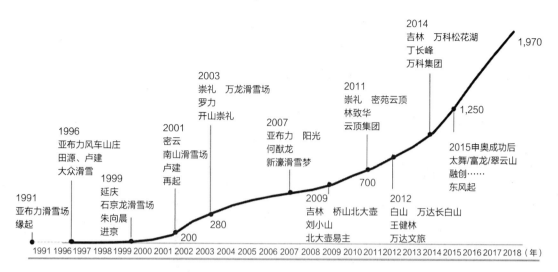

图7-4 中国滑雪产业发展历程（曲线为中国滑雪人次）

度假区进行升级改造并打造全新的产品体系，为客户提供更全面、更便利、更舒适的滑雪、度假体验。

冰雪事业正式成为万科战略发展的独立业务后，便致力于成为国内最大滑雪度假管理集团。目前，旗下拥有三个特点各异的滑雪度假区，分别为万科松花湖度假区、万科石京龙滑雪场及万科汗海梁项目，下设地产、山地度假、酒店等业务板块，汇集了欧美先进的规划理念和顶级设施建造技术、日本细腻的管理与服务体系以及万科集团33年的开发经验。

自2014年松花湖度假区开业以来，万科冰雪已完成4个主力项目布局。原石京龙滑雪场在2016年由万科集团改造升级后，雪场接待能力提升至25万人，造雪面积提升至20万m^2，冰雪事业部成立之后，管理更加专业。万科集团投资的汗海梁项目于2019年在河北省张家口市崇礼区落成，这是崇礼区政府批准进入的最后一家滑雪场。滑雪场拥有5条FIS国际雪联认证滑雪道，最高落差达810m，共计90条雪道，总长规划达到130km，雪场面积共计450hm^2，18条缆车，场地可同时容纳25000人滑雪和80种不同活动，涉及教育、培训、生活和山地运动多主题。万科松花湖度假区2018/2019雪季接待度假滑雪游客56.62万人次，接待人数连续两年在全国雪场排名第一，成为中国滑雪面积最大（175hm^2）和最大规模夜场滑雪（605m最大高差夜场雪道、2.6km最长雪道、30万m^2最大滑雪面积）的滑雪度假胜地。感动客户、创造价值的V·SKI服务文化，得到了市场和客户的良好反响，连续2年荣获World Ski Awards（世界滑雪大奖）"中国最佳滑雪度假区"，2019年度更是荣获国家体育旅游十佳精品景区称号。万科松花湖不仅仅继续以中国冰雪产业发展标杆的姿态，积极引领和推动吉林省冰雪产业的发展，更成为"一种未来全新生活方式的倡导者"（图7-5）。

图7-5　2014年以来万科冰雪主力项目布局

未来万科将持续对滑雪度假产业进行深耕和拓展，致力成为中国滑雪产业的领跑者、旗帜和标杆。

7.2 万科松花湖冰雪小镇的价值研判

万科松花湖度假区（冰雪小镇）于2013年5月启动建设，2014年正式亮相中国冰雪行业。度假区以冰雪运动为品牌，以体育休闲、山地度假、营地教育和自然观光为主导，突出松花湖生态魅力和北国冰雪风光。度假区以体育娱乐服务业、生态休闲度假产业、旅游地产业为核心，发展具有持续创新力、高科技设施和综合服务功能的现代化度假区；重点通过开展滑雪、山地度假等旅游度假项目，突出体育休闲与松花湖风光的特色，打造世界级水平的生态、文化、时尚、创新高度融合的旅游目的地综合度假区。

7.2.1 项目的区位分析

1．项目基本信息

万科松花湖度假区位于吉林市东南部松花湖风景名胜区内，占地近20km²，是目前国内距离大城市最近和唯一兼具大型目的地度假和城市滑雪场的大型滑雪度假区。滑雪场紧邻吉林省特大城市吉林市，人口稠密的城市发达地区为松花湖度假区导入大量本地游客，游客数量的稳定性较好。度假区所处区域山地森林茂密，林地面积约450万亩，占湖区总面积的72%，森林覆盖率达60%以上。万科松花湖度假区划分为山坡区、绿谷区、活力聚集区、绿山区、青年旅社区和山地小镇区，总体规划情况如图7-6所示。

图7-6　万科松花湖度假区总体规划图

核心地块四至情况（核心地块为1、8、9号宗地）：1号宗地南临雪滩沿线、西至农田、北至青山大街、东至自然冲沟；8号宗地南至青山大街、西至蚂蚁工坊、北至青山村、东至8km主路；9号宗地南至度假景观水系、西至8km主路、北至青山大街、东靠绿色山体（图7-7）。

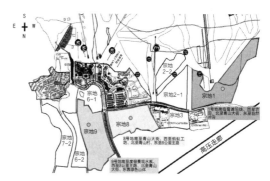

图7-7　万科松花湖冰雪小镇项目核心地块四至图

2. 项目周边配套分析

项目周边自然资源充沛，景区、公园项目多，易于形成良好的聚集效应；周围拉法山国家公园、北大湖滑雪场、松花湖、黄河水库景区等著名景区连成一线，形成独具吉林特色的冰雪旅游线路。除此之外，还有朱雀山国家森林公园、五家山森林公园、乌拉满族文化村等项目；周边配套商业，有欧亚综合体和盛鑫酒庄，且同时拥有一定的教育资源，包括松花江中学、吉林医药学院；周边的养老和医疗资源有颐和园养老院（图7-8）。

3. 项目交通区位分析

松花湖国际度假区项目地处东北地区中部，哈（尔滨）大（连）轴线与长（春）珲（春）轴线的交汇处。地理坐标为北纬

图7-8　项目周边自然环境、商业、教育、养老（医疗）配套情况

43度68分53秒，东经126度62分41秒，海拔最高处达935m左右。项目距吉林省特大城市吉林市15km，距省会长春市130km，公路依托G12（珲乌）高速公路和G202国道到达；同时，区域内连接市区的有广源路，030县道，吉丰东路，吉林绕城公路和吉桦路等。长春龙嘉机场距松花湖国际度假区86km，是东北唯一一座高速铁路和机场无缝衔接的大型国际机场，有长春西—长春—龙嘉—吉林—珲春高铁（连通哈大高铁），可通过长春—吉林—珲春高速铁路高铁龙嘉站连接机场航站楼。

7.2.2 地块价值研判

万科松花湖度假区特色小镇项目与其他地产开发的小镇项目相比，距离城市中心较近，地块位置优越；地块内配套设施完善，并且征地风险可控，特别是轨道交通规划助力地产开发成为享有高端度假配套的城市住宅项目。具体体现在：

1．距离大型城市市中心近的高端滑雪场地

中国目前的大型滑雪场多在深山，距大型城市200km以上，加之冬季公路清雪难度大，航班时间难以保证，游客度假极为不便。松花湖项目位于吉林市南部近郊，南部为吉林市重点高端开发区域，整体地块位置距离市区20min，距离欧亚综合体仅15min车程，享有0.5h生活圈之便利，具备从大城市导入客源的优势。从外向交通来看，松花湖项目距离主要交通导入的机场和高铁站都在100km以内，距离吉林市高铁站更是仅27km。

2．轨道交通规划助力地产开发成为享有高端度假配套的城市住宅项目

吉林市政府规划共建设5条轨道交通，实现江南江北快速融合，首条轨道交通已于2016年开始施工，计划于2020年投入使用；与此同时，吉林市（松花）江北为工业聚集区，江南为生态环境优越的居住之地，轨道交通的建成将使大量（松花）江北客户选择置业江南。轨道交通规划及逐步建设实施，将促使松花湖度假区逐步变更为享有高端度假配套的城市住宅项目，土地价值未来增长预期较大（图7-9）。

3．风景名胜区为地块价值加持

作为特色小镇的开发，具备稀缺资源的配套是项目成功的关键因素之一。项目坐落于松花湖风景名胜区内，丰厚的景观资源、优越的地理和人文历史条件蕴含着巨大的开发潜能，并且政府支持松花湖周边旅游发展，吉林市政府在工作报告中要求加快松花湖国家5A级旅游景区创建工作，构建环湖旅游经济圈，打造大自然生态区。项目未来建设将处在一个综合性、多功能的生物圈保护区之中，为打造国际一流度假区和高端山地度假体验地提供了无可比拟的优越条件。

图7-9　吉林市轨道交通图

4. 拆迁风险可控

原松花湖滑雪场始建于1962年，吉林市政府非常重视滑雪运动，决议将以滑雪场为核心打造代表吉林市名片的特色旅游目的地，作为吉林市政府招商引资项目，政府大力支持度假小镇的整体延续开发，在房地产开发过程中，拆迁风险可控性强。

在开发过程中，万科松花湖项目将地块价值根据区位情况分为6个等级，分别为A++级价值、A+级价值、A级价值、B+级价值、B级价值、C+级价值，如图7-10所示。

不同价值地块和不同地产业态结合，赋予土地更多的价值使命，创造更大的土地价值潜能，形成更好的规模经济。根据价值判定，项目开发中形成不同的地块业态规划。

房地产开发过程中为达到地块价值的充分实现，需要合理地计划开发时序，万科松花湖度假区作为特色小镇整体规划和总体开发分期情况如图7-11所示。

7.2.3　万科深耕的战略眼光

万科松花湖冰雪小镇是国内体育小镇中为数不多取得市场成功的案例之一。小镇依托

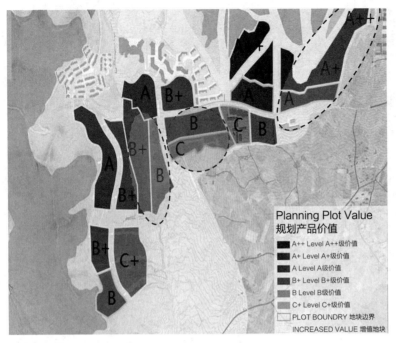

图7-10 地块价值分布图

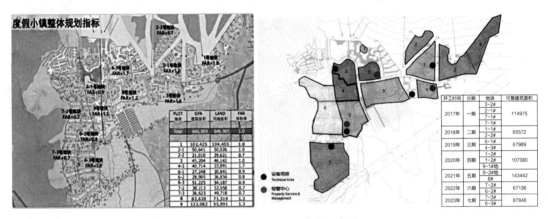

图7-11 整体规划和分期示意图

优质地理资源，切入蓬勃发展的雪上产业，并且不断拓宽、延长产业链，发展旅游产业，打造体育特色，完善配套基础设施；引入冰雪主题赛事不断强化冰雪特色，提升冰雪小镇的吸引力和影响力；大力发展教育培训，为小镇带来新的发展动力，并且借助互联网来提供便捷服务，发挥各方优势，遵循市场规律，合理配置资源；不断地创新发展，使松花湖度假区项目建设成为小镇开发的典范之一。

1. 抓住了发展滑雪旅游度假产业的时代机遇

1996年哈尔滨亚冬会、2007年长春亚冬会和2022年北京冬奥会等大事件不断推进山地与滑雪度假行业快速发展，同时也推动了冰雪度假地产的繁荣，使得冰雪度假房地产市场

图7-12 全国滑雪度假旅游行业发展趋势图

需求量大幅度提高（图7-12）。

滑雪度假行业发展迅速，体育旅游进入黄金时代，并且有国家政策和省、市级政府的大力支持。万科抓住发展冰雪事业的时代机遇，打造国内城市目的地滑雪度假区，建成的配套设施包括四个特色品牌酒店、滑雪场、山地运动学院、北美风情商业小镇以及专为孩子打造的LSR儿童村等，充分提高地块价值，为后期住宅的销售奠定了良好基础。

与此同时，万科对未来滑雪度假消费趋势进行了准确把握，"泛全民化、年轻化、数字化、品质化"将是未来行业的主要趋势。万科冰雪认为未来中国滑雪场必须在安全管理、滑雪教育两方重点强化，迎接泛全民化浪潮；青少年滑雪教学、趣味性、时尚、娱乐、品牌将会成为迎接年轻化的关键词；自助购票、会员体系等高度精细的雪场自动化管理、精确的产品服务数据及交互，智能滑雪场景，是不可逆转的趋势；当前核心客户要求满足全方位需求的品质产品与服务，而粗放的滑雪产品与服务将逐步被淘汰，需从客户视角出发，提供精致细腻的产品、体贴入微的服务；以及对场景进行持续改造升级，持续推陈出新，将是提升竞争力的必需。

2. 获取了土地升值的市场机遇

万科集团对度假区周边的优质土地进行储备，在大市场环境爆发式增长的条件下，实现土地增值。项目所在地，根据当时区域规划，原青山连接线计划2017年投入使用，通往松花湖度假区的交通路网逐渐完善，缩短了到达度假区时间；红旗大桥计划2017年通车，表明将新增一个江北通往江南的入口，配合青山连接线的投入使用，加快了松花湖度假区地产项目向兼具度假资源的高端城市住宅转变。青山连接线路网的完善，助力万科开发、经营度假项目，为地产销售快速打开吉林本地市场奠定了良好基础（图7-13）。

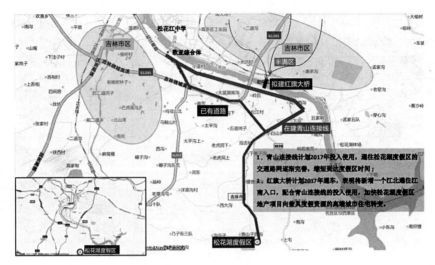

图7-13 青山连接线交通路网图

3. 深挖了冰雪事业的产业链机遇

如何做大做强冰雪事业,万科将核心产品、配套产品与服务提升共同整合,通过价值链的创新创造获得项目开发的整体增值。在开发逻辑中注重"聚焦主航道、优势资源""以服务和科技决胜未来"和制定"度日如年,度年如日"计划。具体如下:

(1)聚焦主航道、优势资源

主航道:聚焦于滑雪和山地度假的场景、服务体系建设,提供客户愿意买单的好产品、好服务。

优势资源:在自然资源极度稀缺的滑雪度假领域,占据吉林松花湖、崇礼汗海梁、延庆小海坨三大资源高地;围绕最大山地度假消费市场北京,先后布局延庆石京龙(进入北京)、汗海梁(冰雪事业旗舰项目)、小海坨(奥运核心资源)。通过冰雪事业项目的战略布局,不断积累项目开发的经验,在吉林松花湖战略布局冰雪小镇的开发模式,致力打造中国冰雪小镇的典范。

(2)以服务和科技决胜未来

服务文化:"像对待家人一样对待客户",制定了《万科冰雪事业部服务文化白皮书》《万科松花湖度假区18/19雪季优秀服务实践集锦》《万科松花湖度假区客户关键印象时刻手册(MOT)》,并采用激励手段设置"服务之星"、服务"现场教练培训"等。

阿尔法计划:自助购票、会员体系、一卡通初步实现高度精细的雪场自动化管理、精确的产品服务数据及交互、智能滑雪场景建设是目前的努力方向。

(3)度日如年,度年如日

度日如年:服务行业属性决定资源流失的不可逆,须做到"度日如年"。

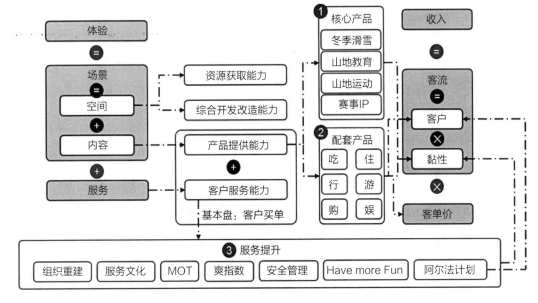

图7-14 万科冰雪事业战略思考

度年如日：度假资源运营需要"耕耘"思维，即夏季内做好雪季的准备、同时完成下一个夏季的改造方案与计划（雪季亦然）。

通过场景、空间和内容与服务的融合，提高了万科松花湖项目的资源获取能力、综合开发改造能力、产品提供能力和客户服务能力，打造了万科冰雪核心产品，并扩展冰雪主题引入配套开发，从而获得项目开发的溢价（图7-14）。

7.3 冰雪体育旅游：打造项目核心IP

7.3.1 稀缺冰雪资源+引入先进设备

1. 稀缺冰雪资源，打造目的地度假区

松花湖度假区是以冰雪运动、山地度假为品牌，集休闲运动、餐饮、娱乐、度假、养生为一体的四季生态休闲度假胜地。整体规划20km^2，致力于打造"家庭友好型"度假区。松花湖度假区年平均冰雪期可达150多天；加之不结冰的松花江蒸发水汽，随风吹到青山区，遇冷凝霜，覆盖滑雪区，使滑雪线路天天铺上一层新雪，整个度假区致力于全年为顾客打造极致的休闲旅行度假体验。2018年在法国格勒诺贝尔获得年度国际最佳雪场投资建设奖荣誉。

雪期长，雪况好。度假区的冬季，平均气温白天为-10℃~-13℃，正常情况下滑雪场雪厚度达1m，每年11月至第二年3月为滑雪期；冬季度假区内的雪地娱乐项目丰富多彩，不同于滑雪运动的其他形式，项目致力于打造和大青山的皑皑白雪亲密接触、体验滑行的速度和冰面拦截的激情体验，是冬季体育休闲旅游的绝佳场所。度假区的夏季也十分有特点，园区内被湖光山色环抱，尽显纯净呼吸之美妙；相比南方城市夏季高达38℃甚至40℃的高温，松花湖最热的7月平均气温在23℃左右，气候宜人、风景优美，是度假避暑的首选之地（图7-15）。

万科松花湖滑雪场处在全球滑雪场建设优势纬度和紧邻松花湖优势地理位置。目前，全球有67个国家提供配备齐全的室外滑雪场，雪场数量达5000~6000家，最新崛起的滑雪胜地是东欧和中国。全球知名滑雪场主要分布在中高纬度的山区，并集中在北纬40°~50°之间。像北纬43°的日本札幌滑雪场、北纬45°的法国霞慕尼滑雪场、北纬46°的瑞士达沃斯滑雪场等。万科松花湖项目也正好落在北纬43°，雪场所在大青山属长白山余脉，山高林密，风速适中；紧邻不冻的松花江，蒸发的水汽飘到大青山区凝成霜花覆盖滑雪区，使得年平均降雪约37次，在长达5~6个月的滑雪期期间，雪质丰厚，硬度适中，是滑雪胜地

图7-15 万科松花湖滑雪场导览图

之一。度假区紧靠松花湖，优越的地理位置，成就了高山雾凇，宛如人间仙境，度假游客每年都可欣赏"中国四大气象奇观"之一的吉林雾凇。

2018年国内雪场新增39家（含室内馆），总数达742家，增幅5.55%，吉林省2018年滑雪场数量为43个。按核心目标客户群分类，中国滑雪场可为旅游体验型、城郊学习型及目的地度假型，具体见表7-2。

中国滑雪场按核心目标客群分类　　　　　　　　表7-2

滑雪场类型	数量占比	客群定位	滑雪属性	雪场特征	客群特征	典型案例
旅游体验型	75%	旅游观光客	旅游属性	设施简单，只有初级道。位置一般在旅游景区或城郊	90%以上为一次性体验客户，客人平均停留时间2小时	西岭雪山/大明山/神农架
城郊学习型	22%	本地居民	运动属性旅游属性	山地落差不大，位于城市郊区，开发有初、中、高级雪道	本地自驾客人占比很大，平均停留时间为3~4小时	南山/军都山/万科石京龙/探路者嵩顶
目的地度假型	3%	度假人群	度假属性运动属性旅游属性	山体有一定规模，除有齐全的雪道产品外，还有住宿等设施的配套	过夜消费占比较大，客户平均停留时间在1天以上	万科松花湖/万达长白山/北大壶/亚布力/万龙/太舞/富龙/云顶

万科松花湖滑雪场属于目的地度假型，该类型滑雪场在国内占比非常少，仅为3%。除此之外，万科松花湖滑雪场按照垂直落差、雪道面积、脱挂式架空索道数量等方面均排名全国前列，其中作为5.23km的最长雪道，罗曼蒂克大道拥有松花湖度假区最靓丽养眼的风景线，可远眺松花湖秀丽风光、俯瞰吉林全景、于火神庙拜祈求福、体验雪场著名的蛇形道转弯、展望北美风情小镇全景、感受温馨休闲驿站木屋（图7-16）。

2. 引进先进设备，打造世界级雪场

松花湖度假区是硬件设施设备最好的滑雪度假区之一，引进的奥地利、意大利等世界一流的索道、压雪机及造雪设备，以空前的雪道规模、先进的滑雪设备和优越的自然资源，倾力打造中国的世界级滑雪场。175万m²的中国最大滑雪场拥有34条优质雪道、6条进口高速缆车、8条魔毯，拥有目前世界上最好的奥地利Doppelmayr索道系统，通往山顶的吊厢可以达到5m/s的运输速度，每小时的运力能够达到15000人。与此同时，松花湖度假区的滑雪场拥有国内最长高山雪道之一，全长4.1km，增加了滑雪乐趣，丰富了滑雪体验；度假区雪场高级雪道A2、A5已经通过国际雪联认证，可满足国际大赛高山大回转的比赛需求。针对国内较多的初级滑雪者，将初中高级雪道比例设为4∶4∶2，同时提供越野滑雪和跳台等场地。雪场初、中、高级雪道分布均匀，组合可调整性高，不同等级的滑雪者互不干扰（表7-3）。

图7-16 优质雪道与高速缆车

万科松花湖度假区设备一览 表7-3

滑雪面积（万m²）	落差(m)	索道数量条（高速）	运力（人/小时）	造雪机数量（台）	压雪车数量（辆）
21	605	6	15000	66	7

滑雪场同时拥有设施完备的滑雪服务中心和安全性极高的"娱雪乐园"和"家庭乐园"，都为广大冰雪爱好者提供了家庭度假的胜地。其中"娱雪乐园"作为独立区域，确保与雪道实现完全隔离，为广大享受亲子度假的游客打造了一个集雪圈、充气堡、雪地摩托等多种娱乐设施为一体的大型冰雪山地公园，让游客除了体验滑雪的乐趣，更能在这里体验到雪上娱乐项目的欢乐；"家庭乐园"全程带有乐趣的倾斜角度，让一家人在波浪儿童道、林间道、越野雪道之中嬉戏追逐，给予游客家庭最完美的滑雪乐趣，让亲子度假时间愉快度过。

7.3.2 优质体旅服务+引领冰雪主题

1. 优质体旅服务，奠定市场引领地位

松花湖度假区致力为游客提供有趣的度假体验以及"滑雪更好玩、住得更好玩、吃得更好、孩子玩得更好"等爽心服务，营造拥有完美体验的国际化度假区。度假区始终秉承

"像对待家人一样对待客户"的服务理念,并以"创造、主动、责任、共情"为服务宗旨,感动客户创造价值;度假区同时倡导"像对待家人一样对待员工",努力达到员工快乐,客户欢乐。

优质体旅服务奠定了度假区的市场引领地位。度假区开通了长春、吉林、沈阳冰雪直通车,方便滑雪交通出行;全国最大落差高级道全长2.6km夜场滑雪,覆盖初、中、高级、地形公园雪道满足夜场不同滑雪水平客人进阶雪道需求,夜场的开放更是方便了平日工作忙碌晚上想体验夜滑的人群。根据松花湖、大青山特点建设高品质特色酒店服务集群、滑雪及生活配套服务设施。

度假区酒店服务中包含日式尊贵服务高端度假酒店,针对高端滑雪度假客群,以日式尊贵服务及丰富的房雪ROOM+套餐组合产品,打造深度度假体验;滑雪发烧友的共享空间为自助智慧型便捷旅社,针对青年滑雪爱好者及爱交流的雪友提供自由交流及共享空间;快捷、经济、舒适、私密型酒店式度假公寓,共设218间房,从入住到离店实现全程自助式体验,让游客自由入住,感受滑雪度假全新的居住模式;儿童主题亲子客房,提供儿童配套设施及服务,让亲子度假更有乐趣,儿童入住可享受亲子接待服务,全方位打造亲子度假的精品酒店。

度假区与亚玛芬战略合作,SALOMON品牌雪具和ATOMIC国际顶级雪具品牌分别入驻小镇和王子酒店滑服大厅,打造为租赁雪具最好的滑雪度假区;功能齐备的度假小镇位于松花湖度假区的中心,集购物、休闲、餐饮、娱乐、文化等功能于一体,是整个度假区的核心设施。16家品牌雪具店,7家配套商业,13家餐饮店,边城体育、BURTON等国际品牌进驻,自助超市、银行网点、物流快递等生活便捷服务保障,打造购物、高端租赁、餐饮、酒吧、休闲娱乐一站式服务,成为最有国际范的商街小镇,也给游客带来上佳的度假体验。通过引进各地特色名厨和营养专家,小镇为每位游客和居住者打造跨越国界的创意美食之旅,提供了独特的餐饮体验,各酒店及度假小镇的多种风格酒吧助力休闲度假型体旅服务(图7-17)。

图7-17 万科松花湖体旅服务

2. 整合资源多方合作，引领冰雪主题发展

引领冰雪主题，度假区整合资源多方合作、助力冬奥会、积极响应推进三亿人上冰雪，开展全民冰雪系列活动，为前来体验冰雪之乐的游客带来一系列丰富多彩的冰雪赛事和主题活动。"世界雪日暨国际儿童滑雪节"、"吉林市直机关干部上冰雪"、"中小学生上冰雪"、交通台、音乐台、"跟着主播去夜滑"、2019爱你久久"青山之巅跨年晚会"等活动，营造了全民参与冰雪运动的良好氛围。与中国银行、宝马和伊利品牌战略合作，联合举办"畅雪中行首届滑雪比赛""伊利抖音冰雪网红""宝马冰雪驾乘及热雪"活动，吸引更多的高端客户来体验冰雪。度假区联合冬奥战略合作伙伴中国银行和伊利集团，一起积极推动中国银行冰雪卡的发行享专项优惠礼遇和伊利活力冬奥学院青训营、亲子营等系列活动；通过提升大众滑雪的体验和趣味性，让更多的青少年参与到冰雪运动中来，成为推动"三亿人参与冰雪"的活跃力量。

开展青少年精英成长计划，助力竞技体育发展。松花湖度假区积极响应国家教育部"加快推进全国青少年冰雪运动进校园"号召，率先在吉林省内开展冰雪进校园公益大讲堂活动；2019年开始在吉林、长春、北京、上海等地，累计开展"冰雪进校园"60所学校100场次覆盖将近30000人次，通过对冬奥知识、冰雪运动、滑雪技巧的讲解与体验，为中小学生普及奥运知识及滑雪安全认知和模拟滑雪体验，让大家感受冰雪运动的乐趣（图7-18）。

图7-18 冰雪系列活动

7.3.3 极致产品体验+引导项目发展

1. 极致产品体验，满足多样需求

松花湖度假区在冰雪主题上的着力发展，不断增强项目的吸引力。但近年来国内大型滑雪度假区间的"军备竞赛"持续提升消费者的标准，松花湖度假区不满足于滑雪本身，对整个度假区的硬件、软件均提出了更高要求。

在内容营造和产品规划方面，打造最佳客户体验。度假区根据不同客群设计针对性的产品，在滑雪票务、酒店、赛事、教学、冬令营等需求上满足不同客群的多样化需求。

"滑雪+旅游"快速提升滑雪人群基数，针对普通体验者和初阶学习者，推出价格亲民的滑雪、娱雪一日游产品，降低消费门槛，让更多滑雪爱好者能参与到冰雪运动中来。

"滑雪+生活"围绕需求创新消费体验，游客入住度假区可尊享ROOM+计划，整合吉林旅游特色资源，打造"赏雾凇、滑粉雪、泡温泉"的特色精品旅游产品；另外，滑雪度假游客可体验特色冬捕及观看二人转演出，深入了解东北民俗文化，在整合推广吉林旅游资源的同时，又提升了度假客户体验。

"滑雪+教育"每周三吉林市儿童免费滑雪等活动，积极推动青少年及儿童上冰雪。

"滑雪+互联网"为客户打造更便捷的服务体验，度假区上线全新的微信销售平台和会员系统及自助票务机系统，实现房雪一卡通、免现押金移动支付、会员积分等增值服务。

"滑雪+冬奥"万科松花湖度假区与冬奥战略合作伙伴中国银行、伊利集团，联合发布"助力冬奥有我行动"冰雪惠民政策，东北首家冬奥特许纪念品商店落户万科松花湖度假区王子酒店，营造浓郁冬奥氛围。

北美山地风格山顶餐厅——吉林ONE山顶餐厅，位于吉林市区周边制高点——海拔935m的大青山顶，俯瞰吉林市区全景及松花湖，餐厅由美国OZ事务所主持设计，总建筑面积约3000m^2，包括就餐区、VIP包房及观景平台。借鉴了新西兰皇后镇、我国香港太平山的开发模式和先进经验，打造集餐饮、婚庆、商务会议、观光旅游的度假新地标。

滑雪场雪道丰富多元化。从不同滑雪者的体验角度出发，满足初级滑雪、竞技滑行、公园地形挑战、林间野雪等不同滑雪等级水平的滑雪爱好者的滑雪需求，并且拥有国际认证的5条高级雪道，可满足国际性赛事及训练接待能力。雪道场地可满足封闭训练，不与游客相冲突，更安全、高效，为竞赛及训练队根据需求提供相应的保障与支持，包含训练场地的订制修建及进阶过程的修改及增加相应道具。自开业以来，专业的服务及安全保障体系，度假区已经接待了国家单板跨项选材集训队、国家水上跨项单板集训队、中国高山滑雪国家集训队、国家跳台滑雪队跨项组、国家自由式滑雪障碍追逐队等30多支国家、省市训练队及日本、韩国等专业训练队。截至目前，已成功举办了国际雪联高山滑雪远东杯

图7-19 极致产品体验

赛、世界杯滑雪登山赛、中国高山滑雪巡回赛等国家级滑雪赛事,助力中国竞技滑雪体育发展(图7-19)。

2. 积极响应政府号召,引导项目发展

度假区积极响应吉林冰雪强省实施计划,通过政府搭建平台开展省市域外冰雪旅游推介,持续提升吉林冰雪品牌社会影响力,引导冰雪事业大发展。

积极参与对外推介。在冰雪强省战略规划下,吉林省、市两级政府搭建多地区品牌传播平台,度假区通过客源地特惠政策发布,提供指定客源地度假游客航空补贴、开通东北省会城市冰雪直通车,强势吸引核心客源地客流。度假游客客源地排名前五位分别来自广东、上海、浙江、江苏、北京,借助政府平台宣传优势,促进度假区市场扩面及品牌知名度进一步提升。

积极助力开展冰雪人才培训。作为全国冰雪人才培训基地现场教学点,万科松花湖度假区相继承办滑雪场发展规划与经营战略研究班、全国冰雪旅游导游员(讲解员)培训班、吉林市中小学体育教师等培训活动;作为国内滑雪标杆企业,持续总结企业运营发展经验,积极参加培训活动并做出专题分享,构建圈层交流互动平台,携手共助国内冰雪旅游产业蓬勃发展。

积极参加、承办政府大型活动。度假区抢抓吉林省大力推动冰雪发展契机,积极参加省委、省政府举办的冰雪产业发展座谈,结合冰雪产业发展所面临的困境,提出多项发展建议，积极助力吉林省冰雪产业蓬勃发展，同时在座谈中深入领会政府冰雪产业发展规划、要点，明确企业发展方向，积极响应吉林打造冰雪强省实施意见。2019年全国滑雪场联盟第一届全体成员大会在松花湖举行，万科松花湖度假区代表全国滑雪场联盟理事单位宣读发布"全国滑雪场联盟未来三年行动计划"，协调建立全国滑雪场联盟成员单位市场营销推广平台，联盟成员间将加强区域合作，积极推动冰雪、游客、信息以及技术资源的共享，策划联盟丝绸之路卡和滑雪积分赛事等；为联盟成员提供政策解读分享平台，倡议共同研发建设特色冰雪旅游产品，加快人才培养，共同维护滑雪产业健康发展环境。2019—2020雪季，全国15家滑雪场联合发布丝绸之路联盟卡，并举办了15场"丝绸之路滑雪精英挑战赛"。

万科还将继续增加配套投资，按照百万人次接待规模重新梳理度假区规划。度假区开发逐步考虑增加日常生活配套，逐步丰富度假区医疗、教育、养老等配套设施，打造美好幸福生活场景，使松花湖度假变成一种美好生活方式。

7.4 创新"体旅+"：延伸度假地产开发

7.4.1 互动新发展：体旅产业与地产联动开发

经过30余年的发展，万科的战略定位经历了由"三好住宅供应商"向"城市配套服务商"再向"城乡建设与生活服务商"调整升级的过程；业务范围也由传统的住宅开发和物业服务向商业、长租公寓、物流仓储、冰雪度假、教育等领域延伸。万科的多元化产业发展业务成绩也表现卓越。万科的长租公寓业务已经覆盖35个主要城市，累计开业超过6万间，开业6个月以上项目的平均出租率约92%；商业开发与运营方面，万科在全国50多个城市内打造包括印象城MEGA、印象城、印象汇、印象里、万科广场等商业品牌；在物流仓储方面，万科旗下万纬物流经过近四年发展，已成为国内领先的物流服务商，服务的客户超过600家。

1. 开疆拓土、冰雪同行

2017年1月11日，万科冰雪事业部成立大会在吉林万科松花湖度假区森之舞台正式召开，开启了松花湖度假区以滑雪、山地运动、山地教育、赛事为核心产品，构建中国最好的"家庭友好型"山地度假体验冰雪小镇的征程。2018—2019雪季期间，松花湖项目在滑雪人次、客流量两个维度均居国内领先。在树立冰雪产业标杆的同时，松花湖度假区也积极开展四季旅游项目，把万科松花湖度假区打造成为四季经营的度假旅游小镇，"长吉都市环线休闲游""清爽吉林·22℃的夏天"等线路成为吉林夏季旅游特色经典，实现了夏冬联动，带动春秋，驱动全年的四季旅游发展模式。2018年夏季，松花湖度假区开展了湖光山色一日游、水上帆船、桨板运动、航空滑翔伞/热气球飞行、特色户外婚礼、研学旅行、营地教育、"避暑康养"度假等产品，项目逐渐打开市场，不仅成为了南方度假客群避暑休闲新地标，还成为吉林周边夏季短线家庭亲子休闲游的首选之地。2018年夏季累计接待旅游休闲度假游客10万人次，接待人次和收入同比往年增长80%。

2．体旅助力、地产提速

松花湖项目的开发建设是万科在体育休闲度假旅游领域延伸的一次成功尝试。在体旅产业取得较大成功的基础上，万科松花湖项目对前期储备地块进行了地产开发，包括青山公寓一、二、三期和青山墅等。2020年拟建设高端别墅和度假小镇（表7-4）。

松花湖项目近年来项目开发内容及规模　　　　表7-4

开发时间	开发地块	开发面积	产品
—	5号、3-1号、4-1号、4-2号	20万m²	王子酒店、青山客栈、主小镇、度假公寓
2017年	2-1号、3-2号、7-1号	16万m²	商业+度假公寓
2018年	6-1号地块	4万m²	套房酒店、大型会议中心
2019年	1-1号	6万m²	雪具大厅、酒店、小镇第一副中心、水乐园
2020年	2-2号、1-2号	7.5万m²	高端别墅+度假小镇

随着松花湖度假区各项功能建设的发展与完善，体旅产业推动了度假地产可持续增长，为地产项目的开发和销售积累非常好的品牌影响和客源市场，加快了地产销售速度。其中，2016—2017雪季与2015—2016雪季客流量同期提高62%，地产销售速度提高200%，首期公寓、二期公寓均实现1年销售周期，二期公寓去化速度更是一期公寓的3倍。2019年，松花湖度假区项目以465套、2.2亿销售额（实为2.3亿）夺得中国冰雪市场销量、金额双料冠军；与此同时，按全周期统计，松花湖度假区在国内冰雪地产项目中，销售套数位列第一；资金迅速回笼为整体度假区建设提供了强大的资金支持，平衡了整合项目的现金流，又极大地促进了体旅板块品质提升和地产板块可持续建设开发（图7-20）。

3．长远规划、联动发展

万科松花湖项目D区规划发展旅游体验型雪场及冰雪嘉年华主题乐园，总规划增加雪道7条，8万m²冰雪乐园1个，总滑雪面积28万m²；一期西扩雪道3条，面积10万m²，新建"娱雪乐园"10万m²，总共20万m²；二期增加南坡雪道4条，雪道面积8万m²；配套新增索

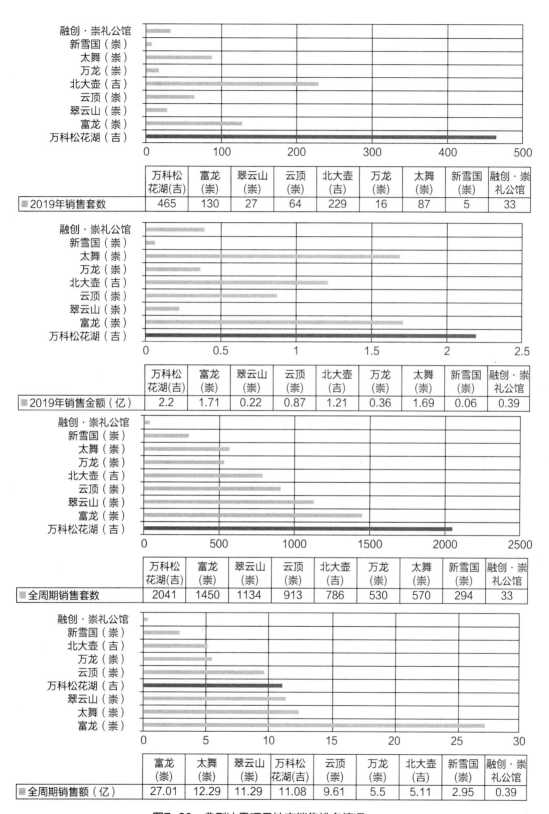

图7-20 典型冰雪项目地产销售排名情况

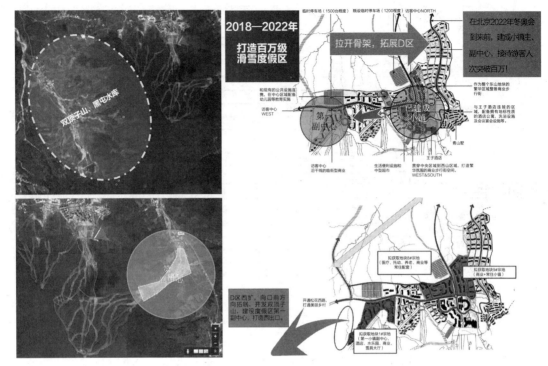

图7-21　万科松花湖地产开发计划

道2条，魔毯4条，15万m³水库一座（图7-21）。

D区西扩形成第一副中心，规划建设30万m²旅游体验型雪场及吉林省内最大冰雪嘉年华主题乐园，并配套会议度假酒店及室内水乐园和滑雪租赁服务厅；其中，酒店建筑面积23000m²，嬉水乐园面积6000m²。D区以南，以双顶山为中心，开辟南坡雪道，设1200m索道一条，开发雪道4条，面积10万m²，并建设国家级航空飞行营地，联合带动黑屯水库度假区规划"康养旅居"养老园、汽车营地建设、森林树屋及田园观光旅游联动，丰富度假区夏季运营。规划在北京2022年冬奥会到来前，建成小镇主、副中心，接待游客人次突破百万。之后，针对G索下站腰屯村区域进行扩建，拟联合地方政府开发美丽乡村建设，打造特色民宿，形成万科冰雪小镇的第二副中心。

7.4.2　打造产品力：度假地产核心产品

休闲体育旅游产业的发展促使地产具有了新的生活方式，提高了地产价值。万科集团一贯秉承的理念是："对万科来说，我们需要的不只是盖房子，我们更需要房子里面的内容，我们提供的不只是房子，还有生活方式，甚至为业主、客户的孩子成长提供空间，这是我们明确做城市配套服务商这个战略之下采取的行动"。万科集团冰雪事业部负责人也曾说:"万科进入冰雪产业,第一件事情就是建立生活方式,而在这滑雪度假生活方式中,家庭、孩子以及营地占据着越来越重要的位置"。

松花湖项目聚焦于滑雪和山地度假的场景、服务体系建设,提供客户愿意买单的好产品、好服务,打造中国首个年接待百万人次的四季旅游度假常住小镇。

1. 高端品质、差异化产品

万科松花湖国际度假区根据松花湖、大青山特点,量身定制了1个豪华度假酒店和2个个性化度假酒店,及5栋托管度假公寓和青山民宿,总共730套各式客房、近1600张床位,大中小型会议室、宴会厅,适合各种度假、会议、商务活动。从王子酒店到青山客栈及青山公寓酒店,每一家都各具特点,精心为度假人群带来松花湖近在咫尺的茫茫林海、皑皑雪山、阳光普照的原生态之美(图7-22)。

目前,度假地产产品市场声誉和销售情况非常好,在全国冰雪度假类项目中名列前茅;各类度假地产产品坚持高品质开发建设,并进行差异化布局。

青山公寓一期:纯粹北美风情小镇,2015—2016雪季销售,雪季年售罄。项目位于小镇中心风情商业街,是度假区的核心雪景公寓,窗外即是雪山,楼下即是商业,出门即可滑雪,便捷的度假生活,让青山公寓一期一经面世便迅速取得极佳的市场销售业绩。

青山公寓二期:度假风情小镇,2016—2017雪季销售,雪季年售罄。位于小镇主中心

图7-22 松花湖度假地产开发

西侧，内含五栋公寓和白桦旅社；青山公寓二期的开发让地产产品赋予游客和购房者更私密的生活、更丰富的体旅休闲玩法和更便利的滑雪产品享受。

青山墅（别墅/小高）：借助得天独厚的地理条件，充分尊重原地形、景观朝向，依山就势，自然生长的山地度假公寓，建筑与自然的和谐共存，包括前后花园的98m^2精品mini别墅，以及33~54m^2的小高层，项目可以眺望群山，私享林间山水。

青山公寓三期：建筑设计为北欧谷仓建筑风格，自然与建筑的完美结合，高低错落、一步一景，雪道穿梭其中，就像是坐落在雪道上的公寓。建筑面积在33~110m^2，户型为标间和跃层，产品开发的宣传主题为"跟着万科去滑雪，让度假改变生活"。

2. 品牌优势、高规格产品

松花湖滑雪场由日本株式会社王子大饭店负责开发咨询及运营管理，日方派驻数位专家进行踏勘规划，并在施工阶段进行质量监督，确保雪道质量达到规划要求。

在万科集团成立30周年之际，依托专业地产开发近30年的经验，万科顺应时代的要求，在继续按照"好房子、好服务、好社区"的三好标准，为城市家庭提供优质的居住服务基础上，积极满足城市商业和公共事业发展的需求，做好城市配套服务商，为城市发展做出贡献。在新业务领域，针对城市配套服务商，万科推出了多种产品。松花湖度假区是万科第一个正式开业的旅游度假项目，有全国设备最好及规模最大的滑雪场，全国唯一大于100hm^2的雪道面积，酒店区有4家酒店，一条长达200m的商业步行街，内有30多个商家，餐饮、雪具店、银行、顺丰快递等应有尽有。万科品牌的强有力支撑，使得松花湖国际度假区在整体发展的定位及资金上有了强有力保障（图7-23）。

松花湖度假区项目努力实现了万科品牌、松花湖（景区）品牌及国际知名品牌相结合，即将自然品牌与企业品牌相结合。利用东北地区冰雪、温泉、松花湖、雾凇等资源优势，结合体旅产业发展，实现了传统自然资源吸引力和现代企业团队创造力的结合，继而实现了项目开发、区域协同和品牌重塑的有机结合。

为了打造国际一流的滑雪胜地，万科在建设阶段引进了奥地利多贝玛亚、意大利天冰、美国Design Workshop、日本观光企画设计社等众多国际机构。在运营管理上，最具标志性的是代表亚洲滑雪度假产业最高运营水平的超五星级西武王子大饭店首次进驻度假区。

松花湖西武王子大饭店由万科集团与日本西武集团携手打造，由日本著名酒店设计公司观光企画设计社（KKS）主持设计。酒店配备高端客房208间，标准间面积达60m^2。游客可直接在酒店与滑雪场间实现滑进/滑出，体验完美的滑雪度假生活。酒店内设有全日制餐厅、中餐厅、日餐厅等多个主题餐厅，可同时容纳400人就餐。此外健身房、游泳池、SPA及会议室等设施齐备，为中外游客提供完美的入住体验。青山客栈共有客房215

图7-23 度假酒店产品

间（45间跃层房型），这是一家为滑雪爱好者及旅行达人特别打造的一家充满活力的个性酒店，大气的自然住宿空间，清新的色调与简单直接的装修风格融为一体，自由、自然、自助，让宾客充分感受自主生活的乐趣，并开设儿童主题亲子客房，全方位打造亲子度假精品酒店。白桦旅社配备224张床位，整体设计理念旨在提供温暖舒适居住体验的同时，给予入住客人更多的交流空间，让一个人的旅行变成一群人的狂欢。青山民宿，坐落于青山村松花湖度假区旁，特色风情院落林立其中，将东北地方人文特色与别致景观匠心结合，将风土人情融入每位游客旅居的日常当中。

3．亲子乐享、创新发展

松花湖项目以滑雪场和冰雪运动起步，在发展的过程中逐渐引入多样化的体育项目和休闲旅游内容。对于致力打造"家庭友好型"度假区的项目开发，度假区在2017—2018雪季精心打造亲子度假乐园，拓展冰雪运动的吸引力和产业扩张的基础资源。

LSR儿童村位于松花湖度假区八角亭一带，儿童村以滑雪教学、儿童娱乐等业态为主要经营方向，以营地教育、亲子客房、儿童餐饮等配套为服务项目，并在小镇雪具店商家增加儿童销售区，让亲子度假生活不再孤单沉闷，让孩子在冬天享受更多乐趣，成为孩子寒假的一站式童话乐园。

在滑雪之余，儿童村创新引进丰富的设施让孩子在营地旅程和VFUN乐园中畅快玩要，享受VFUN餐厅的精致美食，夜晚与家人住在童话般的青山客栈亲子房，尽享童年乐趣（图7-24）。

一楼及二楼是国内第一家集多项极限运动于一体的极限运动场地——奔流极限公园，总占地面积800m²，设备设施丰富，可以进行专业极限训练、举办聚会大趴等。室内蹦床馆占地200m²，净高7m，拥有专业蹦床、海绵池和娱乐攀岩墙等。看台休息区可提供VIP休息服务，观看运动员精彩训练或欣赏极限运动视频。

三楼为Molly house，倡导"阅读伴我、创作陪我"的"读创"亲子度假方式，帮助孩子和家长在阅读和创作中进一步体会"度假"的真谛。将阅读、手作及表演巧妙结合，让孩子和家长们在每个部分都能充分享受亲子度假和高质量陪伴的乐趣。

四楼是度假区精心为孩子们打造的趣味乐园，包含超长魔鬼滑梯、海洋球池、美国立体弹性迷宫等，为孩子打造一段尽情撒欢儿的放纵时光。同时，儿童专属餐厅——VFUN餐厅也位于VFUN乐园四楼，160m²亲子儿童餐厅，包含西点、沙拉、小吃、中餐、特色套餐及饮品，让孩子从小品味健康美食，吃出乐趣。

图7-24　LSR儿童村度假产品

松花湖度假区在发展过程中与周边资源也形成了良性互动与差异互补,不仅带动了周边乡村的经济发展和现代化建设,也带动了项目本身协同区域发展、助力乡村振兴的社会责任提升。度假区着力打造集绿色食品生产、休闲旅游等功能为一体的特色鲜明的田园农场,实现度假区周边农村生产、生活、生态三生同步;带动了周边旅游民宿、农产品销售等项目的发展,深受度假游客的喜爱。度假区内餐饮食材采用自周边30km内农产品基地,并创造"青山本味"特色餐饮品牌,丰富度假客户体验。

7.4.3 延伸产业链:度假生活教育培训

松花湖度假区以自身稀缺冰雪资源、优质服务和度假产品体验,实现了度假区有序经营和良性开发循环。在滑雪场、亲子乐园、酒店和公寓等项目开发的同时,不断思考延伸体旅和冰雪产业链,逐步形成冰雪体旅融合的产业集群,实现旅游与地产的互动发展。

1. 引入知名儿童滑雪课程体系

松花湖度假区提供全面滑雪教学培训体系,在度假生活的环境氛围中参与培训,无论是成人还是儿童,在这里都可以接受到专业的指导。为了让幼儿能在安全的环境下熟悉并爱上滑雪,万科松花湖与国家体育总局、北华大学合作成立松花湖滑雪学校,引入日本知名的熊猫雪人品牌建立"熊猫雪人"儿童滑雪学校,这也是全国唯一的儿童滑雪学校。

学校隶属于日本幼儿体育学会(亚洲儿童体育学会支部组织),涵盖滑雪教练培训、滑雪教学和儿童滑雪训练等内容。其首创的儿童滑雪达人训练课程体系,为儿童提供先进的滑雪教学课程和专门设计的滑雪装备。课程从儿童角度出发,运用符合儿童体质和兴趣的练习方法,先在室内雪道掌握基本技能,然后在室外进行实地滑行,配合"熊猫雪人体操""轻冒险"等丰富多彩的活动和雪上小游戏,让儿童在愉快的气氛中学会滑雪,达到促进儿童身心健康成长的目的。曾在"熊猫雪人"儿童滑雪学校的学生99%都能学会滑雪,完全没有滑雪经验的3~6岁儿童在参加了学校一天的课程之后,可以学会滑行。滑雪学校成立以来共计3万学生当中从来没有人受伤,安全性上来说是世界顶级水平(图7-25)。

2. 打造青少年专属滑雪冬令营

万科松花湖教育营地爱心打造青少年专属冬令营,以丰富多彩的冬季营地课程,专注于对青少年体验式教育的开发和实施,以国际营地教育的标准、专业的户外运动指导教学理念,让广大青少年在轻松、愉快的氛围里,感受探索自然、挑战运动的乐趣。万科旗下的重要素质教育品牌梅沙户外营地组织的冬令营项目致力于为3~18岁孩子提供专业的户外营地教育产品。

滑雪冬令营有7万m^2的专属教学区域,雪具大厅提供全套雪具租赁,方便入门者降低

图7-25 熊猫雪人儿童滑雪

学习成本。滑雪教练均经过BASI的培训和资质认证，BASI的教练除具备相应滑雪级别的教练资格外，还必须经过严格的其他培训和考试，包括持有野外紧急救援证书（Outdoor Emergency First Aids）、运动中的儿童保护专业的资格（Children Protection Module）等。在滑雪冬令营的课程设置中，滑雪教练和营员配比不低于1∶5；除主教练以外，另外安排助教协助教学，确保营员安全，包括以严格的筛选及培训机制，在全球范围内招募和培养的优秀大学生担任营地导师，导师和营员配比为1∶7（图7-26）。

松花湖滑雪冬令营以滑雪技能教学为主，围绕"勇气，挑战，成长"的主题，提供3大类课程。营员将在滑雪课程中学习滑雪技能，感受自然之美，增强勇气和自信；在锻炼身体、掌握专项技能的同时，从小培养冰雪人才，让青少年在运动的过程中树立自信，茁壮成长。冬令营中，在缤纷多彩的工作坊中体验艺术的华彩、文化的厚重和创意的精妙，

6天滑雪营课程表							
时间		第一天	第二天	第三天	第四天	第五天	第六天
8:30—9:00	早上		早餐	早餐	早餐	早餐	早餐
9:00—12:00	上午	—	滑雪课程	滑雪课程	冬捕（双板）滑雪课程（单板）	滑雪课程	离营
12:00—13:30	中午		午餐	午餐	午餐	午餐	
13:30—16:00	下午	抵达	滑雪课程	滑雪课程	陨石博物馆（双板）滑雪课程（单板）	滑雪课程	—
16:30—18:00			休息	休息	休息	休息	
18:00—19:00	晚上	晚餐	晚餐	晚餐	晚餐	晚餐	
19:00—20:30		开营仪式	工作坊	工作坊	工作坊	结营仪式	

图7-26 万科梅沙教育6天滑雪营课程表

图7-27 冬令营滑雪项目

在盛大的冰雪嘉年华中感受营地的创意、热情和快乐（图7-27）。

3．延伸度假教育培训

万科松花湖度假区作为户外营地教育中的重要一员，依托度假区丰富的四季自然资源和得天独厚的冰雪运动场地与专业人才保障。整合松花湖度假区内部、万科体系教育资源及业内优秀平台资源，联合营火虫、英孚教育、万科Deep Dive深潜教育、魔法学校、夏山国际童军会、百辉文涛教育等26家营地教育机构，提供丰富多彩的研学旅行、冬雪夏帆的四季营地课程等教育培训内容，打造万科户外教育营地的多元化体系。这项业务也成为万科转型城市配套服务商、打造万亿上市平台的重要一环（图7-28）。

目前，万科松花湖度假区已将教育培训延伸至四大课程体系贯穿全年，包括综合全能营、水上运动营、航空科技营、双语戏剧营、建筑设计营、野外生存营、自然探索营、军事训练营、民俗体验营及VSKI冰雪营，十大主题点亮孩子无限可能。其中，2016年夏季，万科松花湖度假区与加拿大专业户外单车NORCO正式签约合作，建设极具体验与趣味性的山地车公园——诺客松花湖山地车公园，NORCO将提供装备及技术运营支持；2018年吉林省首家航空飞行营地仪式在万科松花湖度假区正式揭牌。在营地教育培训中，万科松花湖项目不断凝练方向、提高教育培训的服务质量和专业化能力。其中，松花湖帆板营在

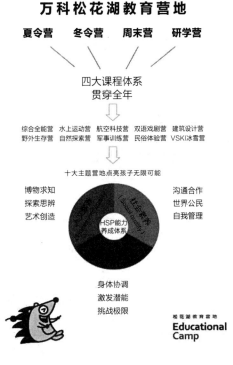

图7-28 松花湖教育营地四大课程体系

学习和尝试过程中塑造孩子乐观、独立、勇敢的性格，使孩子更善于融入团队，敢于承担和接受挑战，磨炼意志；孩子们在和专业指导教练学习帆板知识的过程中，也学会了如何判断风向从而让帆板前进、如何了解水流利用水流控制速度。航空飞行营地是松花湖度假区与亚联飞行合力打造、中国航空运动协会授牌的吉林省首家航空飞行营地，满足航空科普、教学体验、专业赛事、营地教育等多样化需求；打造完备的滑翔伞教学课程，以"玩学结合"教学模式，让孩子们爱上天空、爱上滑翔；教练团队均由持有中国航空运动协会颁发的教练资质（全国仅有不到百名持证教练）的人员组成，熟悉滑翔伞教学的技术标准与规范，为青少年提供专业教学指导和飞行体验。万科松花湖水上运动俱乐部是吉林市首家水上运动俱乐部，运营经验丰富、运营项目多样，包含帆船、帆板、皮划艇、站立桨板等，打造松花湖帆板进阶体系（Level1——熟悉帆板，双向滑行；Level2——掌握规则，原地转向；Level 3——斜向前进，逆风上转；Level4——判断风力，强化技巧）。青山草木认知课堂依托大青山优越的自然条件，开设青山探秘草木认知系列课堂，为广大的青少年儿童提供了一个亲近自然、认识自然、熟知自然的平台，自然探秘主题营地引入了LNT无痕山林法则，课程老师持有日本JCEA协会颁发的自然引导师资格认证，为营员提供最专业的课程体验、最好玩的活动带领。水陆空全能体验营全面融合包括青山探秘、军事训练、航空精英、水上体验、野外生存、农耕文化在内的松花湖教育营地六大主题，打造多元成长模式（图7-29）。

图7-29　万科松花湖营地教育

万科松花湖青少年教育营地培训项目延伸了体旅产业和度假地产开发的价值链，形成具有可持续性的运营收益。"体旅+"在价值链的增值活动中，以冰雪运动为基本增值活动、以休闲旅游和度假地产开发为延伸性增值活动，共同支撑了松花湖度假区的不断提升与完善。

7.5 案例总结

万科松花湖度假区（图7-30）2013年5月启动建设，2014年正式亮相中国冰雪行业。在国家冰雪事业大发展的政策支持背景下，万科主动抓住了发展滑雪旅游度假的时代机遇、战略布局获取了土地升值的市场机遇，以及敏锐地深挖了冰雪事业的产业链机遇，聚焦主航道和优势资源，通过稀缺冰雪资源、引进先进设备和提升优质服务，成功打造了世界级雪场和家庭友好型目的地度假区。

冰雪小镇在坚持以服务和科技决胜未来的基础上，整合资源多方合作、引领冰雪主题发展、延伸创新"体旅+"，打造具有持续创新力和综合服务功能的现代化度假区，实现旅游地产和体旅休闲互动互促的良性循环。万科松花湖度假区将努力实现打造成为世界级水平的生态、文化、时尚、创新高度融合的旅游目的地综合度假区。

图7-30　松花湖度假区标志

思考题

1. 万科冰雪小镇开发的总体战略是什么？
2. 特色小镇项目在获取土地时要考虑哪些因素？可以从哪些方面评判地块价值？
3. 万科是如何思考冰雪事业项目开发的？
4. 万科松花湖度假区的核心产品包括哪些？产品力是如何打造的？
5. 旅游地产开发成功的关键要素有哪些？

8 重庆龙湖光年：
开启"商圈高铁TOD城市综合体"时代

想出新办法的人在他的办法没有成功以前，人家总说他是异想天开。

——马克·吐温

案例导读

目前，我国商业地产的发展遇到了困难：存量去化规模大；经济增速放缓；稀缺高价的城市核心地块；规划、设施落后的旧城商圈；蓬勃发展的电商等。

与此同时，我国在城镇发展战略方面，正"努力培育发展现代化都市圈，以中心城市引领城市群发展"，并通过很多手段，例如大力发展高铁、轻轨等，来实现城镇发展的战略目标。

高铁、轻轨等交通枢纽能为商业地产提供巨大的人流，只要能很好地规划并吸引住人流，将人流转换为消费流，就能一举扭转商业地产的颓势。龙湖集团洞悉此巨大商机，并通过向天空、向地下要空间，解决了城市核心地块稀缺问题；通过借鉴和创新，打造"车站核""交通核"，解决了高铁、轻轨等交通枢纽的人流问题；通过国际化的设计，解决了旧商圈问题；通过TOD科普式营销，逆市飘红等。龙湖集团勇于尝试、勇于创新，通过重庆龙湖光年，开启了"商圈高铁TOD城市综合体"时代，在商业地产的困难时期，为行业的发展探索出了一条通往成功的道路。

8.1 重庆龙湖光年的源起：应运而生

8.1.1 源起一：国家城镇发展战略的政策指引

2019年3月5日，十三届全国人大二次会议开幕，国务院总理李克强作政府工作报告。报告提到，要促进区域协调发展，提高新型城镇化质量。围绕解决发展不平衡不充分问题，改革完善相关机制和政策，促进基本公共服务均等化，推动区域优势互补、城乡融合发展。优化区域发展格局，加强综合交通运输体系建设，打造高质量发展经济带。深入推进新型城镇化，坚持以中心城市引领城市群发展。

从我国城镇化率来看，已进入城镇化快速发展的中后期，这一阶段要把提高城镇化质量放在首要位置。而培育发展现代化都市圈是实现城镇化高质量发展的重要手段，既有利于优化人口和经济的空间格局，又有利于增强内生发展动力。

2019年2月，国家发展改革委《关于培育发展现代化都市圈的指导意见》指出：

以习近平新时代中国特色社会主义思想为指导，全面贯彻党的十九大和十九届二中、三中全会精神，坚持和加强党的全面领导，坚持以人民为中心的发展思想，坚持稳中求进工作总基调，坚持新发展理念，坚持推动高质量发展，坚持以供给侧结构性改革为主线，坚持市场化改革、扩大高水平开放，以促进中心城市与周边城市（镇）同城化发展为方向，以创新体制机制为抓手，以推动统一市场建设、基础设施一体高效、公共服务共建共享、产业专业化分工协作、生态环境共保共治、城乡融合发展为重点，培育发展一批现代化都市圈，形成区域竞争新优势，为城市群高质量发展、经济转型升级提供重要支撑。

到2022年，都市圈同城化取得明显进展，基础设施一体化程度大幅提高，阻碍生产要素自由流动的行政壁垒和体制机制障碍基本消除，成本分担和利益共享机制更加完善，梯次形成若干空间结构清晰、城市功能互补、要素流动有序、产业分工协调、交通往来顺畅、公共服务均衡、环境和谐宜居的现代化都市圈。到2035年，现代化都市圈格局更加成熟，形成若干具有全球影响力的都市圈。

因此，在新时代国家城镇发展战略的背景下，商业地产发展的总体思路可以概括为：努力培育发展现代化都市圈，以中心城市引领城市群发展。

重庆龙湖光年项目位于重庆城市副中心传统的、繁华的沙坪坝商圈内。沙坪坝区是中国经济第四级——成渝城市群（经济圈）的起始点，是重庆市教育、医疗高地和都市旅游目的地，也是成渝都市群人口最密集的地区之一。因此，现代的重庆龙湖光年项目，有利于成渝地区"努力培育发展现代化都市圈，以中心城市引领城市群发展"的实现（图8-1）。

与此同时,国家"一带一路"倡议的推行和"渝新欧国际铁路联运大通道"的贯通,以及即将打造的"下南洋"的快捷通道:中线通道(重庆—云南磨憨—新加坡)和西线通道(重庆—云南瑞丽—缅甸仰光),使得沿线国家的经济合作与文化传播更加通畅。位于西南地区战略节点位置上的重庆,成为了中国西部面向世界的窗口,实现了与沿线城市及国家的互惠互利,极大促进了重庆各产业的飞速发展。

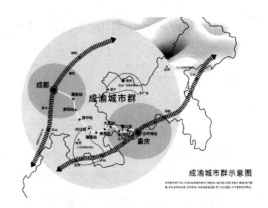

图8-1 成渝城市群示意图

作为重庆重点窗口的沙坪坝都市圈,其现代化对重庆融入"一带一路"倡议、"渝新欧国际铁路联运大通道"和"下南洋"战略,意义斐然。重庆龙湖光年项目有利于沙坪坝"现代化都市圈"目标的实现。

> **链接:渝新欧国际铁路联运大通道及其中欧班列**
>
> "渝新欧"国际铁路联运大通道,是指利用南线欧亚大陆桥这条国际铁路通道,从重庆出发,经西安、兰州、乌鲁木齐,向西过北疆铁路,到达边境口岸阿拉山口,进入哈萨克斯坦,再经俄罗斯、白俄罗斯、波兰,至德国的杜伊斯堡,全长11179km的由沿途六个国家铁路、海关部门共同协调建立的铁路运输通道,占据中欧班列主导地位。2016年上半年,新增满洲里和霍尔果斯口岸。
>
> "渝新欧"的名称来源于沿线中国、俄罗斯、哈萨克斯坦、白俄罗斯、波兰、德国六个国家铁路、海关部门共同商定。"渝"指重庆,"新"指新疆阿拉山口,"欧"指欧洲,合称"渝新欧"。重庆出发的货物,通过渝新欧铁路线运输,沿途通关监管互认,信息共享,运输全程只需一次申报,一次查验,一次放行。
>
> 从2011年重庆发出第一列"渝新欧"中欧班列算起,中欧班列已开行了9个年头。9年来,中欧班列应中欧投资贸易不断扩大而生,随"一带一路"建设推进而壮大,已成为共建"一带一路"的重要公共品牌之一,被誉为丝绸之路上的"钢铁驼队"。
>
> 专家表示,中欧班列作为新时代推动共建开放型世界经济的一个有力注解和切实行动,对于释放亚欧陆路物流和贸易通道的潜能、扩大沿线国家和地区开放空间、催化国际供应链改造及构筑国际贸易新格局,将产生重要而深远的影响。

作为国际陆路运输的新型组织方式，中欧班列是目前我国与"一带一路"沿线国家联系最为紧密的路径，也是推动"一带一路"建设落地实施的成熟典范。

截至2018年年底，通过中欧班列完成的进出口贸易总额约860亿美元。截至2019年6月底，中欧班列已累计开行近1.7万列，年均增长133%；国内开行城市达62个，境外到达16个国家53个城市。与此同时，班列开行质量显著提升，回程班列已达99%，基本实现"去一回一"。

随着越来越多国家响应并参与到"一带一路"建设中，欧亚物流大通道沿线的基础设施不断完善，越来越多的货物搭乘着"钢铁驼队"到达目的地，中欧班列的溢出效应正得到持续释放。

来自国家信息中心"一带一路"大数据研究所的分析显示，近5年来，中欧班列运载的出口货物货值占我国对班列通达国家出口额的比重持续增长。在国际贸易增速总体放缓的大背景下，我国对"一带一路"沿线国家和地区的外贸进出口却逆势上升，已成为我国外贸的一大亮点。

中欧班列还带来了我国与"一带一路"沿线国家和地区经贸往来的提质增效。据海关统计，中欧班列货源品类涵盖了IT产品、整车及零部件、通信设备、服装鞋帽、医药器械等数十个大类，沿线国家民众享受到了质优价廉的商品。

"一带一路"倡议源于中国，但机会和成果属于世界。中欧班列作为"一带一路"建设的重要内容，始终遵循"共商、共建、共享"的原则，积极探索构建陆上贸易国际新规则，在优势互补中实现互利共赢。

8.1.2 源起二：高铁及其沙坪坝站提供商机

1．中国高铁的快速发展

高铁是目前世界上最先进的陆地交通方式，大力发展高铁是中国的国家战略。作为一种现代交通运输方式，高铁在国家经济社会发展中发挥着重要作用，是转变经济发展方式的重要推动力量。同时，高铁的快速发展也是国家快速发展的产物。

2016年，经国务院批准，国家发展改革委、交通运输部、中国铁路总公司印发的《中长期铁路网规划》中，我国将打造以沿海、京沪等"八纵"通道和陆桥、沿江等"八横"通道为主干，城际铁路为补充的高速铁路网。"八纵八横"可实现相邻大中城市间1~4h交通圈、城市群内0.5~2h交通圈。其中"八纵"通道为：沿海通道、京沪通道、京港（台）

通道、京哈—京港澳通道、呼南通道、京昆通道、包（银）海通道、兰（西）广通道；"八横"通道为：绥满通道、京兰通道、青银通道、陆桥通道、沿江通道、沪昆通道、厦渝通道、广昆通道。

截至2018年底，在国家"八纵八横"的高铁战略下，中国已营业高速铁路已突破2.9万km，占世界高铁总里程的60%以上，是世界上高速铁路运营里程最长、在建规模最大、拥有动车组列车最多、运营最繁忙的国家。预计在2020年将到达3.8万km的运营里程。同时，高铁动车组旅客占比持续走高，截至2018年底，高铁占铁路客运比重达到59.5%，逐渐取代普客成为主要铁路客运方式。

2．重庆高铁的发展

从2018年起至2020年，重庆市将以全线时速350km的标准开工建设渝湘、渝昆、渝西、兰渝、成渝中线、渝汉、渝达西等7条约1400km高铁，总投资2457亿元。

到2025年，重庆将形成8个方向，10条高铁，2032km的"米"字型高速铁路网，即重庆与西安、郑州、武汉、长沙、贵州、昆明、成都、兰州8个方向高铁联系形成"米"字形高速铁路网，将实现"2h高铁重庆"，1h成都和贵阳，3h到西安、武汉、长沙、昆明、兰州，6h北上广，与国家重要城市群全面实现高铁联系。

3．成渝高铁专线沙坪坝站

成渝高铁专线，又称"成渝客专"，运营里程308km，设计最高时速350km/h。全程设有成都东站、简阳南站、资阳北站、资中北站、内江北站、隆昌北站、荣昌北站、大足南站、永川东站、璧山站、沙坪坝站、重庆北站，共计12个站。

成渝高铁专线实现了"1小时成都""1小时重庆"，大大提高成渝之间旅客运输质量和能力。预计到2030年，成渝高铁专线每天将开行动车组200多对，年最高通行能力可达6000万人次，将充分发挥成都、重庆两大国家中心城市的辐射作用，缩短成渝经济带城市群之间的时空距离，带动沿线城市化发展（图8-2）。

图8-2　成渝高铁专线路径示意图①

高铁经济的崛起必然指日可待。在国家高铁战略的推动下，沙坪坝站结合已经成熟的城市商圈，未来必将会成为重要的人流集散地。

---

① 图片来源：成渝高铁，https://baike.so.com/doc/3202191-3374743.html。

> **链接：京津高铁的经济效果**
>
> 2008年京津高铁通车后，一是加速了京津两地经济发展。天津市在2008年、2009年连续两年经济增长16.5%。远高于国内生产总值增长水平。天津市房地产业、物流业、旅游业、餐饮业等产业得到快速发展，2008年社会消费零售额突破2000亿元，同比增长了25.2%。二是促进京津同城化，改善了居民的生活质量。加速了两地人员流动，扩大了京津两地人们的工作和生活范围，优化了两地的资源配置，改变了两地人的生活观念和习惯，有力地促进了两地的"同城化"。据调查，2008年，天津楼市的总成交量中，有三成是外地购房人群，其中北京人达到一半以上。京津城际铁路开通运营后，周末去天津吃小吃、听相声，成了越来越多北京人的休闲方式。

8.1.3　源起三：沙坪坝商圈发展的需要

商业，是一座城市繁荣的风向标，商圈的演进，是一座城市发展的缩影，也会见证城市的发展变迁。重庆是一座多中心格局的城市，其中的每一中心都拥有一个核心的商圈。沙坪坝商圈与解放碑商圈、观音桥商圈、杨家坪商圈及南坪商圈，并称重庆传统五大商圈。

与重庆其他商圈相比，沙坪坝商圈具有若干优势：

（1）文化商圈：沙坪坝区是重庆的教育区，沙坪坝商圈及其附近名校林立，历史文化底蕴浓郁。

（2）交通枢纽商圈：高铁、轻轨、公交站汇交于沙坪坝商圈内，重庆内环高速公路离商圈核心区域也不过数百米。

（3）生态商圈：沙坪坝商圈坐落在平顶山麓，开门见山；商圈紧挨沙坪公园，绿树成荫，碧波荡漾，让你商务休闲两不误。

（4）温泉商圈：融汇温泉城与沙坪坝商圈近在咫尺。冬日里，逛逛商圈再泡泡温泉，其乐融融，让人流连忘返。

（5）相对独立的商圈：因地理的原因，沙坪坝商圈距离其他商圈的距离较大，因此相对独立，受其他商圈分流影响较小。商圈辐射纵深广，辐射面积1000km^2，是重庆市辐射面积最大的商圈。

理论上，具有如此多优势的沙坪坝商圈，发展起来一定容易，但事实恰好相反。其原因分析如下：

（1）人行难、车行难、停车难

以三峡广场为核心的，$0.64km^2$的沙坪坝核心商圈平均日人流量高达40万，商圈人口密度很大。如果考虑到交通枢纽、学校人员等因素，人口密度会更大。与此同时，与重庆其他商圈相比，沙坪坝商圈交通密度最大。因为以上原因，导致沙坪坝商圈，尤其是节假日的沙坪坝商圈人行难、车行难、停车难，极大地阻碍了商圈经济的发展。

（2）硬件陈旧、低档、品质中下

总体来看，沙坪坝商圈的硬件，档次不高、装修陈旧、品质中下。一方面，重庆的传统商圈大多成型于5年之前，甚至更早的时间，大多数硬件已经稍显落后；另一方面，老商圈集中了众多传统的业态，品质方面也跟不上。因为人流大，各种消费需求都比较旺盛，因此这些既有的相对落后、低档、陈旧的商业依然能够顺利运行，乃至盈利。但与此同时，也将高档、时尚、现代的需求拒之门外。随着时代的不断进步，面对日新月异的消费需求，老商圈的硬件将会越来越力不从心。

（3）业态分散

沙坪坝商圈没有多功能、多业态城市综合体，业态规划随意，甚至让人怀疑没有进行过合理的规划，从而给市民的消费带来了很多不便。因为业态规划存在欠缺，使得现有业态分布比较分散，因此消费者往往会面临在一个地方停好车或者走出轻轨站，步行数百米来到吃饭的地点，而喝下午茶或者看电影的地点，又分别在另外两个完全不同的方向，且相距也有数百米。因为步行距离远，消费者要么减少消费，要么疲倦地完成所有消费，不能实现消费者休闲消费的目的。

另外，沙坪坝商圈还存在业态同质化的问题。一般来说，商业上，如果没有同质化业态量的堆砌，就不能完全满足消费的需求。但如果一个商圈的业态全都同质、不能拉开差距，也会白白流失掉一大块消费者需求。

通过以上分析可以看出，新时代背景下，沙坪坝商圈要发展，需要做到：

（1）商圈扩容，包括：增加面积、增加高度及增加地下深度；

（2）认真规划商圈内的各种流线，包括：人流、车流、物流；

（3）重新打造崭新、时尚、高品质的商圈硬件；

（4）打造沙坪坝商圈欠缺的多功能、多业态城市综合体，认真规划商业业态，使之系统化、整体化及一定程度的差异化。

8.1.4 源起四：中国商业地产行业求变的需要

1. 商业地产行业多面承压

（1）存量去化规模大带来的压力

当前我国商办用地供给规模较大，进而导致一定程度上的同质化甚至是"供应过剩"现象，存量去化有限，部分城市面临较大的库存压力。

（2）经济增速放缓带来的压力

由于当前经济下行压力加大，商业消费空间正在受到挤压。从外部宏观环境来看，经济下行压力大，企业发展放缓。同时服务行业增速也有所放缓，消费对于经济的拉动作用有所减弱。这对于商业地产投资端与租售端带来一定影响。

（3）商办类项目限购政策带来的压力

某些城市陆续出台的商办类项目限购政策，对商办市场造成较大冲击，商住房的流动性大大降低，成交规模和成交价格同比降幅显著。商办类项目限购政策的落地实施，对商办类产品市场的供求格局产生了重大影响，进一步加剧了商办类产品的库存压力。

（4）电商交易模式带来的压力

电商交易模式也在持续冲击实体商业市场。近几年来，电商的崛起对于线下实体商业的影响持续发酵。社会消费品零售总额的增长活力更多来自于网上消费，线下实体商业受到冲击。

相较商业地产的开发而言，以上这些压力，使商业地产的运营能力变得更加重要。另外，在经济结构的持续优化、新技术的迭代升级以及消费新趋势等的共同作用下，商业地产行业的变革与调整步伐进一步加快。

2. 商业地产的结构性机遇

近来，虽然商业地产整体压力较大，但市场结构性机遇仍然存在。

（1）土地交易的结构性机遇

一线城市量减价升，成交楼面均价上涨显著，市场热度不减；二线城市商办土地市场内部分化，土地市场承压；三、四线城市商办土地市场热度下滑。

（2）租赁市场的结构性机遇

相关调查表明：具有一定经济基础，商业活跃度相对较强的一线、新一线、二线城市，将持续受到零售商关注；随着经济结构的不断优化，金融、TMT等行业对办公楼的需求有望持续提升，将进一步带动办公楼市场租金的平稳微升；部分重点城市，在各类产业、人才的政策利好下，吸引了大量企业落户与投资，将为租金增长带来空间。

3. 商业地产进入高度竞争期与创新变革期

在行业升级和消费引领下，属于中国的商业地产高品质时代已经到来，行业进入高度竞争期。

高度竞争期内，商业地产正面临着新的行业发展格局。一方面，在消费升级和商业变迁的背景下，需求端正在发生改变，新模式新技术迭代日益加快，商业变革不断出现。而另一方面，商业市场已经进入存量高度竞争的时代，行业竞争愈发激烈。在时代变局下，商业地产企业在布局、产品、资本整合等方面不断地调整和完善自己的发展思路，以期持续巩固自己的竞争优势。

（1）布局方面

从近几年的新项目布局来看，一、二线城市商业改造和升级日趋增多，并正在由市中心向外围区域扩展。三、四线城市在城市化进程推进、消费升级的背景下，商业市场在未来几年内也面临较大的升级机会。

（2）产品方面

为应对消费者不断升级的消费需求，企业在商业创新方面，应坚持差异化定位，补足区域功能短板，打造休闲娱乐的体验式场景，丰富商业内容，从内容和场景上提升体验感和互动性。

（3）资金整合方面

资金整合是商业地产企业做大做强的直接有效途径之一，它不仅可能带来资本和项目端的协同效应，也是企业获取优质存量资产的重要方式。近年来，商业地产企业、商业经营企业之间的资本收购依然很活跃，企业间整合机会不断显现。

综合来看，商业地产行业的现状可以总结为：商业地产行业多面承压，已经进入深度调整和高度竞争期，企业需要准确把握政策走向和市场需求，不断调整和完善自己的发展路径，勇于创新，以积极的姿态应对市场的变化。

> **链接：中国商业地产十大发展趋势**
>
> 趋势一：商业地产库存较大，多元化去库存。
>
> 趋势二：新一线城市步入存量时代，三、四线城市进一步布局（新一线城市包括：武汉、成都、杭州、天津、苏州、重庆、南京、西安、长沙、青岛、宁波、无锡、厦门、大连、沈阳、济南、郑州、南昌等）。
>
> 趋势三：体验式消费业态成就不变的创意主题（体验式消费业态是指线上所不能的商业业态，强调消费者亲身体验，例如：电影院、健身会馆、电玩城、

KTV、美容美体、儿童职业体验、儿童游乐等）。

趋势四：侧重最后一公里经济圈，复合型社区商业产品仍占优势。

随着人们生活水平的提高和商业市场的激烈竞争，社区商业正在从单一的住宅底商向专业市场、主题商场、商业步行街演变。社区商业的功能从加强社区服务、投资盈利演变为复合型社区商业产品。复合型社区商业产品的主要特点是规划专业和业态多元，能够就近满足人们的娱乐、消费、养老、商务等商业消费需要，在商业领域极具竞争优势。

趋势五：马太效应、行业"分化"；去粗取精、优胜劣汰。

好的商业项目将会更好，差的会更差，甚至被淘汰。在招商难、运营难的挑战中，专业化运营商业项目的重要性将被进一步提高，商业地产将进一步去粗存精、优胜劣汰。

趋势六：联合办公快速发展，实现存量盘活与办公形式创新。

我国联合办公发展迅速，通过对存量商办物业更新改造、创新办公形式，通过空间、社群、服务的打造，实现存量盘活。例如：通过客户定位、互联网思维的运用、线上线下社群的打造、特色服务的提供等盘活存量，实现了快速布局与发展。

趋势七：政策调控力度加大，细化政策将实施落地。

总体而言，国家对商业地产调控力度加大，对于增量市场，将会继续因城施策、优化供应结构。调控的同时，也可能会出台实施若干优惠政策，例如：减免非住宅房产税、取消企业所得税及土地增值税预征、降低增值税税率等，降低企业资金压力，释放市场活力，鼓励优质发展。

趋势八：帮助他人管理与运营的"轻资产"商业项目将会继续增加。

商业地产开发企业迫于拿地成本、人工成本、运营成本的重重压力，以输出管理为主，帮助他人管理与运营的"轻资产"商业项目将会继续增加。"轻资产"项目虽然具备投资少、灵活性强、风险低等优点，但商业地产是一个市场化和金融化相交织的领域，轻资产模式要求与资本的结合非常紧密，其推进更是基于雄厚的资金基础，轻资产运营模式考验的是运营能力和融资能力的整合。

因此，有专业研究机构认为，轻资产模式更适合于在购物中心领域已经形成一定的品牌优势，具备商业、地产、金融资源整合能力的运营商；对于尚缺乏成功落地项目的绝大部分房地产开发商而言，并不具备普遍的适用性。

趋势九：电商、O2O等互联网技术及其思维方式将进一步得到广泛应用。

大数据应用将继续加快发展。互联网大数据浪潮来袭，对传统的实体商业冲击极大，因此，房企纷纷把目光投向互联网，各类电商、O2O平台层出不穷。

消费者网上筛选、线上支付、线下享受产品和服务的过程，是商业地产互联网化的一个基本逻辑。另一方面，商业地产互联网化有利于实现商业项目在资本领域以及资金流方面的目标。

趋势十：业态组合和品牌组合的优化创新依旧是关键。

发达市场社会零售总额60%以上产生于服务类业态，严格意义上的商品零售类业态只占30%左右。随着中国经济快速发展，经济结构发生显著变化，消费结构也随之发生变化，零售比例下降、服务业态大幅提高将是一个必然和长期发展的趋势，不可逆转。

随着竞争加剧，各大购物中心开始重新规划业态布局，符合大众消费潮流的新兴品牌受到各大购物中心的欢迎。

8.1.5 源起五：龙湖集团的TOD经验

1．中国TOD模式的发展

一项可以探知未来的预测是，轨道交通将成为中国经济发展最大引擎之一。按照《"十三五"现代综合交通运输体系发展规划》，到2020年全国城市轨道交通运营总里程预计达到6000km。

中国城市轨道交通建设方兴未艾，而大城市土地日益稀缺及轨道交通的便利性，已引得业界将目光聚焦在轨交场站上盖的综合开发，即以公共交通为导向的发展模式——TOD（transit-oriented development）。

以公共交通为导向的城市发展模式（TOD）自1993年由美国学者考尔索普教授提出后，便引起全球规划学者的广泛关注。TOD模式是一种将轨道交通使用最大化的居民区或商业区规划设计方式。20世纪90年代初，由公共交通导向的土地使用开发策略开始在一些发达国家和地区得到推广应用。如今，TOD模式已被视为缓解交通拥挤、城市无序蔓延、降低城市能源消耗、促进城市可持续发展的规划理念。TOD模式的应用方面，美国、日本和我国香港已发展得较为完善。

据上海易居房地产研究院与西南交通大学（上海）TOD研究中心联合发布《轨道城市，上盖经济——中国城市轨道交通TOD发展研究报告》披露，根据中国城市轨道交通发展规划测算，未来三到五年内，全国城市轨交基地上盖开发将带来约2.4亿m^2发展空间，各城市也愈加重视这一土地复合开发利用。初步统计，在已开通轨交的城市中，近六成已开发或正在开发基地上盖，还有近三成正规划开发。"十三五"期间，随着轨交建设高速推进、集中发展，TOD开发也将进一步提速和完善。土地利用集约化、开发主体专业化，是未来发展的主要趋势。

无论是从国内还是国际城市发展经验看，产业和人口导入是城市发展的必要条件，而交通是城市发展的先决条件。具体而言，轨道交通主要分为两方面，城市间的高铁以及城市内部的地铁、公交等，围绕轨道交通规划城市发展最具可持续发展性并有巨大的想象空间。另外，随着城镇化接近尾声，单一传统住宅开发业务已无法满足房企发展需求。

在中国，因具有先进的可持续发展性，TOD模式也颇受追捧。一些具有战略眼光的房企早已率先布局。

2. 龙湖集团对TOD模式的探索

龙湖集团是中国探索和践行TOD模式的先行者。2003年，龙湖开始探索以商业地产为代表的现代服务业，同时思考，用怎样的物理空间和组织形式才能给城市带来更佳的生活方式。随后，全国核心大城市全面步入轨道时代，高效、环保的轨道交通开始逐步代替传统的地面交通，给城市生活带来更高效舒适环保的组织运行。在学术界给出良好建议，政府积极倡导的背景下，龙湖抓住时代机遇，通过将城市生活服务业、生产性服务业与轨道站高效融合，形成可开发的TOD模式。

（1）龙湖的TOD项目

2003年，龙湖的首个自持商业"重庆北城天街"建设初期，就开始与重庆市江北区政府协商，并投入资金建设重庆首个商圈内的出租车车站，方便消费者前往北城天街。后期这个出租车车站，也成为北城天街重要的交通到达地。这也是龙湖探索TOD模式的初始（图8-3）。

截至2019年12月31日，龙湖集团已在全国成功打造了30个TOD项目。其中，重庆时代天街、成都上城天街是其较为典型的项目。

2012年，已开业的重庆时代天街，是一个集商业、地铁于一体的TOD商业综合体。位于渝中区大坪街道，属老城区，人口密度大。龙湖拿地后，利用时代天街和轨道1号线、2号线便捷连接的优势，从交通组织入手，与政府完成渝中西区与重庆其他区域互通互联规划，逐步打通东西向和建立南北向交通，在区内实现顺畅回转和循环。双方还对时代天街地下和空中分别进行车流人流规划：地下，政府将地铁石油路站通过200m地下商街接入时代天街AB馆，地下交通人行体系互通互联，人流可从最北端地铁站点步行抵达最南端站点；空中，时代天街各馆间实现空中连廊连接，将一个封闭的区域变成24h、365天开放的区域（图8-4）。

龙湖北城天街位于重庆江北区观音桥商圈核心,总用地面积57150m², 总建筑面积近30万m², 其中商业区建筑面积近14万m², 住宅建筑面积11万m²左右。北城天街购物广场运用Shopping mall国际商业流行理念; 集购物、休闲、餐饮、娱乐于一体。

图8-3 龙湖北城天街

龙湖时代天街规划两条商业街、三大Shopping mall、八大公共广场,建筑业态涵盖购物中心、商务楼宇、soho空间、家华住宅、城市广场等,完美融合休闲购物、行政办公、星级酒店、城市豪宅、交通换乘、餐饮娱乐、创意产业、城市广场、文化艺术九大城市功能。项目建成后总体量超过100万m², 商业体量逾60万m², 规模超过4个北城天街之大, 甚至规划有世界罕见的单项目8000个左右的停车位,相当于10倍于现在的北城天街!

图8-4 龙湖时代天街

2020年开业的成都上城天街在TOD模式方面也可圈可点，其拥有"城际快线+地铁线+BRT"的轨道交通与"两环+放射状路网"的路网交通，周边超20个公交站点，5条地铁线路交汇，其中1号线与6号线的交汇转乘处位于上城天街负一层与负二层之间的11m超挑高转换大厅，火车北站也将通过地下商业空间无缝接驳上城天街（图8-5）。

图8-5 成都上城天街

据龙湖集团透露，未来四年龙湖的TOD项目将进一步提速，将会有更多的TOD新项目陆续落地。

（2）龙湖积极借鉴世界TOD项目先进经验

2017年，龙湖集团首席执行官邵明晓亲自带领高管团队，赴东京拜访东急不动产、日建工作坊，专程交流TOD内容。龙湖发现，在TOD模式领域，日本已发展到第四个阶段。

第一阶段，知道交通重要，但仍停留在弱连接层面；

第二阶段，轨道交通开始有通道，可以避免刮风下雨通行等问题；

第三阶段，地铁上盖物业建设等；

第四阶段，极致阶段。例如，日本的涩谷未来之光，可以做到复合七条轨交，除了空间连接，还能关注到内容之间的连接（图8-6）。

图8-6 东京工涩谷HIKARIE大厦及其垂直交通核

龙湖认为，TOD模式对房企综合运营开发能力要求相当高。首先，这考验企业与政府、轨交公司等多个主体沟通协调能力；其次，这要求企业具备多个复合业态空间打造能力。

针对TOD模式探索演变，如今，龙湖内部提出四个关键词：高效、智能、IP、空间叠加。其核心就在激发空间、人以及场景的活力。而这，已经达到乃至超越了日本TOD模式领域第四阶段的内容。

（3）龙湖在TOD模式上取得的成果

经过16年探索，龙湖与政府、轨交公司等上下游主体培养起愈加默契的协同关系，为城市繁荣发展共创共建共赢。因为城市交通和城市服务、建设、运营高度融合，作为建设组织和运营方，龙湖践行了"前期介入，多方协商"。龙湖希望在城市交通规划的前期就与政府和相关专业机构一起，输出对城市服务业、消费者的理解与需求，协助政府高效决策，助力项目快速推进。例如：

在TOD实际规划时，开发密度适宜。以公共交通设施的运输能力为基础，使土地开发产生的出行量与交通设施的运输能力相协调，同时还要综合考虑项目周边城市服务业的配套情况，结合周边居住、办公、公共服务、商业等多维要素进行混合开发，避免轨道配置与城市服务配套不符的"错配"现象。规划"错配"会造成土地资源和交通资源浪费，致使后期营运过程品质不高。

政府掌握资源和政策，交通部门又擅长交通建设及运营，优秀的企业对市场端和资本端非常熟悉，多方需前期共同协商，这有益于TOD项目的定位和建设。协商范围包括：城市现代服务业功能空间体系的布局，轨道线网规划，高铁站选址，TOD项目的可行性研究和建设以及项目建成后高水准的运营和持续的提升等。

同时，龙湖锤炼出全国网格化布局，全品类产品线覆盖，复合多业态配置的三大核心竞争力，具备设计、建造、运营全链条一气呵成的整合能力；有着丰富的产品线体系，分为城市节点级，城市商圈级，城市门户级，城市产业级，适应不同城市不同区位的开发需求。

此外，龙湖还积累了大量优质合作伙伴：TOD规划设计资源，例如：西南交通大学（上海）TOD研究中心、林同棪国际、日建设计、东急等；商业规划设计资源，例如：德国ECE、湃昂国际、柯路建筑设计咨询公司等；产业资源，例如：盛世投资、清华大学、清科集团等。这些优势的取得，正是龙湖从容应对TOD开发运营挑战的有力保障。

> 链接：TOD模式
>
> TOD，起源于美国，是目前国际上最先进的城市开发模式，是最科学的空间运营理念，是最聚人气的城市公共地标，同时也是最具爆发力的财富增长模

式。利用高铁、机场、地铁、轻轨、公交等一系列大型公共交通工具，结合城市核心商业，达到人流、财富、资源高度集中，就像"城市的心脏"把人流、财富、资源源源不断地汇聚在一起。TOD就是把公共交通节点变成一个新的生活目的地。

然后再以公交站点为中心、以400~800m（5~10min步行路程）为半径建立的中心广场或城市中心，其特点在于把工作、商业、文化、教育、居住合为一体，站城一体化发展，从而达到城市公共资源、人口、商业围绕交通高度集中。

TOD分为两个类型。第一种是城市型TOD，就是在城市最核心的地段，占有最便捷的交通资源，享有最火爆的商圈人流，利用垂直一体化发展原则，打造绝无仅有的国家公共资产，同时也是史无前例、不可复制的城市投资资产（位于公共交通网络中的主干线上，打造成大型的交通枢纽和商业消费中心。一般距离公共交通站点步行10min，或以半径600m的辐射范围）。第二种是社区型TOD，多建于城市郊区，由单一交通方式构成。人流相对较少，商业相对不够集中，仅通过公交支线与公交主干线相连。一般公共汽车在此段距离运行时间不超过10min（也就是每个轻轨站附近都可以算是社区TOD）。

国内TOD开发及相关发展：

（1）金鑫、张艳（2011）等认为TOD对于中国城市发展的重要借鉴价值主要在于支撑TOD模式的"交通与土地使用整合"及"公共交通优先"。这两大内涵与我国城市正在寻求的可持续发展目标的需求相结合。

（2）丁川、王耀武（2013）等认为TOD模式与公交都市战略在本质上是相通的，均旨在形成与公共交通相契合的城市形态，依赖公共交通来实现城市的低碳化，进而实现城市的可持续发展。

（3）王珊（2014）分析了南昌在借鉴香港"地铁+物业"的开发模式基础上，结合自身实际，创新性地提出了"地铁+社区"的建设模式，指通过对地铁物业及地铁附属资源的合理规划和深度挖掘，综合开发地铁上盖空间、站点及沿线周边资源，形成以站点为中心集交通、居住、购物、餐饮、娱乐、文化于一体的综合服务性社区。

（4）邹伟勇（2015）提出利用轨道交通站点与公共设施整合形成的E-TOD模式，围绕轨道交通站点周边建设功能组团，形成公共中心，带动近郊轨道站点周边社区开发。

8.1.6 应运而生的重庆龙湖光年:"商圈高铁TOD城市综合体"

重庆龙湖光年源起如图8-7所示。

1. 重庆龙湖光年项目简介

重庆龙湖光年位于重庆沙坪坝区商圈正中心,是国内首个城市中心高铁上盖TOD项目,也是全国首个TOD垂直城市,"站城一体化"国家级开发样本,2018中国综合体新地标,是瞄准了"城市群"中心级的商业综合体。它由地下TOD枢纽、地面金沙天街、外围沙坪坝商圈和空中双子塔楼组成,其中,占地面积:50716m^2;基底面积:84853m^2;建筑面积:481743m^2;容积率:5.66;建筑最深处:地下47m;建筑最高处:地上180m(图8-8)。

图8-7 重庆龙湖光年缘起图

2. 重庆龙湖光年操盘的复杂性

作为城市老城提档升级的典型代表,龙湖一直试图将城市服务综合体布局重庆沙坪坝,但一直没有土地供应。随着2010年沙坪坝火车站正式停运,成为新的成渝客专的重要站点,在2011—2012年龙湖惊喜发现,铁路、交通、规划、辖区政府四方将位于商圈核心的沙坪坝站按照TOD、站城一体融合化的方式建设,与以往水平布局不同的是,在这里,高铁、地铁等全部被放入地下,垂直叠加。

图8-8 重庆龙湖光年效果图

重庆龙湖光年作为全国首个城市核心商圈中,融合高铁、轨道、公交的TOD项目,虽然理念超前,但极其复杂,技术难度很大。铁路、公交及规划三方,虽然擅长交通的组织和建设,但在交通枢纽上建什么、建多少、怎么建,放眼全国,大家既不清楚,也无经验。为此,政府向包括龙湖在内的多家具有商业办公运营经验的企业发出邀请,龙湖给予积极响应。

作为一家有多年城市综合体开发运营经验,在消费者市场和资本市场均具有良好口碑的企业,龙湖非常熟悉政府方、服务业企业和资本市场投资人的需求。在将多方需求采集、整理、融合后，龙湖邀请了世界多家知名设计机构，形成了功能需求方案以及建筑技术建议方案，提供给政府参考决议。为了优化方案，龙湖召集多家全世界一线的TOD设计机构，集思广益并广泛考察，提出了高速交通核的优化思路，即通过一个大吨位高速电梯集群和扶梯的搭配组合来解决以上问题，提升项目交通品质。

3．重庆龙湖光年推动沙坪坝商圈的进化

"重庆龙湖光年"建成后将颠覆沙坪坝商圈以往的"旧、乱、堵"形象，扩容后的泛沙坪坝大商圈规划面积将达1.26km^2，是现在的4倍多，可满足消费者全生活周期的消费需求，并产生虹吸效应，吸附重庆江北、九龙坡等地区消费人群，成为重庆主城最具人气和购买力的新商圈。

沙坪坝区政府相关人士认为，沙坪坝铁路综合交通枢纽，创新性地在高铁车站上盖进行商业开发，为公益项目建设和持续运营探索出了一条新路。预计到2020年年底，重庆龙湖光年建成后，通过高铁、轨道、公共交通及天街商业，将形成每天超过90万人次客流，年均吸纳3.2亿人次客流，经济效益不容小觑。同时还将新增4万个就业岗位及50亿元社会零售总额，助力沙坪坝城市商业进化升级。

> **链接：城市群**
>
> 城市群是在具有发达交通条件的特定区域，由1个或多个大型或特大型中心城市率领的，若干个不同等级规模的城市构成的群体。城市的集群发展是城市的最高形态，也代表了国家的发达水平。在发达国家，每个城市群都是所属国家的战略发展中心，拥有最为核心和聚集的城市资源、人口和完善配套。
>
> 商品市场的集中化决定了城市的类型高度，或者说是人口的集约化，促进了城市规模的发展，最终在达到一定水平的时候，新的城市类型也就应势而出，也就是我们所说的城市群，代表城市的最高级别。
>
> 目前在全球范围内比较知名的城市群有：美国纽约城市群、北美五大湖城市群、日本东京城市群（日本东京都市圈）、英国伦敦城市群、长三角城市群。在这些世界城市的发展进程中，我们发现资源和资本的走向永远都是朝向大都市的；并且城市的发展必将是以人口的迁移为导向，围绕核心地段多城市组团式发展，城市的资源、人口、经济贸易等也会因为城市集群式发展而增加，同时促进城市更大规模的发展。
>
> 通过对世界发达国家城市群的研究，中国政府已经意识到城市群在未来对一个国家的重要性，所以中国也规划了4大经济发展城市群——长三角城市群、珠

三角城市群、京津冀城市群和成渝城市群。4大经济发展城市群的共性是：得天独厚的发展基础、良好的居住环境及生活资源、国家政策的大力支持、核心城市的辐射作用、交通运输条件便利。这也是人口迁移的推动力。

习近平总书记高度重视成渝经济区建设，要求加快推进成渝城市群一体化发展。成渝城市群是世界为数不多的"双核型椭圆城市群"，是我国面向中亚、西亚、东南亚等国家和地区的开放前沿。截至2018年底，成渝城市群面积超过18万km^2，常住人口近亿人，地区生产总值5.63万亿元，占全国的比重分别为1.93％、6.89％和6.25％。从城市规模和经济活力来看，成渝城市群毫无疑问具有成为中国"第四极"的潜力，并有希望成长为世界级的城市群。川渝两地必须精诚合作，在国家区域协调发展战略中主动作为，优势互补，共谋发展。

8.2　重庆龙湖光年的开发理念：空间即服务

8.2.1　"空间即服务"理念剖析（图8-9）

2018年伊始，龙湖集团CEO邵明晓提出了"空间即服务"的创新理念。龙湖要做人与空间的连接，未来对龙湖来说就是——空间即服务（SaaS，Space as a Service），主要包括：

（1）洞见客户未来生活、工作、社交场景，在产品和服务层面持续创新；

（2）参与城市空间、服务重构，尤其是在城市、商区、社区、住区的机会；

（3）聚焦于大流量、大容量的客户，占据城市及交通的重要节点，打造生活圈消费地；

（4）把握人工智能、大数据等新技术趋势，创新业务模式，提升数字化竞争力。

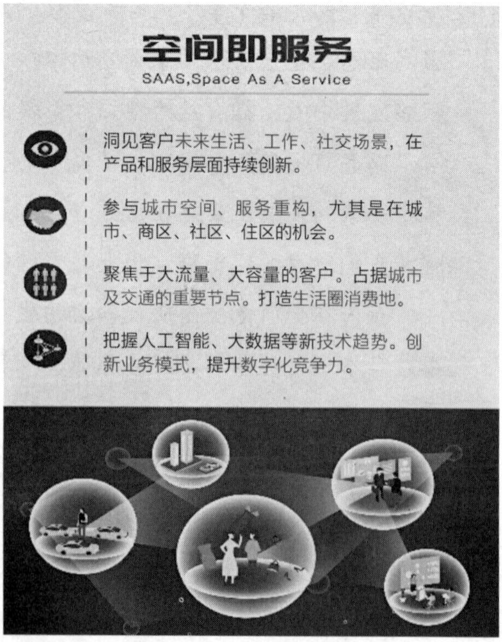

图8-9　龙湖集团的"空间即服务"创新理念

龙湖所倡导的"空间即服务"理念，不是简单的一句口号，而是切实可行的实践创新，是基于极致化产品与数据化运营的空间创新，通过空间布局能力、空间服务能力、空间增值能力的提升，实现真正意义上的"Space as a Service"。

1．空间布局能力方面

在筹备新开项目时，龙湖从拿地选址初始，便站在消费者需求和城市发展的角度，思考交通和空间的一体化规划和开发，以轨道交通节点为中心，通过高效的交通接驳、多元的业态组合及丰富的建筑空间，实现了消费者与商业空间的完美连接，充分展现龙湖的空间布局能力，将商业与城市发展紧密连接。

2．空间服务能力方面

随着消费趋势的变化，龙湖一直保有消费者洞察的敏锐性，不断进行自我更新，尝试多样化的空间创新，为消费者提供丰富多样的沉浸式场景和服务体验，在"空间"上进行持续打磨，以期更好地连接人与空间，提供贴心服务，为人们带来源源不断的惊喜和期待。

针对处于运营期的项目，龙湖会根据实际情况对局部空间进行重新定位和优化改造，通过更人性化的业态组合及多维度的交互，为消费者提供更具吸引力的场景体验，进而实现空间价值的提升。

3．空间增值能力方面

龙湖着力以IP集群的创新践行不断吸引消费者沉浸在天街营造的故事场景中。在共享空间中持续营造IP化场景，融入社交、艺术、人文等属性，给消费者带来多元体验。

另外，龙湖希望进一步拉近与消费者的距离，在会员方面，以专属空间、文化融合、服务延伸等形式全面提升"粉丝"归属感，为消费者在购物中心提供一个情感交互的场所，使服务功能和边界得到延伸。

简而言之，"空间即服务"是以消费者需求为核心，以技术为驱动，以场景为链接，化空间为服务，让空间因人而美，让人因空间而悦，创造空间的无限可能性。未来，龙湖将持续拓展"Space as a Service"，以此连接人与空间，并积极运用人工智能、大数据等，不断创新业务管理模式，提升数字化竞争力，从而创造出更便捷贴心的消费体验。

8.2.2 "空间即服务"理念运用

"空间即服务"的开发理念全面地运用于重庆龙湖光年整个项目，开启了中国商圈高铁TOD城际消费模式，融交通枢纽、商圈、天街三位一体，全面激发重庆沙坪坝的价值潜能。重庆龙湖光年践行"空间即服务"理念，扩大了沙坪坝核心商圈，形成了TOD垂直城市。与此同时，项目作为体现重庆城市文化的地标，将文化的内核全肌理地融入项目的设计与布局当中，以匠人的心境打造"七站"空间，为空间赋能，突破城市商业现有格局，引领重庆龙湖光年从消费目的地到生活娱乐目的地的华丽蜕变（图8-10）。

1. 扩大的商圈

（1）扩大的核心商圈

重庆龙湖光年在规划设计上，充分借鉴了日本涩谷站的空间"立体化"处理方式，向地下和地上拓展空间，并按照TOD模式展开，建设涵盖高铁、地铁、快轨、公交、客运等多种交通方式的集散中心，然后，以400～800m为半径建立集工作、商业、文化、教育、居住等为一体的大型城市综合项目，为周边362万常住人口提供全方位便捷服务。龙湖天街将形成向外拓展的180万m^2"核心商圈"，主要由龙湖天街、中心步行街、中心商业街区、文化名人广场、三峡景观区和绿色艺术区等六个部分构成，未来将扩容5倍至1.42万km^2，最终形成一座集大型高铁客运站点、大型购物、休闲、娱乐等于一体的城市全新综合性高铁商圈（图8-11）。

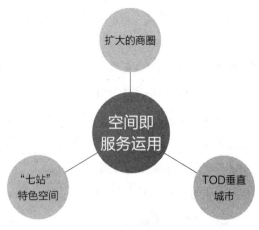

图8-10 重庆龙湖光年"空间即服务"理念运用体系

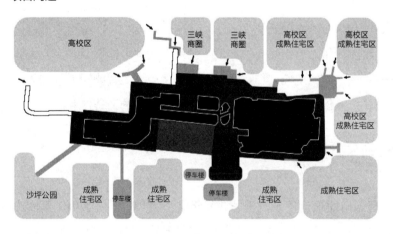

图8-11 重庆龙湖光年的核心商圈

（2）扩大的辐射商圈

借力成渝"一小时"经济圈，沙坪坝商圈的辐射范围将"夸张"地扩大，助力重庆沙坪坝区整体的扩容与升级。沙坪坝高铁站基于八种交通方式，未来将会连接半径100km的城市都市圈，把圈内各城市的商业购物消费、旅游出行、商务办公洽谈、居住共享无缝连接，高效聚集城市功能。重庆，甚至整个"成渝城市群"，都将因此受益。

另外，沙坪坝站在国际上将串联"一带一路""渝新欧大陆桥"上48个国家、500亿美元的经济体，同时在国内连接西南片区重庆、成都、西安、昆明、贵阳五大城市，线路途径77个地级市，总计辐射人口达2.37亿人。

重庆龙湖光年作为中国唯一一个连接城市商圈＋高铁TOD项目，是瞄准了"城市群"中心级的商业综合体，将向世人呈现出"人流"转化为"商业现金流"的示范蓝图。

2. TOD垂直城市

重庆龙湖光年完整构建4维城市模型，是全国首个TOD垂直城市，由地下TOD枢纽、地面金沙天街、外围沙坪坝商圈和空中双子塔楼组成（图8-12）。

（1）地下TOD枢纽

重庆龙湖光年的地下TOD枢纽占地面积约22hm^2，5.4万m^2，是由政府主导设计的，地下7层的沙坪坝站综合交通枢纽，是我国最大的现代化城市综合交通枢纽。重庆龙湖光年的地下TOD枢纽衔接高铁、轨道、公交、出租等多种交通方式，3分钟零换乘。其中，轨道交通包括1号线、环线以及在建的9号线和列入规划项目的27号线[①]。站内八种交通方式融为一体，是重庆市交通网络最丰富，最密集的地区之一（图8-13、图8-14）。

地下共7层：

1）负1层公交车站，公交线路将开行27条，其中始发线路5条，途径线路22条；

2）负2层出租车站和高铁站台；

3）负3层人行通道；

4）负4层高铁换乘厅；

5）负5层出站通道；

6）负6层轨道站厅，轨交线路目前已开通地铁1号线和轨道环线；

7）负7层轨道9号线换乘站。轨道9号线换乘站以及3条轨道线车站间也正在修

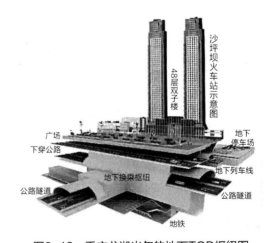

图8-12 重庆龙湖光年的地下TOD枢纽图

---

① 注释：2020年1月本文撰稿时，9号线是在建项目，27号线是规划项目。

图8-13 重庆龙湖光年的道路与公交交通图

图8-14 重庆龙湖光年交通核示意图

建,预计在2020年通车。

地下7层每层都设有地下停车库,共4300个停车位。地下工程总投资105亿元,其中综合交通枢纽投资约80亿元。地上龙湖金沙天街总投资超过80亿元。地下、地上总投资达185亿元,相当于每平方米土地投资金额高达8.4万元。这一投资强度远超上海迪士尼和深圳桂湾金融区。总开发面积48万m^2,相当于三个北城天街。

(2)外围沙坪坝商圈

外围沙坪坝商圈作为重庆五大传统商圈之一,以全面商业配套支撑TOD垂直城市有序运行。

(3)地面金沙天街

金沙天街采用龙湖集团最高天街配置等级——4.0战略等级进行开发与经营。从产品配置、设计理念、业态定位、品牌招商、管理团队都按集团当时的最高标准运作。

重庆龙湖光年项目跳脱传统的高密度、高混合度的建筑形态定式,趋向更为精细化与差异化打造。金沙天街以"人性化"需求为出发点,在设计、业态定位与协调管理机制上,不断打磨创新。金沙天街利用交通核,将交通到达人群有效转化为购物中心的客流,同时通过空中连廊、大平台、地下通道等设施的建设,打造全方位城市步行系统,为消费者到达项目提供多元化途径。地面金沙天街面积达21万m²,体量超过三峡商圈现有商业总和。

图8-15 金沙天街项目A馆和B馆位置图

金沙天街项目定位为"站上天街,新潮所向"。其中:A馆定位为"品质生活中心";B馆定位为"潮流生活中心"(图8-15)。

核心客群定位为:周边常住居民,特别是交通30min内可达;年轻家庭:城市年轻人群,特别是时尚青年和活力人群;重要客群定位为:商旅人士,特别是由成渝高铁带来的差旅人士;支持客群:都市休闲客群,是指来自四川及重庆周边的休闲游客。

作为龙湖首个城际天街,金沙天街将进驻盒马鲜生、UME定制、GYM CARE等约500个品牌,其中约有60家品牌首进重庆,150家首进沙区。

(4)空中双子塔楼

空中双子塔楼地标,突破182m天际高度。在周围参差错落的天际线中,将原本各自为营的6栋塔楼结合裙楼作为一个整体设计,使其更具有标识性,对沙坪坝区域的城市天际线进行再整理,满足生活、居住、办公、消费等全能需求,为沙坪坝带来全新城市地标(图8-16)。

重庆龙湖光年将全力构建7大功能集群,规划6大商业业态,塑造城市多元化生活目的地(图8-17)。

(1)7大功能集群:写字楼商务办公集群、双子塔空中商业集群、天街城际消费集群、社会公共服务集群、文化教育服务集群、城际交通枢纽集群、全品类民宿酒店集群。

(2)6大商业业态:酒店民宿类、教育培训类、特色餐饮类、休闲娱乐类、医疗美容类、企业公司类。

3."七站"特色空间

"七站"是重庆龙湖光年精装打造的七个特色空间景观,包括:红毯大道站、先潮上城站、万有空间站、亲亲牧场站、斗爱打望站、喔当拾光站和Sky重庆站。"七站"特色空间将成为引领"未来生活"的新主场(图8-18)。

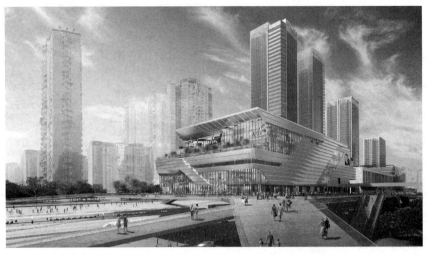

图8-16 重庆龙湖光年项目空中双子塔楼效果图

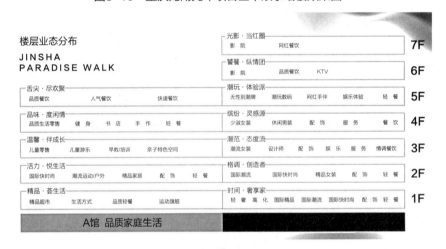

图8-17 重庆龙湖光年项目楼层业态分布图

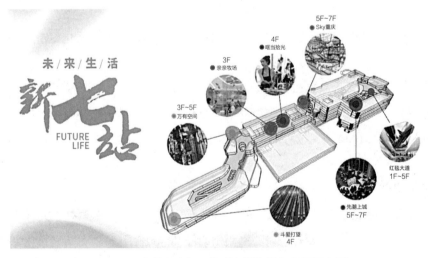

图8-18 重庆龙湖光年项目"七站"特色空间示意图

（1）红毯大道站：连接国际最新风潮的时尚大道，都市丽人的打卡圣地。荟萃国际主流高端美妆品牌，让消费者悦享轻奢化妆品体验高阶造型（图8-19）。

（2）先潮上城站：承接都市玩家的潮流意志。从红毯大道迈入这潮趣之城，空中首层炫酷呈现。无论运动时髦精，还是数码极客达人，总能放飞个性自由的潮流主张（图8-20）。

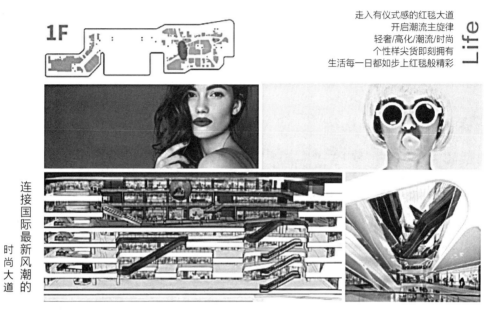

图8-19 红毯大道站示意图

图8-20 先潮上城站示意图

（3）万有空间站：城市公共策展空间。365天的不间断展出活动，无限可能的前沿探索，开启城市人文体验之旅（图8-21）。

（4）亲亲牧场站：满足亲子家庭所需的成长天堂。近20000m²的儿童业态集合区，精选市场高IP流量的儿童品牌，同时贴合消费者需求打造母婴室、儿童卫生间等设施配套。落成后将成为西重庆首个多元高品质儿童购物乐园（图8-22）。

（5）斗爱打望站：城市地标级观景平台。引领现象级的地标建筑，百川汇流的交通景观空间、全国首家火车观景餐厅等体验型场景将引领下一站热点（图8-23）。

图8-21
万有空间站示意图

图8-22
亲亲牧场站示意图

（6）哐当拾光站：城市生活漫享空间。在快节奏的生活中，有一个放慢脚步的好去处；远离城市的喧嚣，独享一方宁静。在这里，有各式定制店；在这里，将火车文化与生活的概念融合贯穿整个空间跟随"哐当~哐当~"的火车声（图8-24）。

（7）漂浮岛：在地文化体验空间。十八梯、吊脚楼、黄桷树、老茶馆、重庆小面等；这是天空之城，更见8D魔幻城市；是钟爱的网红重庆，也是记忆深处的山城；不关乎岁月，只在意地道重庆生活（图8-25）。

图8-23
斗爱打望站示意图

图8-24
哐当拾光站示意图

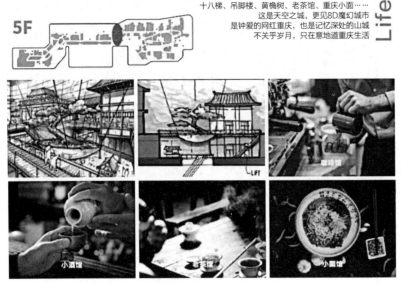

图8-25
漂浮岛示意图

8.3 重庆龙湖光年的设计：国际视野，博采众长

8.3.1 国际化的设计团队

建筑设计是凝结着人类文明历史与科学技术的智慧结晶，其本身也是个复杂综合体。一个城市建筑设计的发展同时标志着它的综合实力和社会精神面貌。

龙湖集团认为，对于重庆龙湖光年这种定位顶级、广受关注的项目，其规划设计必然也是世界级的。立足于全球化的国际视野，高瞻远瞩的层峰眼界，才能更准确地把握国际商业发展脉搏和预测国际商业发展趋势，才能打造出更具国际前瞻性的城市地标；通过国际化团队的组建，更有利于集合世界智慧，确保城市地标与世界同步；优质的国际化团队，能有效保障项目品质，让不同阶层的人享受到更好的相关服务。与此同时，国际化知名企业的影响力，能为商业项目保值增值加分，能为使用者身份荣耀的提升带来相应帮助。

在多年的开发和运营过程中，龙湖集团与众多全球一流的设计、咨询、产业资源团队建立了良好的战略合作关系。重庆龙湖光年作为龙湖集团量级最高的项目之一，广邀并聚集了众多的各专业国际一流合作单位，实现了全球资源的配置（图8-26）。

1．项目的商业建筑总设计——日建设计公司

日建设计公司成立于1900年，是日本国宝级设计公司，目前已拥有超过2500名员工，业务遍及40个国家，是世界上最大最成功的建筑设计公司之一，至今已经拥有

图8-26　重庆龙湖光年的国际化设计团队

20000多件作品。日建设计一直以来都以专业、自由的构思和技术相结合，领衔开拓社会环境的前沿，将丰富多彩的体验传送给社会和居民。

代表作品有：东京塔（东京市地标）、东京天空树（东京最高建筑）、日本涩谷未来之光（TOD）、中国北京电视台、大阪图书馆、韩国世界贸易中心等世界知名地标。

2．项目塔楼建筑设计——澳大利亚的伍兹贝格

伍兹贝格1869年成立于澳大利亚，目前在全球拥有15间事务所，设计作品遍布全球各地，多次获得各种国际建筑设计大奖。伍兹贝格看重设计中的人类体验，以便使建筑空间更加符合人们的实际使用需求与感受，让建筑带给生活更多满足。

伍兹贝格（Woods Bagot）在2017年世界建筑（World Architecture）100强建筑设计单位排名中继续跻身前十名。根据建筑设计杂志（Building Design）世界建筑100强建筑设计单位排名显示，伍兹贝格已经连续三年位列全球10强企业。伍兹贝格今年荣幸上榜全球最受推崇建筑设计事务所之一，与KPF、日建、UN Studio以及扎哈·哈迪德事务所并列第七名，同时依然稳坐澳大利亚第一大建筑设计公司之位。

代表作品有：悉尼大学商学院、华纳音乐英国总部、上海浦东嘉里城等。

3．项目导视（标识）设计——日本GK设计集团

日本GK设计集团成立于1952年，是日本最大的综合性设计机构，拥有超过200名经验丰富的设计师，业务涵盖建筑与环境设计、平面设计及互动设计等多个领域，几乎承包了日本近50年来的重要设计案例。GK设计希望通过设计挖掘埋藏在城市中的资产并重新定位，创建一个真正富裕的社会，创造人们积极参与的城市生活。

代表作品有：东京新宿车站看板识别系统、爱知博览会整体环境设计、JR整体视觉规划等。

其中，东京新宿车站是全世界服务人次最多的车站，每天的服务人数高达3000万人次，且有超过12条铁路线在这里交汇。新宿车站拥有日本首屈一指的看板识别系统，全部的系统都依照颜色做区分：如果要坐山手线，就一直跟着绿色标志走；如果要坐中央线，跟着黄色标志走。即使不会说日文，都可以行走自如。

4．项目精装设计——德国ECE

德国ECE是欧洲最大的商业地产开发商与运营商，目前已在欧洲17个国家开发运营了199个购物中心，其业务涵盖了开发办公、住宅、交通枢纽、物流中心等综合业态，代表世界最先进的商场设计理念和运营思维。

ECE在40多年实践中，积累了十分成熟的经验，针对不同细分市场、不同国家、不同消费能力城市、不同文化甚至不同消费心理，都有不同设计解决方案，形成世界范围内领先的核心竞争力。

代表作品有：德国林贝克广场、慕尼黑PEP商场等。

5．项目灯光设计——德国LEOX

LEOX公司是德国著名灯光设计师Prof.Harald Hofmann（霍夫曼教授）创立的，该司拥有丰富的高端照明设计经验和国际领先的技术与产品支持。

代表作品有（中国）：上海2010年世博会世博村、上海外滩白玉兰广场、广州天伦希尔顿酒店等。

6．项目景观设计——美国TERRAIN

美国TERRAIN是美国知名景观规划城市设计事务所，是龙湖集团战略合作伙伴，曾多次获得美国景观建筑师学会（ASLA）、城市土地资源学会（ULI）、美国规划协会（APA）和美国绿色建筑委员会（USGBC）颁发的最高专业奖项和荣誉。

TERRAIN旨在通过景观建筑、规划以及城市设计的艺术与科学，致力于整合自然、城市、人文并提升生活品质，使得世界更加美好。

代表作品有：休斯敦上城区改造与建设、南京青奥会公园与奥林匹克广场、美国59号公路市中心廊道城市设计等。

8.3.2　设计理念：最前沿的TOD项目

1．"宇宙飞船"形标志建筑，象征着未来（图8-27）

从位于地下的车站出站，到达地面后，首先映入眼帘的是一个外形酷似宇宙飞船的椭圆形建筑。该建筑最大长度达80m，宽36m，作为连接南北两侧通道的中央屋顶，层层散发着光芒悬浮于头顶之上。站在屋顶下，可以将街区景色尽收眼底。这里不但是面向北侧站前广场和步行街的媒体平台，也成为聚集和展现大众活动的舞台（图8-28）。

图8-27 重庆龙湖光年的"宇宙飞船"形标志建筑

2. 车站核，成就了舒适高效的换乘流线

如何梳理规划各个公共交通之间、交通与区域内设施之间、交通与周边街区之间的流线是本项目最大的课题。地铁人流量巨大，如何加强地铁与区域内设施、公交、出租车以及周边区域的顺畅衔接尤为重要（图8-29）。

为解决这个问题，龙湖首先在所有公共交通流线的交叉点上设置了车站核。"车站核"中设置"交通核"。为此，项目专门配置了扶梯+4台2.5t的快速电梯。特别是这4台快速电梯，最短30s，可将130人从负7层运输到地面，还方便了托运行李和有无障碍需求的旅客，让垂直方向的人流运载量大幅提升。通过"车站核"来顺畅引导不同高度上的各个公共交通以及公共交通与商业之间的转换乘，并通过车站核进一步将公共交通的人流疏导向周边的城市空间（图8-30）。

图8-28 重庆龙湖光年效果图

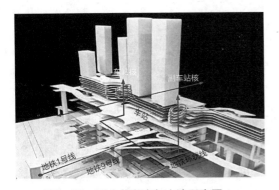

图8-29　重庆龙湖光年人流示意图

图8-30　重庆龙湖光年车站核示意图

在实现流线明晰化的同时,在其地上部分设置识别性高的地标,建立垂直流线。通过垂直流线,达到地铁与公交、出租车及周边的无缝衔接。

车站核配备了商业设施。通过流线引导,人流自然而然地进入区域内的商业设施,同时公共交通利用者也能顺畅高效地穿过商业设施进入地下空间。

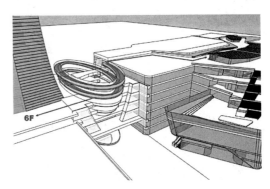

图8-31　重庆龙湖光年车站核旋转坡道示意图

项目面向站前广场和三峡广场的北侧视野开阔,外立面设计充分展现了作为城市新地标的象征性及壮阔之感。与之相对,面向住宅区的南侧立面则采取了人性化的手法进行设计。

车站核的最大部分长达80m,宽为37m,结合车站核顶椭圆体的形态,在6~7层引入旋转坡道,将6层、7层及屋顶层无缝串联,同时连通了东侧商业屋顶花园和车站屋顶花园(图8-31)。

灯光和外立面的设计也围绕旋转坡道的曲率,保证坡道和灯光的位置完全一致,从而形成平面和立面设计的统一。

3. 联系周边,缝合割裂的城市

重庆龙湖光年北侧为商区,南侧为居住区,西侧则毗邻沙坪公园和大学。而本项目不仅仅承担了联系周边地块的节点作用,也肩负着缝合被铁路割裂的南北城市肌理的功能(图8-32)。

重庆龙湖光年以车站为中心,建立步行网络系统,将铁道、地铁等的人流与周边的步行网络有效连接,同时也将被铁道分割的南北城市连为一体。利用区域的洄游流线,串联各个公共空间,形成促生各种公共活动的"舒适步行街区"(图8-33)。

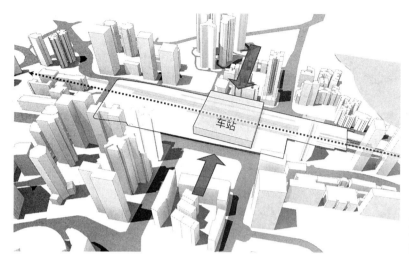

图8-32
重庆龙湖光年联系周边示意图

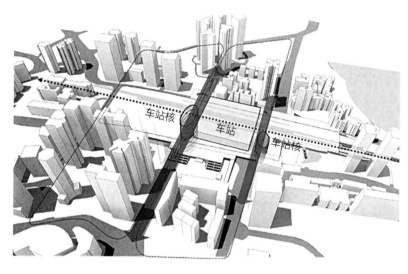

图8-33
重庆龙湖光年步行网络系统示意图

4. "绿色城市走廊",共结绿色生态空间

通过"绿色城市走廊"概念的导入,使西南侧沙坪公园的自然景观和生态融入周边街区,带动了整个城市环境的改善(图8-34)。

5. 站城一体,打造新城市天际线

与新车站融为一体的低层商业和以中央双塔楼为中心的高层塔楼,将周围高低无序的建筑完美地连接起来,打造了新的城市天际线,成为沙坪坝地区的地标性建筑。

双塔楼的外观设计,不但与两侧的低层商业裙楼及车站核保持了良好的视觉延展性,同时和正面广场融为一体,相得益彰。同时,塔楼顶部采取山峰作为意向进行设计,大幅提升远处的视觉辨识度(图8-35)。

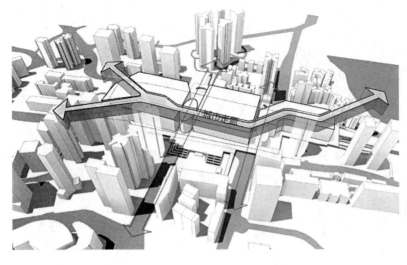

图8-34
重庆龙湖光年"绿色城市走廊"示意图

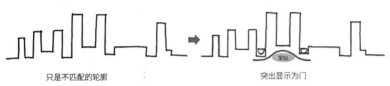

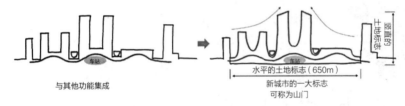

图8-35
站城一体和新城市天际线的设计过程

8.4 重庆龙湖光年的TOD科普营销：政务热点，逆市飘红

2018下半年以来，全国住宅房地产市场遇冷，商业项目市场更加严峻。但是，在"新一线城市"重庆，从全国行政层面的关注到社会置业者的买单，从市场教育到市场引爆，重庆龙湖光年把一个旧城区的SOHO投资项目，做成了一个全新的新品类"爆款"。

重庆龙湖光年首次开盘SOHO逆市劲销500套破6亿，客户单笔大单1.5亿。入市1周年，连续12个月荣获商务销冠，累计销售近20亿，冠领全重庆；荣获100余项行业及媒体大奖；约1000组全国各地政府和专家考察团视察项目；荣登中国政府网、新华网、人民网、中新网等主流媒体，包括全国多部委、重点省市等媒体发布、转发项目相关资讯超100万篇，誉满全国。

大巧若拙的推广，为TOD项目，乃至高铁TOD项目在我国各地的普及做出了可供借鉴的示范。

8.4.1 重庆龙湖光年的推广背景

中国大陆第一次在核心老城区进行高铁站上盖商业开发，龙湖第一次商业全自持，全国最大地下铁路交通枢纽……拿地初始，重庆龙湖光年就备受关注。

随着城市化的继续和城市可供开发土地的逐步减少，基于公共交通的城市开发模式（TOD）愈发受到国家的重视。TOD开发，被龙湖集团纳入为战略发展的重要部分。在政府倡导"集约土地使用"的时代背景之下，重庆龙湖光年将城际高铁站与商业业态首度叠加，对标东京涩谷之光项目进行"站城一体"开发，于行业和社会都有着极强的先锋属性。全新的"混血"形态带来了独特的项目价值，同时，全新的"TOD商业"品类也带来了教育市场的挑战。

8.4.2 重庆龙湖光年的传播策略

紧扣高铁站"公建城市枢纽"的独特属性，由地产层级直接上升至政务层级和社会民生层级，再向下扩散至社会各层级。从政府到市民，从上至下，制造多维度覆盖的"城市谈资"。借助于"高铁TOD开发"这一核心差异性概念，对全社会进行从认知到认同的引导，塑造"不可比较的商业项目"。

1. 燃情回溯老站历史，预热城市未来话题，引市民无限期许（图8-36）

（1）1979年，沙坪坝站始建；

（2）1988年，沙坪坝站更名为重庆北站，近40年间一直是重庆最为重要的交通枢纽；

（3）2012年12月28日，沙坪坝站综合交通枢纽改造工程正式开工，升级为城际高铁站点；

（4）2017年6月，龙湖集团摘得沙坪坝上盖土地，开展高铁TOD上盖开发。

图8-36 沙坪坝站

"40年的时光，40年的变迁。同一片热土，在不同时代焕发出不一样的活力。"重庆龙湖光年正式亮相前，先以"沙坪坝站带来的城市变迁"撩起话题，同步推出燃情视频，以市民角色发声，更放出新旧对比图引发热议，激起重庆市民强烈的城市自豪感。

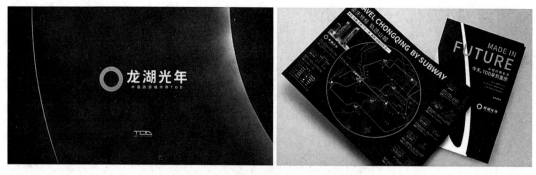

图8-37 重庆龙湖光年概念视觉IP化

2. 概念视觉IP化，9城同步亮相；战略布局，立意全国

着眼战略，重庆龙湖光年首先将陌生的概念转化为强有力的极简符号，形成可广泛运用的视觉元素，同时预留出IP化的创作空间。首期，推出极具公共导览属性的重庆网红地标地图，并在交通枢纽站点进行发放。如果你想打卡山城的话题景点，手持地图从沙坪坝站出发即可（图8-37）。

同步，上海（宝山友谊路）、深圳（深南大道）、沈阳（太原街商圈）、珠海（华发商都）、西安（高新CBD）、厦门（罗宾森广场）、苏州（湖西CBD）、成都（宽窄巷子）、重庆（江北嘴），覆盖中国一、二线主要城市，9城联合亮相迅速引起热议。

亮相的同时，引导话题："从纽约到东京，今天TOD来到重庆"——直指TOD开发的领先性，以发达程度最高的纽约与东京作为背书，以求第一眼实现全新的价值期待。通过简单的诉求与极具未来感的形象，对项目完成定性定调，营造起广泛关注。

3. 朋友圈栏目型的认知到认同，孜孜不倦的TOD科普和价值解读

为帮助大众与置业者快速跨越认知到认同的阶段，龙湖营销团队和整合推广伙伴一起构筑了庞大的TOD科普内容。多个系列刷屏稿，层层递进，形成"科普式"的内容输出矩阵，让大众和投资者能够由浅入深对TOD进行了解。画面设计上不断强化极具科幻感的"光年风"，掀起了全新的设计风潮。全年超150张微信广告创作，"TOD与城市的关系""TOD与商业的关系""TOD与人的关系"等多个专题形成持续解读，夯实了置业者的信心。

4. 借势国家级论坛，荣登国务院网站，抬升全国影响力

"借助高铁站特殊属性，以行政面切入，区别其他地产项目。"遵循这一策略，项目营销团队策划组织了国家级论坛"全国市域铁路与城市发展论坛"（下文简称"论坛"）落地重庆。其间，中国铁路总公司、重庆市政府、中国工程院等领导、专家高度评价了项目，国家众多部委、省市领导、高校专家参观项目，中国政府网还对"论坛"进行了报道，在全国范围内引起"政商学"各界高度关注，做出行业率范的同时，也给予了大客户

图8-38　重庆龙湖光年TOD科技公共展览馆

充分的信心。

5. 中国首个TOD科技公共展览馆，网红营销中心，营销阵地社会化

为了透彻阐述高铁TOD开发的价值，重庆龙湖光年敢为人先，建设了面向全社会的开放性科技展览馆，并以之为背景设立营销中心，展销合一。一系列的城市话题预热，高规格的预览视频放出，再次点燃了市民的热情。其先锋的设计，科幻感十足且生动的展示与展厅，迅速吸引了广大市民及社会各界的高度关注，成为不折不扣的重庆网红景点（图8-38）。

6. 饥饿预售，一票难求；正式发布，反响空前

重庆龙湖光年先拟抽出小部分产品预售，试水市场，市场需求旺盛。作为开售前的最重要节点，项目发布会被各界寄予厚望。2018年12月8日，重庆龙湖光年"龙湖壹号战略资产发布暨天街启幕盛典"圆满举行，2000人参加，创重庆地产类发布会人数之最。发布会引得新华网、重庆日报等媒体报道。

在中国城市化的道路上，核心城区土地日益稀缺的挑战将日益明显，TOD"站城一体"开发的意义也将日益凸显。在这样一条全新的赛道上，重新审视地产开发的价值，龙湖以光年项目先声夺人。

8.5　重庆龙湖光年的展望：蝶变旧城，方兴未艾

8.5.1　重庆龙湖光年，助推沙坪坝全新变革，蝶变旧城

"大枢纽、大商圈、大天街"三位一体的超级TOD模式下，重庆龙湖光年将给沙坪坝商圈开启全新的消费及购物模式，同时项目将树立起重庆市乃至全国的新形象，进而推进沙坪坝商圈的扩容升级与整体发展，成为新时代背景下的商业中心、交通中心和社会中心。

1. 商业中心

沙坪坝商圈作为传统的五大核心商圈之一，地处城市核心地段，人口密度极大，据有关资料显示，目前沙坪坝商圈的日均单坪客流（人/万m^2）约3900人次，是解放碑商圈的4.1倍，是观音桥商圈的3.1倍。在教育、医疗等优势产业的支撑下，沙坪坝商圈拥有巨大的商业规模和商业影响力。同时，相比于其他商圈，沙坪坝商圈相对独立，受其他商圈分流影响较小，商圈辐射纵深更广，辐射面积约1000km^2（沙坪坝396.2km^2+大渡口102.82km^2+九龙坡431.86km^2），未来吸附人口也更多。借助重庆龙湖光年，有利于实现人们"方便可达"沙坪坝商圈，将优势转化为实际的商业购买力。

另外，沙坪坝商圈用地相对紧张，很多商业不能获得一楼的经营场所，只能安家于塔楼。但商圈内商业塔楼体量小，仅有约9万m^2，是解放碑商圈的1/10，是观音桥商圈的1/5。同时，楼宇老化严重，严重阻碍了商圈内商业活动的交流与发展。

崭新的重庆龙湖光年将在水平和垂直两大维度扩大和升级沙坪坝商圈，会吸引更多人流和经济资源，助推沙坪坝成为重庆的、成渝的乃至全国的一个新型商业中心。

2. 交通中心

重庆沙坪坝借力于"一带一路"的倡议，同时为了打造中国经济第四极——成渝经济圈极，大力地发展交通，尤其是高铁，完善高铁枢纽站。

重庆龙湖光年是国家战略级TOD作品，其内部的沙坪坝高铁站是全国最大的现代化城市综合交通枢纽之一，并且沙坪坝高铁站作为成渝高铁的起点站，与西南规模最大的成都东站相连，连接城市的距离远大，辐射人群数量多。站内八种交通方式融为一体，交通网络丰富、密集。基于八种交通方式，将辐射范围内各城市的商业购物消费、旅游出行、商务办公洽谈、居住等高效连接起来。重庆龙湖光年助推沙坪坝成为"交通中心"。

3. 社会中心

沙坪坝位于成渝高铁第一站，是成渝门户和形象窗口。通过高铁，重庆和成都的经济贸易、产品资源、人口等，都直接高效连接。这一方面促进成渝两地城市化发展，另一方面促进两地人口往来，促进两地经贸、旅游等各个领域的双赢发展。

沙坪坝拥有重庆市最好的医疗资源，也是重庆医疗资源最集中的区域，例如：西南医院、新桥医院、肿瘤医院等。

沙坪坝还拥有浓厚的学术教育资源，是重庆的名校聚集地。重庆大学、西南政法大学、南开中学、重庆第一中学、重庆第8中学、树人小学、沙坪坝小学、沙坪坝第一实验小学等知名学校均位于沙坪坝。不仅如此，沙坪坝区还拥有大量的历史文化旅游资源，例如：磁器口古镇（国家4A级景区）；渣滓洞、白公馆、烈士墓等重庆红岩精神旅游地；川外小铁路为首的文艺青年拍照打卡旅游地。

重庆龙湖光年有利于整合沙坪坝的各种优势社会资源，实现各种资源的价值，促进沙坪坝成为重庆乃至整个西南地区的"社会中心"。

8.5.2 重庆龙湖光年模式，方兴未艾

随着我国城市轨道交通的快速推进，上盖经济成为城市经济可持续发展的一股重要推动力。在当前房地产调控和行业转型的大背景下，房企把握市场机遇，致力于战略转型。在轨交物业开发这个领域，可以实现由传统开发商向综合服务运营商转型。TOD开发必将提升轨道交通场站周边土地的价值和品质，形成建设主体的多赢局面，打造城市建设的新标杆。

城市轨道交通TOD开发将成为城市交通和房地产领域一种重要的模式和路径，对于土地资源日益稀缺的一线城市及重点二线城市来说具有积极意义。

一是推进土地的集约化开发，实现城市土地的二次利用与空间拓展，为土地资源日益稀缺的一线及重点二线城市增加了可利用的空间资源。轨道上盖平台的面积即为增加的可利用空间资源。

二是获得物业开发收益，有利于反哺轨道交通建设的投资。由于城市轨道交通建设投资规模大、建设周期长、投资回收期长的特点，建设资金往往难以为继。但是在引入TOD开发模式后，获得成功的案例屡屡出现。如深圳地铁集团自2013年第一个项目开售以来，物业开发反哺轨道建设资金已超过250亿元。

三是轨道交通企业与房地产企业形成合力，发挥各自优势，获得双赢。

研究统计，根据国内城市轨道交通发展规划初步测算，未来三到五年内，全国城市轨道交通上盖开发将带来约2.4亿m^2左右发展空间。"十三五"时期，随着中国城市轨道交通建设仍将高速快进、集中发展，TOD开发将进一步提速和完善。土地利用集约化，开发主体专业化，是未来发展的主要趋势。

8.6 案例总结

1. 商业地产行业多面承压，已经进入深度调整和高度竞争期，企业需要准确把握政策走向和市场需求，不断调整和完善自己的发展路径，勇于创新，以积极的姿态应对市场的变化。

2. 在城市土地供应日益紧张、城市人口膨胀、公共交通快速发展的今天，龙湖在总

体开发策略上,创新地运用TOD模式,最大限度对接公共交通资源,优选品牌业态和品牌业态组合,精心打造重庆龙湖光年,创造出了高度集约的新型城市商业综合体。

3. 龙湖创新性地诠释了"以人为本"的商业地产开发理念,即"空间即服务"理念:以消费者需求为核心,以技术为驱动,以场景为链接,化空间为服务,让空间因人而美,让人因空间而悦,创造空间的无限可能性功能。

4. 立足于全球化的国际视野,高瞻远瞩的层峰眼界,才能更准确地把握国际商业发展脉搏和预测国际商业发展趋势,才能打造出更具国际前瞻性的城市地标;通过国际化团队的组建,更有利于集合世界智慧,确保城市地标与世界同步;优质的国际化团队,能有效保障项目品质,让不同阶层的人享受到更好的相关服务。

5. 重庆龙湖光年的设计理念为"最前沿的TOD项目":象征着未来的"宇宙飞船"形标志建筑设计;成就舒适高效换乘流线的"车站核"设计;联系周边,缝合割裂的城市;打造"绿色城市走廊",共结绿色生态空间;站城一体,打造新城市天际线。

6. 重庆龙湖光年特别重视营销推广,创新性打造出项目的"科普式营销推广模式"。推广过程重视策略和手段方法,从政府到市民,从上至下,制造多维度覆盖的"城市谈资"。借助于"高铁TOD开发"这一核心差异性概念,对全社会进行从认知到认同的引导,塑造"不可比较的商业项目"。

7. 重庆龙湖光年,蝶变旧城,方兴未艾,是极具推广价值的高铁上盖TOD项目。

思考题

1. 什么是TOD模式?结合案例,谈谈你对"商圈高铁TOD城市综合体"的理解。
2. 重庆龙湖光年项目是如何实现交通枢纽的舒适高效换乘的?
3. 重庆龙湖光年在营销上,是如何实现逆市飘红的?
4. 为什么说"重庆龙湖光年模式,方兴未艾"?

参考文献

[1] 中华人民共和国住房和城乡建设部. GB 50180—2018城市居住区规划设计标准[S]. 北京：中国建筑工业出版社，2016.

[2] 常秀芹. 坚持共享理念 提升居民幸福感[J]. 人民论坛，2018（32）：78-79.

[3] 程庆辉. 基于市场细分理论的住宅产品开发[J]. 企业技术开发，2013，32（13）：97-98.

[4] 李泽涵，冯科. "白银时代"房企转型，路在何方[J]. 人民论坛，2016（27）：86-87.

[5] 刘贵文. 全国房地产优秀案例[M]. 北京：中国建筑工业出版社，2018.

[6] 刘怀生. 基于市场需求的住宅规划设计研究[J]. 安徽建筑，2019，26（12）：72-73.

[7] 刘南琦. 2019全球滑雪市场报告：中国引领增长[J]. 区域治理，2019（18）：31-34.

[8] 邵挺. 我国城镇住房和住房保障的总体情况及发展趋势[N]. 中国经济时报，2013-06-24（005）.

[9] 王琳. 论人居理念在房地产开发管理中的重要性[J]. 中国管理信息化，2018，21（19）：99-100.

[10] 吴开. 传统建筑装饰与城市文化生长力的关系初探[J]. 艺术科技，2017，30（08）：256.

[11] 吴善军. 浅述建筑设计风格与建筑文化之间的关系[J]. 建材与装饰，2019（31）：124.

[12] 阎艺. 当代居室陈设中中国传统民居室内陈设理念的应用研究[J]. 艺术科技，2016，29（08）：297.

[13] 张绍泽. 典型社区人居环境需求研究——以宜昌市为例[J]. 住宅与房地产，2019（05）：27-28.

[14] 朱晓红. 高端住宅价值体系分析[J]. 安家，2016（10）：82-88.

后 记

面对校企双方人才供给需求的"两张皮"的问题，响应党中央、国务院出台的一系列深化产教融合的政策及大力发展案例教学的倡导，由中国房地产业协会指导，房教中国发起并筹划，重庆大学编撰，中国建筑工业出版社出版的中国首本《全国房地产优秀案例》于2019年3月正式出版，这是一本在经济转型与行业转型大背景下，对典型房地产企业的创新实践进行系统梳理、总结的，服务于房地产及其他相关专业教学参考的辅助用书。《全国房地产优秀案例》发行后获得了广泛的好评。编写团队在广泛搜集对该书相关的意见建议之后，重新出发，结合典型房地产企业在产品领域的创新实践，组织编撰了《全国房地产优秀案例2》。

相对于《全国房地产优秀案例》，本书的内容更加聚焦，聚焦产品、聚焦创新、聚焦标杆，甄选了8个典型房地产企业的标杆产品，从定位策划到规划设计，从选材建造到服务维护，从市场营销到科技运用，对不同的案例项目其进行了深度解析，以期为广大的房地产相关专业师生提供一个能贴近行业前沿的视角。

本书的编撰案例得到了远洋地产、星河湾集团、荣盛发展、华远地产、泰禾集团、旭辉集团、万科集团、龙湖集团等企业的倾力支持，为编撰团队提供了丰富的素材，也提供了企业对于行业发展和产品创新的独特视角。同时，编撰团队在与上述企业交流时也发现，我国的房地产企业已经建构起了根植于内的创新动力，他们的努力将为全下房地业在新时期带来新的发展契机。

本书成书于新冠肺炎疫情期间，在后期的写作与成稿阶段，编撰团队和相关企业工作人员克服了重重困难，保证了本书能够按时保质完成，在此向为本书付出过心血汗水的人士表示诚挚的谢意。

由于时间仓促，本书还有一些疏漏乃至谬误之处，恳请广大读者批评指正。

2020年3月24日